国家社科基金重点项目：《十八大以来党中央治国理政的生态文明思想与实践研究》
课题编号：16ZZD006

中国近现代政治社会变革与生态环境演化

孙涛　著

知识产权出版社
全国百佳图书出版单位

图书在版编目（CIP）数据

中国近现代政治社会变革与生态环境演化/孙涛著. —北京：知识产权出版社，2018.6

ISBN 978-7-5130-5623-6

Ⅰ.①中… Ⅱ.①孙… Ⅲ.①政治制度史—研究—中国—近现代 ②生态环境—研究—中国—近现代 Ⅳ.①D6 ②X321.2

中国版本图书馆 CIP 数据核字（2018）第 130502 号

内容提要

近代以来，中国的政治社会发生了深刻的变革，中国的生态环境也随之出现了巨大的演化。本书从政治社会变革的视角审视近现代以来中国的生态环境演化历程，并以影响深远的政治社会变革为历史坐标，分别探讨晚清民国时期、新中国成立后 30 年间和改革开放以来三个时期内相关社会背景、政治社会变革、生态环境的现实状况以及影响生态环境变迁的理性和非理性因素等，力图揭示中国近现代以来生态环境演化与政治社会变革之间的动态演化规律。

责任编辑：纪萍萍　韩婷婷　　**责任校对**：潘凤越
封面设计：郑焕良　　**责任印制**：刘译文

中国近现代政治社会变革与生态环境演化
孙涛　著

出版发行：知识产权出版社有限责任公司		**网　　址**：http：//www.ipph.cn	
社　　址：北京市海淀区气象路 50 号院		**邮　　编**：100081	
责编电话：010-82000860 转 8359		**责编邮箱**：46816202@qq.com	
发行电话：010-82000860 转 8101/8102		**发行传真**：010-82000893/82005070/82000270	
印　　刷：北京虎彩文化传播有限公司		**经　　销**：各大网上书店、新华书店及相关专业书店	
开　　本：880mm×1230mm　1/32		**印　　张**：10	
版　　次：2018 年 6 月第 1 版		**印　　次**：2018 年 6 月第 1 次印刷	
字　　数：234 千字		**定　　价**：39.00 元	

ISBN 978-7-5130-5623-6

序

政治和社会变革中的山河土地

王鸿生

十多年前在宝鸡讲课时住在渭河之滨，当时河中无水，有取沙石的工地，两岸正在进行无序建设。面对这条古老的河流实在难有沧桑之感，似乎历史已经不再。但抽空参观了陕西岐山周公庙的遗址，则有相反的感受：周边的农田已被耕耘了三千多年，今人看到的这片土地实在是太厚重了！这种矛盾的感受让人困扰，也给人启迪：面对今天的生态环境，我们也许不敢高吟“青山依旧在”；但对养育吾民的土地而言，虽然也免不了沧海桑田，但负载了一种恒久不变的东西。

在时间的坐标上，周朝以来中国在悠悠三千多年中经历了十多次改朝换代，而中国历代的统治者们，从来都是从政治权力所及的范围来看“一统河山”。其中有人也会关心子民的幸福，但未必对这片山河土地的尊严有温暖的关照。当然，中华民族的传统文化并不缺乏保护山林、土地和草原的意识，但细而察之，这些超越时空的美德，主要建立在对自然的畏惧和生存直觉的基础上。人们经常引用的《孟子·梁惠王章句上》中“不违农时，谷不可胜食也；数罟不入洿池，鱼鳖不可胜食也；斧斤以时入山林，材木不可胜用也”的论述，也有明显的实用目的，它是王道政治的一种理想，而不完全是为了土地的丰饶和山林的美丽。

从可持续发展的角度看中国历史，秦始皇以来历代皇朝的周期性崩溃与土地资源有限条件下人口数量的迅速增长有关。在科技水平和土地资源相对不变的条件下，人口的增加稀释人均生存资源，生存资源的紧缺又加剧了社会冲突，最后导致社会体系的崩溃，在人口数量锐减的基础上开始又一次循环。这使中国古代社会始终未能摆脱的“治乱循环”的困境。明清时期中国从海外引入了高产农作物，使社会人口的基数有所增加，但人口增长与土地资源相对有限的矛盾依然存在。这个矛盾在辛亥革命中没有解决，在民国时期又没有解决，这就为中国共产党领导的土地革命留下了社会政治空间。简而言之，从古至今，中国这片山河土地与发生其上的重大社会政治变革之间，有着无法摆脱的密切关系。但这一点却常常被一般的社会历史研究者所忽视。

从中国历代政治精英所关注的核心问题来看，在古代无非是政权，因为有了政权就有了支配社会财富和生存资源的优势。但近现代以来，由于工业化的进展和现代化的趋势，在经历过革命之后的执政党眼里，生产力和 GDP 一直是关注的焦点。这对发展中国家的执政者来说是可以理解的，因为经济增长不但代表了全社会的一种追求，而且还会为执政者本身提供一种合法性。但在一个国家基本实现了现代化之后，社会政治精英的关注点就会转向发展质量，其中首要的就是人民的幸福，如此就必然要展现对人民生活的这片山河土地的关心和爱护。现代社会政治精英的关注点之所以发生这样的转变，主要不是因为理论水平的提高，而是对现实生活的一种切身感受：我们过去努力取得的经济成就都是以不可挽回的生态损失为代价的。

呈现给读者的这本书是一种勇敢的探索，它穿透了社会政治与生态环境两个完全不同的研究领域，体现了一种深邃的学术眼光。作者关注了晚清、民国时期以及 1949 年中华人民共和国成立以来，中国人在追求独立和现代化的过程中，默默承载一切的祖国大地河山的命运。纵观历史，鸦片战争至今不到二百年，但中国政治和社会的变革比过去两千年更为深远。与此同时，这片山河土地的容颜风貌也是大改，以至于今夕有别。作为一个曾经落后的民族，中国人一向重视自己的近现代史，尤其是相关的政治和社会史，因为它最能触动中国人的民族情感。但作为一个自信的民族，也更应从生态文明的层面检视一下，中国人在奔向富强的这段道路上，自己的生存环境又发生了什么变化？这其实也就是让人们带上新的问题再一次思考：我们从哪里来，又要到哪里去。

摘　　要

晚清以来，中国近现代的政治社会发生了历史巨变，中国的生态环境也开始发生不同于传统社会的演化。本书从政治社会变革的视角审视近现代以来中国的生态环境演化历程，并以影响深远的政治社会变革为历史坐标，根据中国近现代政治社会发展的特点，把研究内容划分为晚清、民国时期、新中国成立后30年间和改革开放以来三个时期，具体研讨每个时期政治社会变革对生态环境的影响。书中将以政治学、社会学、经济学、生态学、环境科学以及科学技术哲学等学科为基础，力图通过对特定历史阶段内相关社会背景、政治社会变革、生态环境的现实状况以及影响生态环境变迁的理性和非理性因素等进行分析，揭示中国近现代以来生态环境演化与政治社会变革之间的动态演化规律。

本书共分为五章：

第一章绪论包括本选题的背景和依据、意义、相关研究成果及评价，以及本研究的范围和主题、研究方法，研究重点、难点和主要创新点。

第二章主要探讨晚清、民国时期中国激荡的政治社会变革对生态环境的改变。本章从“传统农耕文明社会”的历史背景出发，探讨传统农耕文明社会的基本特征、中国近现代的工业发展和中国近现代激荡的政治社会变革三个方面的内容。以“精耕细作”和“多元交汇”为主要特点的中国古代传统农耕文明，结合中国古代“天人合一”的传统思想文化精华，不但创造了灿烂辉煌的物质成果，而且表现出生态环境保护的强大生命力。但在“内忧外患”的时代背景下，中国近现代的政治社会变革激荡，晚清、民国时期工业化发展迅速，外国列强入侵和战争灾难频繁发生。这一时期的中国表现出“各类自然灾害频发”“资源开发利用水平低下”“人为破坏严重”等特征。

具体而言，晚清、民国时期在东西方文明的历史交汇与碰撞的大背景下，中国政局激烈动荡，缺乏政治权威，在自然经济体系下，社会处于无序自发的发展状态。在洋务运动“求强、求富”和晚清政府“自上而下”的维新变法改革运动的影响下，西方近代科技手段和工业化的生产方式被积极引入，近代中国工业发展迅速，使得自然生态环境发生逐步改变，局部地区的破坏较为严重。在一定意义上，外国列强对中国的侵略和掠夺以及战争灾难的频繁发生可以被看作破坏生态环境的主要原因。然而，晚清、民国时期，在国破民穷的历史关头，人们并不会奢谈生态环境保护，也没有生态环境保护方面的意识，更不会真正考虑到生态环境保护的长远利益。因此，从本质上说，这一时期如果有环境保护的行为，那也只能说是出于维持生存的本能。比如，抗战时期，在面临资源和环境日益破坏时，国统区政府和陕甘宁边区政府就曾采取过多种措施，以便协调经济建设、资源利用与环境保护之间的关系，取得了较好的社会效果。

第三章主要探究新中国成立后30年间大规模的政治社会变革破坏生态环境。这一时期中国社会发展经历了深刻的制度变革，但社会发展基础薄弱，政治社会变革理想色彩浓厚。新中国成立后经过7年左右的建设，社会主义制度在中国被迅速建立起来，并逐步建立了社会主义公有制和高度集中的计划经济体制。然而，革命胜利的历史经验和共产主义的理想带来了过分的自信，这导致了盲目的、大规模的、运动战式的政治社会变革。在计划经济体制条件下，政治权威被放大，运动战式的开发建设严重破坏生态环境。从1958年开始，浩浩荡荡的“大跃进”“人民公社化运动”和“文化大革命”相继展开。正如邓小平所言，“完全违背客观实际情况，头脑发热，想超高速发展”，给中国的生态环境带来极大的灾难。“我们花了三年时间，纠正错误，才使情况又好起来。”然而，“左”的指导思想并没有根除，“‘文化大革命’十年浩劫，中国吃了苦头”，整整浪费了十年的发展时间。总体而言，新中国成立后30年间的生态环境整体状况持续恶化，以生态破坏为主，局部地区环境污染也较为严重。

面对凸显的生态环境灾难，中国生态环境保护事业艰难起步，但是却有良好的思想基础，这主要体现在中央领导集体对环境保护问题的重视，并受世界环境与发展大会的积极推动。之所以说起步艰难，主要是因为新中国成立初期急于从多年战争留下的废墟中恢复国民经济建设，加之以对环境问题缺乏足够的认识等。特别是在极“左”和僵化思想的影响下，生态环境问题常被看成是资本主义的特有产物，认为社会主义不存在环境污染问题，因而采取了一种隔岸观火，自我陶醉的消极态度。结果丧失了良好的环境治理时机，铸成了积重难返的环境污染的被动局面。晚认识、快起步的环保思想以及初期的环保政策与措施等的制度性保障有力地延缓了生态环境持续恶化的过程。

这一时期，中国社会在“政治理想”变革下实现了“双重剥夺”，即实现了对地主的土地剥夺和对资本家的资本剥夺，并且出现了对生态环境无情破坏和自然资源大肆剥夺的“大跃进”“人民公社化运动”和“文化大革命”，使原本脆弱的生态环境再一次面临深重的灾难。

第四章重点探讨改革开放以来巨大的政治社会变革导致的生态环境严重破坏。1978 年党的十一届三中全会实现了当代中国伟大的历史转折，党中央做出了“把工作重点转移到社会主义现代化建设上来”的战略决策，实施了改革开放的政策，中国社会经历了前所未有的、广泛而深刻的政治社会变革。家庭联产承包责任制的实行，全方位、多层次、宽领域对外开放态势的初步形成，多种所有制共同发展经济格局的渐趋显现，社会主义市场经济体制的逐步确立以及思想文化领域的巨大变化，鲜明地体现出这一时期的时代特色。改革开放以来，迅猛发展的工业化、日益加快的城市化、日趋繁荣的市场化和更加开放的全球化的“四化”建设给尚未恢复的生态环境问题带来严重的影响。然而，令人欣慰的是，随着执政党意识形态中理性程度的提升和科学技术的进步，中国的生态环境建设走过了一条“破”“建”并存的曲折之路。领导集体智慧的提升和生态文明理念的确立、积极的国际环境交流和对可持续发展理念的认同、国家环保机构的设置、环境保护政策的出台和相关法律的制定等因素的共同作用，是中国的生态环境建设走向健康、良好的发展道路的关键。

第五章从政治文明与生态文明的同步构建的视角出发，探究中国近现代政治社会变革与生态环境演化，这实际上也是对前文研究的结论概括和理论提升。

近代以来，政治社会变革激荡，生态环境演化剧烈。晚清、民国时期，政权几度更迭，政府缺少必要的政治权威，在自然经济体制仍然占主导地位的情况下，人类对生态环境的破坏还是自发的行为造成的。但是，近代工业的发展、外国列强的掠夺和战争灾难的频繁发生等则对生态环境造成一定程度的改变，局部地区呈现出灾难性的破坏，难以恢复。新中国成立后30年间，在几近狂热的意识形态和过于自信的政治社会理想的主导下，计划经济体制中大规模的政治社会变革使生态环境遭受了大面积的严重破坏。改革开放以来，社会政治发展相对平稳，所有制结构没有发生根本性的改变。然而，一切以经济建设为中心，一切以GDP总量为标准的全面追求经济效益的发展模式使生态环境的破坏也达到了前所未有的程度。生态环境保护中的“市场失灵”和“政府失灵”现象严重凸显。政府在促进经济社会发展和加强生态环境建设方面面临着双重压力。概而言之，政治问题、经济问题和环境问题事实上是紧密联系在一起的，是一个整体问题。为了保护生态环境，必须改变经济发展的模式，政治文明建设也需要同步提升。中国未来应该依托政治文明的构建加强生态环境的改善，政治文明与生态文明的同步构建的需求日益彰显。

总之，中国近现代政治社会变革与生态环境演化的历史表明，中国式的“公地悲剧”之殇、中国环境治理中的“囚徒困境”之厄正是与政治文明和生态文明建设相背离的产物。因此，中国生态环境的保护和改善首先应该提高执政党“意识形态”对“生态文明”的认同度，切实推行领导干部环境保护一票否决制，建立更加开放的环境保护监督平台，加强环境保护立法和执法能力，注重环境保护中的行政力量和司法力量的协调，最大限度地发挥政府治理生态环境的能力和全社会对环境保护工作的关注和监督，以实现政治文明和生态文明的同步发展和良性互动。

关键词：中国近现代；政治社会变革；生态环境演化；政治文明；生态文明

目　　录

图表目录

第一章 Chapter one

绪　论

第一节　选题的背景和依据

当前，生态环境危机日益蔓延，并且已经对人类的健康和社会的发展构成严重威胁。1962 年美国海洋生物学家蕾切尔·卡逊出版了一本名为《寂静的春天》的书，书中揭露了 DDT 等杀虫剂对环境的危害，这是人类第一次关注生态环境问题的重要著作。该书指出，“地球上生命的历史一直是生物及其周围环境相互作用的历史。”[1] 由于其个人的努力和对生态环境事业的关注，加之以《寂静的春天》一书所产生的轰动效应，卡逊被美国前总统杰米·卡特授予“总统自由奖”。《寂静的春天》的出版通常被看作现代环境保护运动的开端。该书的出版促使美国环境保护局及民间环保组织 NGO 纷纷建立，同时也引起了关于环境保护的世界范围内的大讨论，并开启了学术界对环境保护问题的研究。美国前副总统、环保主义者艾尔·戈尔在《寂静的春天》中文版的前言中曾这样评价此书：“《寂静的春天》

---

[1] ［美］蕾切尔·卡逊：《寂静的春天》，吕瑞兰译，科学出版社 1979 年版，第 6~7 页。

播下了新行动主义的种子，并且已经深深植根于广大人民群众中。她的声音永远不会寂静。她惊醒的不但是我们国家，甚至是整个世界。”

卡逊之后，社会学、历史学、政治学、经济学、生态学、哲学等学科逐步拓展其学科领域。自20世纪80年代开始，中国大陆学者陆续开展生态环境问题的探索。目前已形成包括环境社会学、环境经济学、环境生态学、环境地理学、环境史学、环境哲学等多学科交叉研究的学术氛围。然而，从现有生态环境研究成果来看，前期研究多是对国外生态环境成果的引入。在此之后，随着中国对环境问题的日益关注、环境学科建设的日益完善及其环境思想的日益成熟，对中国的生态环境问题的研究逐渐将视角转向国内，并更多地从历史地理学界对明清之前的古代生态环境问题予以研究。近年来，关注当前现实生态环境问题的研究日益增多，且研究的视角也更加广泛。即便如此，结合中国近现代政治社会变革探讨生态环境演化历程尚属薄弱。

如今，生态文明建设在中国被赋予了与“物质文明、精神文明、政治文明和社会文明”平等的历史地位。这是对既往文明特别是工业文明的反思，批判反思了人与自然关系中环境污染的代价，否定工业文明以来所形成的物质享乐主义及其对自然的掠夺，强调要建立人与自然的和谐相处关系。将人与自然的关系纳入社会发展目标中统筹考虑。随着近代机器大工业的发展，尤其是科学技术的高速发展及其在经济、社会领域的广泛应用，在为人类带来了日益增长的物质财富和精神财富的同时，也极大地促进着经济、文化和社会的繁荣与进步。然而，当我们由衷地赞美科技文明的巨大成就时，也必须清醒地看到工业文明的“双刃剑”效应在日渐凸显，它在为人类提供巨大物质利益的同时，也在无情地摧残着自然间原有的生态平衡。人类赖以生存的自然生态环境遭到了严重的破坏，人类面临着严重的生存危机。资源枯竭、植被破坏、森林锐减、环境污染等正日益严重地给人类的生存和发展带来威胁，并已突破地域和意识形态的藩篱而成为制约全人类生存和发展的难题。

在1840年鸦片战争以后的近现代一个半多世纪中，中国社会经历了翻天覆地的变革。晚清时期的变法图存，最终使中国走上了现代化的变革之路。辛亥革命的胜利揭开了中国历史的新篇章；新中国的建立开创了中国历史的新纪元；改革开放的实践确定了中国历史的新坐标。一个半多世纪以来，中国的变法也好，革命也罢，建设也好，改革也罢，归根到底都是为了“实现中华民族的伟大复兴”的宏伟目标。通过对近现代政治社会变革的研究，透视中华文明伟大的现代转型进程中的政治社会变革与生态环境演化，以史为鉴，理性思考，为建设和谐社会和新时代中国特色的社会主义伟大进程提供理论借鉴。本书最后一章将从政治文明和生态文明二者的互动关系角度关注中国生态环境建设中的几个相关问题，并以“政治文明与生态文明的同步构建、中国式‘公地悲剧’之殇、中国环境治理中的‘囚徒困境’和中国政府间环境问题上的博弈”为学术关怀。

遍视中国现状，生态环境问题在中国早已普遍存在，某些问题由来已久。晚清、民国时期，战乱、天灾和人为破坏等对自然资源的掠夺规模空前，形成恶性循环。近代工业从洋务运动开始兴起，自然经济日渐解体，当时的生态环境演化态势并不是非常明显。民国时期，战乱下的国统区和陕甘宁边区政府都进行了一些相应的生态环境保护工作，如加强林业资源保护、改进垦荒种植技术、设立环境保护管理机构、制定环境保护法律规范、加强环境保护宣传等。但是，总体说来，民国时期的生态环境保护事业既具有主观方面上的对自然资源的经济价值利用的特点，同时又带有客观方面上的促进经济建设的环境保护行为。因此，这一时期的生态环境保护可以概括为“本能的自发环保行为”。从本质上讲，国民政府对西北的开发主要为了拓展战略大后方，以弥补战时资源需求的不足。因此，在开发过程中更多关注的是资源的经济利用价值，基本无暇顾及真正意义上的环境保护问题。因此，这一时期的生态环境保护行为和种种资源保护举措只能看作“治标”之策，并且在混乱的时局和有限的生产力条件下，其实际效果也受到了较大的影响。陕甘宁边区在重重封锁包围下生存压力增大，因而采取了加大对自然资源索取的方式，对土地资源进行大规模的开垦、对林木资源进行大规模的开发，虽然这在一定程度上解决了生存方面的粮食问题，支持了边区的经济建设，缓解了生存与发展的压力，但是对土地、林木等资源的过度掘取也极大地破坏了其原本脆弱的生态环境。水土流失、土地沙漠化、水旱灾害频发等反过来又在一定程度上阻碍着边区经济的持续发展。正是在这样的背景下，陕甘宁边区政府逐步开启了对生态环境的治理和改善工作。

新中国成立后的前30年，在“政治理想”的变革下实现了对地主和资本家的土地国有化，但是给原本脆弱的中国生态环境问题带来深重影响，“大跃进”“人民公社化运动”和“文化大革命”等运动的发生使中国面临着严重的意识形态的困扰，运动战式的大规模开发和建设使生态环境不堪重负，难以为继。1958年开始的“大跃进”使中国的生态环境遭受大面积的破坏，主要表现为：违背自然规律的“围湖造田”、毁林开荒的方式使森林植被大量丧失、低效率重污染的工业纷纷上马等现象使得某些地区出现了与世界八大公害[1]一样严重的生态环境问题。

新中国生态环境保护事业在20世纪70年代艰难起步。之所以说其艰难，主要是因为新中国成立初期急于从多年的战争所留下的废墟中恢复国民经济建设，加之缺乏对环境问题足够认识等方面的束缚，特别是受极“左”和思想僵化的影响，当时全国上下均把环境问题看成是资本主义社会所特有的产物，认为社会主义社会根本不会存在环境污染的问题。在隔岸观火、自我陶醉的消极心态下逐渐丧失了生态环境治理的大好时机，造成了生态破坏和环境污染积重难返的被动局面。虽然新中国生态环境保护事业起步艰难，但是却有着较为良好的思想基础和较为完善的制度保障，这主要体现在中央领导集体对环境保护问题的重视，并受世界环境与发展大会的积极推动。鉴于生态环境日益恶化的状况，在进行资源开发、环境保护、城乡建设、山河整治等活动中，制定了一系列有关合理开发和利用资源与保护和改善环境的政策、法规或规范性文件，并相继在全国设立了各级环境保护部门和机构，建立了生态自然保护区等。

改革开放以来中国大地经历了激荡的社会变革，家庭联产承包责任制的破冰之举，全方位、多角度、宽领域对外开放格局的形成，多种所有制经济共同发展制度的日益完善，社会主

[1] 近代以来，西方发达国家在最大化地实现工业文明的同时，极大地破坏了自然间原有的生态平衡。工业革命的巨大进步使人类积累了大量的物质财富，但却给其赖以生存的生态环境带来了深重的灾难。19世纪60年代以来，英国、美国、法国、德国、苏联和日本等发达国家先后完成了传统工业化。从某种意义上说，这些国家的工业化无不是在资源高消耗、环境高污染的基础上实现的，表现为自20世纪初期开始的环境重污染的“公害事件”层出不穷。“世界八大公害事件”曾经轰动一时，敲响了人类生存危机的警钟：比利时马斯河谷污染事件，美国多诺拉污染事件，英国伦敦烟雾事件，美国洛杉矶光化学烟雾事件，日本的水俣病事件、米糠油事件以及富山、四日等地的有害气体与毒物公害事件。

义市场经济体制的逐步建立以及思想文化领域的巨大变化等，大大推动了中国的现代化进程。但是，几乎与此同时生态环境也面临着有史以来最为严重的威胁，从某种程度上说，“工业化”“城市化”“市场化”和“全球化”等“四化”的发展正加剧着我们的生存危机。这一时期，中国的生态环境呈现出“破”“建”并存的时代特征。“发展观念的严重偏离”“GDP的过分追求”“异化消费之风盛行”等有悖于生态环境建设的状况依然存在，环境危机中的“公地悲剧”之殇和环境治理中的“囚徒困境”之厄在中国一再上演，政府间环境问题的博弈日益突出，如此种种又使中国的生态环境陷入更加严重的危机。随着中国经济的突飞猛进、改革开放的日益深入和国际交流的广泛开展等多重因素的共同作用，中国生态环境建设中的理性因素也日益呈现，主要体现在“领导集体智慧的提升和生态文明理念的确立、积极的国际环境交流和对可持续发展理念的认同、国家环保机构的设置、环境保护政策的出台和相关法律的制定”等方面。

严峻的生态环境现实迫使我们重新审视中国的政治社会变革，反思政治社会变革下的生态环境演化问题，对造成当前生态环境日益恶化的现实情况给予科学的阐释，并从理论层面和现实的角度上寻找解决生态环境问题的良策。通过对上述历史进程中的中国政治社会变革与生态环境演化进行研究，将对当前中国生态环境治理大有裨益。

虽然生态环境的危机是全球性的普遍现象，应该引起国际社会的日益广泛关注，但是由于各国的历史和现实的国情不同，不能一概而论地加以论述，只有立足特定的历史情景进行研究、运用现代文明的优秀成果进行系统化、科学化的探索，并从多学科交叉与融合的视角出发才能有所贡献。特别是，从中国近现代政治社会变革的历史背景中考察生态环境演化问题，将更加具有现实意义。

第二节 选题的意义

本课题的研究，既有理论意义也有现实作用和重要的学术价值。生态环境保护问题是当今全球关注的热点和难点问题，更是中国目前必须认真重视和着力解决的关键性问题，党的十七大报告明确提出要建设“生态文明”，其目的在于促进我国居民的生存条件状况和生态环境质量的明显提升，促进生态文明观念在全社会牢固树立。生态文明建设不能离开政治文明，政治文明的发展可以为生态文明建设保驾护航。同时，建设生态文明也是深入贯彻落实科学发展观、全面建设小康社会的必然要求和重要任务。

理论意义：该选题的研究可以使我们更加深刻地认识到中国近现代政治社会变革中，无数仁人志士在国家危难、民族危亡之际，在救亡图存和现代化建设的征途中以更加开放的胸怀和更为广阔的视野引领着时代的进程。他们并没有将关注点局限于政治经济等传统领域，以独特的眼界洞悉了遍地战火、盲目开发、人口激增等天灾人祸对政治变革、自然环境和社会生态等的影响。同时，该选题以政治社会变革为切入点深入探讨生态环境的演化，拓宽了政治学、社会学、历史学、环境科学、经济学以及哲学等相关领域的研究，丰富了各学科的研究层次，努力实现对选题进行全方位的宏观审视，加大多学科视角下探讨生态环境演化的可能性。此外，还应该引起我们十分重视的是近代以来中国的生态环境保护思想中的古代“天人合一”传统的继承和发展问题，对这一古代东方“天人合一”思想理论基石的继承和发扬将有助于探讨当今世界环境等相关领域的哲学问题。

现实作用：一定意义上说，前人有关生态环境保护的思想与当代“可持续发展”的观念不谋而合，他们对人与自然和谐共生关系的忧虑并未比当前人类对自身所面临的生存危机的忧虑逊色。在生态环境危机已成为阻碍中国经济和社会发展的严重桎梏的今天，前人的智慧对当前的生态环境建设同样具有重要的参考价值。例如，民国政府和陕甘宁边区政府以及新中国政府从客观现实角度出发所进行的植树造林工作、环保政策法律的制定、环保宣传活动等对今天我国的环境保护事业具有实际借鉴和现实指导意义。通过本选题的探索可以对近现代一个半多世纪以来不同历史时期中生态环境问题产生的政治社会根源，以及生态环境演化对政治社会发展的反作用等进行比较研究，这对进一步开展生态环境保护工作及策略方针的制定并在全社会范围内普及生态环境保护观念、努力构建社会主义和谐社会、建设生态文明等有着重要的借鉴和指导意义。

学术价值：当前有关中国近现代政治社会变革的研究资料虽然丰富，但是对于生态环境所进行的研究资料却分布零散，特别是结合中国近现代政治社会变革与生态环境演化来探索政治文明和生态文明协调发展之问题尚属空白。学术界对生态环境问题的研究多集中在政治社会史、经济思想史、生态环境史等方面。虽然有关政治社会变革、生态环境演化、政治文明、生态文明等相关理论成果和著作等不断涌现，但是相对而言，从宏观视角对中国近现代政治社会变革中的生态环境问题进行有针对性的研究不得多见，且未能形成理论体系，尚属研究中的薄弱环节。本选题在通过广泛的资料搜集并充分利用前人研究成果的基础上，试图对中国近现代政治社会变革下的生态环境演化问题进行大致梳理，以期抛砖引玉。

第三节　选题相关研究成果及评价

近现代中国生态环境的研究成果以学术论文为主，且除个别研究探索生态环境演化以外，其余大部分研究都是在剖析社会经济发展的过程中提及生态环境问题，其中以“政治社会变革与生态环境演化”为专题的研究比较鲜见。有的还以某一段历史时期为阶段、某一地理空间为地域划分进行探究生态环境问题，如陕西师范大学2004届博士研究生张维慎的毕业论文《宁夏农牧业发展与环境变迁研究》、山东师范大学2010届硕士研究生于静的毕业论文《民国时期环境保护问题研究》、内蒙古师范大学2010届硕士研究生王荣亮的毕业论文《清代民国时长白山森林开发及其生态环境变迁史研究》等。如今，生态环境问题已经不再是教科书式乏味说教的理论，而是就在我们身边活生生的现实。严酷的生态环境现实促使我们开始重新审视中国经济社会发展过程中必须面对的生态环境问题，日渐强烈的环境意识和对美好生活环境的渴望将有利于我们对资源、环境的可持续利用。

从某种程度上说，资料是学术研究的生命，资料占有是否充分将直接影响到研究成果质量的高低。据不完全统计，自辛亥革命以来，历经民国近40年和新中国近70年的探索，已出版的与生态环境相关的政治社会发展史、经济思想史、生态环境史以及林业史等著述及发表于各类期刊杂志上的文章颇多，主要有如下方面：

一、资料汇编

主要的汇编资料有翁文灏，1919年农商部地质调查所：《中国矿产志略》；邓云特，1937年商务印书馆：《中国救荒史》；章有义，1957年科学出版社：《中国近代工业史资料》；陈真、姚洛，1957年三联书店出版社：《中国近代工业史资料》；李文治，1958年三联书店出版社：《中国近代农业史料》；秦孝仪，1978年中央文物供应社：《革命文献》；1978年台北文海出版社：《民国经世文编》（影印版）；孔经纬，1980年吉林人民出版社：《中国近百年经济史纲》；陕西省档案馆陕西省社会科学院，1988年档案出版社：《陕甘宁边区政府文件选编》；苏少之，2002年湖南人民出版社：《中国经济通史》；董辅礽，1999年经济科学出版社：《中华人民共和国经济史》；刘克祥、陈争平，1999年浙江人民出版社：《中国近代经济史简编》；中国第二历史档案馆，1991年江苏古籍出版社：《中华民国史档案资料汇编》；李文海等，1993年湖南教育出版社：《近代中国灾荒纪年续编》；沈云龙，1995年台北文海出版社：《近代中国史料丛刊三编》；黄鸿源，1999年黄山书社：《民国法规集成》；张宪民等，2006年南京大学出版社：《中华民国史》（第一卷）；邹东涛、欧阳日辉，2009年人民出版社：《新中国经济发展60年》；彭明、孙健著，2010年人民出版社：《20世纪的中国——走向现代化的历程》等。

二、学术专著

20世纪90年代以来先后出现了一批探讨生态环境的著作，目前，大多是从社会科学的视角出发，个别著作则是以哲学的视角来探讨经济社会发展与生态环境演化等话题。如史全生，1989 年江苏人民出版社：《中华民国经济史》；严足仁，1990 年中国环境科学出版社：《中国历代环境保护法制》；陆仰渊、方庆秋，1991 年中国经济出版社：《民国社会经济史》；曾景忠，1992 年中国社会科学出版社：《中华民国史研究述略》；刘国城等，1992 年人民出版社：《生物圈与人类社会》；刘大椿、明日香寿川、金淞，1995 年中国人民大学出版社：《环境问题——从中日比较与合作的观点看》；罗桂环等，1995 年中国环境科学出版社：《中国环境保护史稿》；佘正荣，1996 年中国社会科学出版社：《生态智慧论》；余谋昌，1997 年中国社会科学出版社：《创造美好的生态环境》；刘大椿、岩佐茂，1998 年中国人民大学出版社：《环境思想研究——基于中日传统与现实的回应》；陆大道，1998 年科学出版社：《区域发展及其空间结构》；杨通进，2000 年四川人民出版社：《走向深层的环保》；李丙寅，2001 年河南大学出版社：《中国古代环境保护》；徐建生、徐卫国，2001 年广西师范大学出版社：《清末民初经济政策研究》；何怀宏，2002 年河北大学出版社：《生态伦理：精神资源与哲学基础》；余谋昌，2003 年陕西人民教育出版社：《生态哲学》；王松霈，2003 年陕西人民教育出版社：《生态经济学》；马骧聪，2003 年陕西人民教育出版社：《生态法学》；任俊华、刘晓华，2004 年湖南师大出版社：《环境伦理的文化阐释》；蒙培元，2004 年人民出版社：《人与自然——中国哲学生态观》；李培超，湖南师大出版社 2004 年：《伦理拓展主义的颠覆》；曹孟勤，2004 年南京师范大学出版社：《人性与自然：生态伦理哲学基础反思》；刘湘溶，2004 年湖南师大出版社：《人与自然的道德话语》；黄正林，2006 年人民出版社：《陕甘宁边区乡村的经济与社会》和《陕甘宁边区社会经济史 1937—1945》；李斌，

2006年四川大学出版社：《顿挫与嬗变：晚清社会变革研究》；郑杭生、洪大用等，2007年中国人民大学出版社：《中国民间环保力量的成长》；杨华，2007年中国财政经济出版社：《中国环境保护政策研究》；严艳，2007年中国社会科学出版社：《陕甘宁边区经济发展与产业布局研究1937—1950》；［日］岩佐茂，2007年中央编译出版社：《环境的思想》（修订版）；李淑文，2010年中国传媒大学出版社：《环境哲学——哲学视域中的环境问题研究》；环境保护部、中国科学院编著，2014年科学出版社：《全国生态环境十年变化（2000—2010年）遥感调查与评估》；刘建伟，2016年西安电子科技大学出版社：《中国生态环境治理的现代化问题与对策——基于马克思主义的视角》；张大伟，2016年测绘出版社：《北京市生态环境变化（2000—2011年）调查与评估》；欧阳志云、徐卫华、肖燚等，2017年科学出版社：《中国生态系统格局、质量、服务与演变》；孙丽欣，2017年经济科学出版社：《农村生态环境建设的政策和制度研究——以河北为例》；陈跃，2017年中国社会科学出版社：《清代东北地区生态环境变迁研究》；王海芹、高世楫等，2017年中国发展出版社：《生态文明治理体系现代化下的生态环境监测管理体制改革研究》；夏光、李丽平、高颖楠等，2017年社会科学文献出版社：《国外生态环境保护经验与启示》；邓良平、胡蝶，2017年黄河水利出版社：《农村水环境生态治理模式研究》等。

三、期刊论文

近现代以来各类有关生态环境问题研究的期刊大量出版发行，介绍专家学者的学术观点和政府部门的法令文件，有关土地、森林、矿产、水利等的探索是研究近现代生态环境保护的重要资料来源。这方面较有影响力的有《申报》《大公报》《环境科学》《环境科学学报》《生态环境》《环境工程》《环境技术》《自然资源学报》《农林月刊》《林学》《农业环境科学学报》《矿冶通讯》《水利通讯》《水土保持学报》《植物生态学报》等上百种期刊资料。同时，各类综合类学术期刊也分别刊有介绍生态环境方面的论述，比如，王玉德：1996 年《中国环境保护的历史和现存的十大问题——兼论建立生态文化学》；衣保中：2000 年《近代东北地区林业开发及其对区域环境的影响》；郑磊：2001 年《民国时期关中地区生态环境与社会经济结构变迁（1928—1949）》；钞晓鸿：2002 年《清至民国时期陕西南部的环境保护》；丁里：2002 年《我国现代环境保护思想的演化及归宿》；陈改玲：2003 年《民国时期甘南地区的森林破坏与保护》；慈鸿飞：2004 年《1912—1949 年西北地区农业资源开发》；衣保中、叶依广：2004 年《清末以来东北森林资源开发及其环境代价》；胡勇、丁伟：2004 年《民国初年林政兴起和衰落的原因探析》；曹开菊：2005 年《民国时期的环保》；张连辉、赵凌云：2007 年《1953—2003 年间中国环境保护政策的历史演变》；孔祥成、刘芳：2007 年《民国救灾与环境治理中的政府角色分析——以 1931 年江淮大水救治为例》；周宏春、季曦：2009 年《改革开放三十年中国环境保护政策演变》；朱晓勤：2017 年《生态环境修复责任制度探析》；李晓燕：2017 年《农业生态环境双重功能的冲突与协调》；司林波、聂晓云、孟卫东：2018 年《跨域生态环境协同治理困境成因及路径选择》；周建波、杨扬、应征：2018 年《孙中山生态环境思想研究》；徐翔：2018 年《生态环境的刑法保护路径》；赵海凤、李仁强等：2018 年《生态环境大数据发展现状与趋势》；肖永：2018 年《社会资本影响农村生态环境治理的机制与对策分析》；王国惠、赵新燕、黄永胜：2018 年《新型城镇化与生态环境协调发展关系探究》；孟庆瑜、梁枫：2018 年《京津冀生态环境协同治理的现实反思与制度完善》等。

四、硕博论文

环境问题的研究在中国兴起已有近四十年，近年来硕博论文有关生态环境问题的选题日渐趋多，包括陕西师范大学 2004 届博士张维慎：《宁夏农牧业发展与环境变迁研究》；江西师范大学 2004 届硕士赵党留：《民国赣南天灾战乱和社会生态》；昆明理工大学 2005 届硕士崔金星：《自然资源保护立法研究》；东北师范大学 2006 届硕士曹克齐：《我国环境制度创新研究》；云南师范大学 2006 届硕士刘垚：《傣族的生态环境思想研究》；石河子大学 2006 届硕士程莉：《制度变迁与生态环境变迁互动关系研究》；郑州大学 2006 届硕士刘珍：《我国生态环境保护制度创新研究》；东北林业大学 2007 届博士伍启杰：《近代黑龙江林业经济若干问题研究》；辽宁大学 2007 届博士刘研华：《中国环境规制改革研究》；河南大学 2007 届硕士易萍：《新中国成立后我国农地制度变革研究》；南昌大学 2007 届硕士赖雨花：《民国时期赣南钨资源开发与山区社会》；吉林大学 2007 届硕士王立三：《近代东北森林资源产业化及其影响》；内蒙古师范大学 2007 届硕士石丽华：《简论中国近现代环境保护政策的发展》；南昌大学 2007 届硕士李少南：《明清时期鄱阳湖区的圩田开发与乡村社会》；山东师范大学 2010 届硕士于静：《民国时期环境保护问题研究》；内蒙古师范大学 2010 届硕士王荣亮：《清代民国时长白山森林开发及其生态环境变迁史研究》；中共中央党校 2012 届博士郝栋：《绿色发展道路的哲学探析》；中共中央党校 2014 届博士杨发庭：《绿色技术创新的制度研究：基于生态文明的视角》；华侨大学 2016 届硕士赵雪亚：《山东省城镇化发展对生态环境的影响研究》；广西师范大学 2016 届硕士刘平：《西部地区地方政府生态环境治理模式研究》；长春工业大学 2017 届硕士未丹：《马克思主义生态观视野下吉林省生态环境建设研究》；成都理工大学 2017 届硕士董平：《西部地区生态环境与经济增长的协调发展研究》；江西财经大学 2017 届硕士杨慈：《论生态环境的刑法保护》；沈阳大学 2018 届硕士刘海燕：《沈阳生态环境变迁及其评价研究》；浙江理工大学 2018 届硕士赖斐：《生态环境损害赔偿法律制度完善研究——以习近平“两山理论”为指导》等。

五、中国台湾地区的相关研究成果

中国台湾学术界对中国生态环境问题的研究稍早，且研究成果丰硕，如徐飞圣，1987 年：《清代矿业不发达的原因研究》；沈百克、章光彩等，1979 年：《中华水利史》；森田明，1996 年：《清代水利社会史研究》；蔡志展，1999 年：《明清台湾水利开发研究》。相关论文主要有：苏云峰《湖北近代工矿业之发展》；王树槐《清末民初江苏省的灾害》和《清末民初江苏省城市的发展》；陈慈玉《抚顺煤矿的发展 1907—1931》；王业键《近代中国农业的成长及其危机》；张力《近代国人开发西北观》等。学位论文有：台湾中山大学 2005 年硕士蔡珍妮《中国环境污染问题与环保产业发展之研究》；台湾中山大学 2007 年硕士洪丽芬《中国环境政策研究：加入国际环保典则与化工产业规范之分析》；台湾中山大学 2008 年硕士林敏睿《中国水污染之问题研究》；台湾中山大学 2011 年博士姚秀韵《国家与社会关系与中国大陆生态环境治理：以淮河流域为例》；台湾世新大学 2011 年硕士陈琪雯《外资对中国大陆的经济贡献和环境污染》；台湾中兴大学 2011 年硕士张尹苑《中国参与全球环境治理之机制研究：以京都议定书为例》；台湾东海大学 2011 年硕士谢佳恬《中国大陆政策选择：经济发展或环境保护》。

六、美国的相关研究成果

美国学术界对中国的环境问题关注由来已久。伊懋可先生的《中华帝国的环境遗产》《发展三千年的不可持续发展：从古代到当代的中国环境史》《大象的消失：从环境角度看中国历史》等表明其对中国环境问题的高度关注。此外还有很多学者表达出对中国生态环境研究的兴趣，如格兰母·贝克，1987 年：《一个美国人看旧中国》；杜赞奇，1996 年：《文化、权力与国家：1900—1942 年的华北农村》；刘翠溶，1998 年：《台湾的汉族移民及其定居地：生态变迁的肇始》；陈国栋，1998 年：《台湾的森林退化：1600—1979》；黄宗智，2000 年：《华北的小农经济与社会变迁》；帕特里克·卡佛莱，2002 年：《中国东北的森林（1600—1953）：环境、政治和社会》；马立博，2002 年：《现代世界的起源：全球视野下的环境史研究》；张家炎，2004 年：《环境变迁、经济发展和农民行为：江汉平原的农业史》等。

七、基本评价

中国的生态环境演变研究已经有诸多成果，从气候、地理等自然科学的角度研究近代生态环境的相关成果甚多，研究相对比较成熟。从经济、法律、管理等社会科学视野分析近代以来生态环境问题的成果也比较多，从中国传统文化维度探讨中国古代生态思想及其现代意蕴的研究也很深入，“东方传统环境思想”已经得到了世界的肯定，成为“可持续发展观”的重要精神理论来源。

但是，从目前国内外相关生态环境演进的零星分散研究成果来看，学者们大多从通史或古代生态环境的断代史角度进行论述，对近代以来政治社会变革的影响探索不足。在与相关领域研究的联系上从整体把握生态环境变迁的理论体系、研究内容及其方法等方面均需不断完善。系统探讨晚清、民国以来中国近现代政治社会变革与生态环境演化的过程及其内在规律的著述迄今未有。

总体而言，从人文视域反思近现代中国政治社会变革和生态环境演化的研究有着很大的不足，有些零星探索只是分散在少数论述中。对生态环境问题的人文关怀缺乏深度，从政治学、社会学、经济学、历史学、哲学等学科间的整体联系出发的宏观把握更显不足。本研究时间跨度较长，且涉及的政治社会历史状况复杂，相关研究资料分散，这也给本研究的资料收集和论文写作增加了很大难度。

第四节 研究范围和主题

本选题以中国近现代政治社会变革与生态环境演化为切入点，探究与环境保护相关的政策法规的制定依据和其实施效果，以及环境保护思想如何影响决策领导层并进而影响政策层面，并体现在相关的政策法规中。相关政策法规思想等的最终实施效果可以通过具体案例来分析其是否切合实际、是否能够适应中国社会发展的大趋势，并以此为根据从中探究其与政治社会变革的关系等。

本书试图将生态环境演化与政治社会变革结合起来，从相关社会历史背景、生态环境的整体状况、影响生态环境的相关因素、相互影响下的政治社会变革与生态环境演化等角度进行探索，从中认识中国近现代以来政治社会变革与生态环境演化的关系。

第五节 研究方法

一、一手资料分析法

为取得更贴近实际情况的资料，本书以中国国家统计局、中华人民共和国住房和城乡建设部、国家环境保护总局、各省（直辖市）环境保护局等各单位网址资源为基础，相关网址信息如下：

中华人民共和国住房和城乡建设部：http://www.mohurd.gov.cn/

中华人民共和国国家统计局：http://www.stats.gov.cn/

国家环境保护部：http://www.zhb.gov.cn/

全国环境保护网：http://www.hjbh.org/

北京市环境保护局：http://www.bjepb.gov.cn

上海市环境保护局：http://www.sepb.gov.cn/

天津市环境保护局：http://www.tjhb.gov.cn/

江苏省环境保护厅：http://www.jshb.gov.cn/

浙江省环境保护厅：http://www.zjepb.gov.cn/

安徽省环境保护厅：http://www.aepb.gov.cn/

四川省环境保护厅：http://www.schj.gov.cn/

山东省环境保护厅：http://www.sdein.gov.cn/
广东省环境保护厅：http://www.gdep.gov.cn/
山西省环境保护厅：http://www.sxhb.gov.cn/
吉林省环境保护厅：http://hbj.jl.gov.cn/
辽宁省环境保护厅：http://www.lnepb.gov.cn/
河北省环境保护厅：http://www.hebhb.gov.cn
湖北省环境保护厅：http://www.hbepb.gov.cn/
河南省环境保护厅：http://www.henan.gov.cn/
贵州省环境保护厅：http://www.gzhjbh.gov.cn/
青海省环境保护厅：http://www.qhepb.gov.cn/
黑龙江省环境保护厅：http://www.hljdep.gov.cn/
内蒙古自治区环境保护厅：http://www.nmgepb.gov.cn/
广西壮族自治区环境保护厅：http://www.gxepb.gov.cn/
湖南环境保护厅：http://www.hbt.hunan.gov.cn
宁夏环境保护厅：http://www.nxep.gov.cn

二、二手资料分析法

二手资料的获取方式是从学者所发表的期刊、论文及所撰写的专著中挖掘整理有关中国生态环境问题的讨论与数据；搜索中外环保网、新浪网、腾讯网、搜狐网、凤凰网等主流媒体网站及各省地方日报所公布的新闻、数据及相关信息中有关中国生态环境问题的报道，综合上述信息加以深入探讨。分析中国目前生态环境的实际状况、生态问题及环境污染的成因、政府在治理过程中所采用的措施与所遇到的问题等。相关信息的列举网址如下：

中国环境保护网：http://www.epday.com/
公众环境研究中心：http://www.ipe.org.cn/

中华环境保护基金会：http://www.cepf.org.cn/

中国环境科学出版网：http://www.cesp.com.cn/

中日友好环境保护中心：http://www.china-epc.cn/

中国环保网：http://www.chinaenvironment.com/index.aspx

中国环境科学学会：http://www.chinacses.org/CN/index.html

三、统计资料分析法

利用中国统计局、国家环境保护总局所公布的统计数据，如中国统计年鉴、中国环境年鉴、中国经济年鉴、中国水资源公报、中国水利年鉴、中国城市统计年鉴及中国城市建设统计年报等相关资料，通过归纳汇总，厘清随着中国政治社会变革的深入，生态环境状况的历史发展脉络。再者，从中国生态环境治理所投入的资金、生态环境建设及环境污染处理能力，生态环境的制度化变革等相关因素分析目前中国的环境污染治理实际情况。

第六节　研究重点、难点和主要创新点

本书的重点为中国近现代政治社会变革与生态环境演化，对近现代三次政治社会变革中出现的不同生态环境问题的原因以及相关生态环境保护政策法规的实施效果的分析，通过对相关资料进行考证，探索政治社会变革与生态环境之整体演变的互动关系。

本书的难点首先是如何将政治社会变革、生态环境演化、“四化”（工业化、城市化、市场化、全球化）的理论运用到资

料分析中；其次是如何将生态环境演化与政治社会变革有效地联系起来。

20世纪60年代以来，由于迅猛发展的工业化和日益加快的城市化，西方工业化国家的生态环境问题层出不穷，人类社会开始感受到自身生存面临的巨大威胁。由此而引发的民众环境保护意识普遍觉醒和环保运动的发展壮大给各国发展和国际社会带来了一系列变化，如一些国家相继出台有关环境保护的法律法规、政党的政治倾向逐步向环保倾斜，以及国际与环境问题相关的协商会议也日益增多。进入20世纪90年代，环境保护已经从科学家和民众的呼声变为大多数国家领导人的共识，至此，围绕着环境问题整个世界都发生了深刻的变化。环境社会学的迅速崛起表明生态危机的严重程度已经深刻影响到人们的生活、生产乃至阻碍社会的发展进步，中国的环境社会学研究起步较晚，目前虽然学术界已经取得了一些相关成果，但是研究范围不够广、深度不够大，尚且存在很多学术薄弱点甚至空白点。

本书在社会学分析的基础上，从哲学的高度并从宏观整体上探究中国近现代的政治社会变革与生态环境演化之间复杂而真实的联系。之前的对中国生态环境演化的既有研究成果，虽不乏优秀之作，但大多都是从自然科学的角度描述生态环境破坏的表面现象，或者对其形成原因做初步探讨。当然，也有部分研究从社会科学角度进行深入分析，但是对生态环境破坏所形成的深层根源以及其社会影响所进行的人文研究尚显不足。本书试图在前人已有研究成果的基础上，通过资料的广泛收集和历史视野中的理论思考来探讨生态环境在近现代的政治社会变革中的演化，推究生态环境与政治社会变革之间的互动关系，为中华民族能有越来越好的生存家园提供有社会历史依据的理性思考，以促进中国政治文明和生态文明之间的良性互动。

第二章 Chapter two

晚清、民国时期中国激荡的政治社会变革对生态环境的影响（1861—1949年）

有鉴于晚清、民国时期错综复杂的政治社会变革形势，本书在全面探讨中国政治社会变革与生态环境演化方面的问题时会或多或少地有厚此薄彼之嫌。因此，本部分在写作过程中，将重点集中在晚清洋务运动时期、军阀割据时期、抗日战争时期等几个重点历史时期和国民政府控制的西北地区、共产党领导下的陕甘宁边区、日本侵略者抢占的东三省地区、华北地区（主要是河南、河北、山西）、华东地区（主要是苏南地区，包括苏州、无锡、常州及其下属各县）和华南地区（主要是广西桂林）等几个重点区域进行分析探讨。本章写作的基本原则是：不严格遵循时间和空间的界限划分标准，而是将重点放在考察影响晚清、民国时期生态环境演变的社会历史背景、生态环境的整体特征即生态环境破坏的历史根源分析等方面。

第一节 传统农耕文明基础上的政治社会变革

一、传统农耕文明社会的基本特征

以男耕女织、自给自足为特征的传统自然经济是中国封建社会的基本经济形式，它一般具有分散、封闭和保守等特点。随着近代生产力的日益提高和社会分工的巨大发展，传统自然经济日渐衰微。鸦片战争失败后，外国列强纷纷涌入中国，并将工业化产品大量向中国市场倾销，给自然经济体系下的中国农业经济带来了巨大的冲击，促使传统经济结构发生转变，自然经济逐步解体。中国古代传统农耕文明具有三个方面的主要特点：以精耕细作为主的农业生产技术，以种植业为中心、农牧结合的农耕区和农牧区并存的生产经营模式，不同的地域和不同的生产经营条件下农业发展不均衡。在中国古代农业发展中，处于核心地位的是农耕区和农耕文化，农耕区和农耕文化对农牧区与农牧文化也产生了较为深刻的影响。此外，我们也应注意到大凡谈及事物间的影响往往都是相互的，也就是说，农牧区文化对农耕区文化也产生过较为重要的影响。一般而言，正是在这种农耕文化与农牧文化的相互影响下，创造了“精耕细作”“多元交汇”[1] 的中国古代传统农耕文明。

（一）精耕细作

人们常说“精耕细作”是中国传统农业的特点，这体现了

[1] 李根蟠：《中国农业史上的“多元交汇”——关于中国传统农业特点的再思考》，载《中国经济史研究》1993年第1期，第1页。

中国古代农业生产技术的重要特征，它高度概括了中国传统农业的精华。在农耕经济占主导地位的中国古代，“精耕细作”几乎代表了中国古代农业生产技术的主流。追根溯源，封建地主土地所有制条件下的以小农经济为特点的自然经济生产方式可以看成是“精耕细作”这一中国农业生产技术传统得以形成的主要原因。大体而言，在封建地主土地所有制生产条件下，个体农户一般相对有较多的人身自由与较大的生产经营自主权。但是，在个体生产经营方式下，其具有生产经营规模较为弱小、经济能力较为薄弱、土地的所有权或生产经营权不稳定等特点，个体农户不得不通过“精耕细作”的生产方式进行有效的管理来实现生产最大化，以解决他们的基本生存问题。

萌芽于夏商周时期、形成于战国秦汉魏晋南北朝时期、拓展于隋唐宋辽金元时期、深入发展于明清时期的中国古代传统农耕文明条件下的“精耕细作”技术体系主要依托金属农具的使用和牛耕技术的推广，通过垄作法、代田法、区田法、轮作法、休耕法等传统农业耕种方法，不仅改善了农业生产环境和土壤耕作条件，而且极大地提高了土地利用效率和农业生产率，从而有效地保护了农业生态环境，并且解决了在一个幅员辽阔的统一的多民族国家中农业收成的好坏不再完全取决于天气状况的现实性问题。当然，对“精耕细作”这一特征也要加以辩证地认识，土地的长期“精耕细作”也在一定程度上造成了土壤肥力的下降，导致农作物产量降低。迫于现实生存的压力，人们往往会采取毁林烧山等方式，以便开垦出更多的土地以维持生计。由此毁林烧山导致一系列如水土流失、山洪暴发、山体滑坡等生态环境问题。生态环境状况的恶化又会反作用于人们的生产和生活，导致人们饥寒交迫，流离失所，被迫迁移等。如此往复，形成恶性循环。

（二）多元交汇

纵观历史，各地区各民族农业的发展不但有发展程度或发展阶段的差异，而且有不同类型的区别。综合农业类型、农业区划和民族等因素作动态的分析，不难看出中国古代农业是一个“多元交汇”的体系。“多元交汇”从更高的和更为综合的层次上反映了中国古代农业的特点。

“多元交汇”的文化也是中国古代农耕文明的一个显著特征。“多元交汇”和“精耕细作”的共同基础在于创造出中国古代农业特殊的自然环境。中国传统农业是在多中心的基础上发生的，并呈现出若干不同区域同时或相继发生的特征。基于自然条件及社会传统等方面的差别，通过不断地分化与重组，逐渐形成了类型特质各异的传统农业和传统农耕文化，并在此基础上形成了不同的农耕民族利益集团。中国古代农业是在地域十分广阔、地形错综复杂、民族交错杂居、生产方式各异的状态下发生的，不同区域、不同民族、不同类型的农业相互交汇融合，并在相互交流和相互碰撞中逐步向前发展。基于自然条件各异、社会传统多样而形成的相对异质的各类农业文化互为补充、相互促进，构成多元交汇的农耕文化体系。中国传统农业中丰富的农业生产实践可以被看作“精耕细作”生产体系得以建立的基础。不同地域、不同民族间农业生产实践的长期相互交流有力地促进了南北方旱田与水田“精耕细作”体系的形成和完善，从而实现了“多元文化的交汇”，最终有力地推动了中国传统农业的进步与繁荣。

以“精耕细作”和“多元交汇”为主要特征的中国古代传统农业文明在创造了灿烂辉煌的物质文化成果的同时也表现出了强大的活力，其最重要的基础作用体现在抵御频繁的自然灾害和苛重的封建剥削等天灾人祸方面。同时，土地的恶性兼并也激化了严重的社会矛盾，从而导致了大规模的农民起义甚或是统治阶级内部各统治集团的激烈斗争。尽管如此，在多元异质文化的交汇下，这些天灾人祸以及巨大的人口增长方面的压力所带来的困难和挫折在给中国古代农业造成严重破坏的同时却未能阻挡其发展的步伐。

二、中国近现代的工业发展

自16世纪开始，西班牙、葡萄牙、荷兰、英国、法国、德国等列强就接踵而至，对中国辽阔的地域和丰富的资源虎视眈眈。1840年鸦片战争中，“清王朝的声威一遇到不列颠的枪炮就扫地以尽。”[1] 发生于500多年前的“地理大发现”加速了资本主义世界市场的开拓，加强了资本主义残暴的殖民扩张，打破了世界相对孤立与隔绝的状态。伴随着资本主义工业革命的广泛而深入的发展，资本主义殖民经济逐渐在世界范围内形成。进入19世纪以后，外国列强通过两次鸦片战争依靠武力逐步打破了中国闭关自守的状态，急切要求向中国倾销其工业产品并掠夺工业原料。这样，中国就在外国列强资本主义商品输出的过程中被迫卷入资本主义世界经济体系，从而打破了中国传统的自然经济结构，一定程度上终结了封建小农生产方式，商品经济和资本主义经济获得了一定程度的发展。在世界发展大格局下，近现代的中国缓慢步入了世界工业化历史进程。

中国近现代工业化的发展在一定意义上可以看作民族危机下的一种本能反应，并不是自发形成的。从世界范围看，近现代社会变革的核心内容就是工业化。一般而言，工业化指的是机器化大生产在整个国民经济发展过程中占据主导地位，并完

[1] 《马克思恩格斯选集》第2卷，人民出版社1972年版，第2页。

成从传统农业社会形态向现代工业社会形态转变的过程。1840年以来，中国对近现代化进程的追求及工业化的发展目标从没停止过。中国近代工业化思想的探索始于1859年洪仁玕提出的治国方略《资政新篇》。洪仁玕认为发展经济就应该学习西方先进的理念和经验，大力推进民族工商业的发展。19世纪四五十年代，外国商人陆续在中国沿海通商口岸投资建厂，这是中国第一批近代工业的船坞和工厂。从19世纪60年代开始，洋务运动在初期主张"自强"的口号，并通过采用西方先进的生产技术手段开创了第一批中国近代军事工业，从而正式打开了中国近代工业化发展之大门。洋务运动后期提出"求富"的目标，并通过兴办一批近代民用工业的方式为军事工业提供资金、燃料供应和运输等。外商企业的刺激示范以及洋务派军用工业特别是民用工业的诱导可以看作近代民族工业发展的关键力量。大批晚清政府官僚和地主商人等纷纷投资新工业领域，从而拉开了中国民族工业发展的帷幕。总体而言，洋务运动初期引进外国先进的生产技术最根本的目的不是自觉地发展社会生产力，而是为了建立强大的军事工业，以此镇压包括太平天国起义在内的人民的反抗。洋务运动后期创办造船厂、建造海军和发展民用工业等本是为了"求富、求强"，在人才的培养和先进技术的引进方面发挥了积极的作用。据有关资料统计，甲午战争前夕，商办的近代工业企业约有260家，以轻工业为主，且多分布于广东、上海、天津等沿海地区。此时中国的民族资本主义企业由于资金少、规模小、技术力量薄弱等先天不足的特点具有一定的软弱性，在一定程度上存在着对外国资本主义和本国封建势力的依赖关系，并受其束缚和压迫。

在中国近代史上，中日甲午战争占有极其重要的地位，它既可以看作中国半殖民地、半封建社会得以确立的标志，也可以看成是中国人民觉醒的起点。帝国主义在中日甲午战争中看到清政府的软弱和无能，改变了其对中国的侵略方式，从商品输出为主到资本输出为主，进一步瓦解了中国社会的自然经济体系。战争使得晚清政府的财政日益困难，为了缓解财政紧张的状况，扩大税收来源，晚清政府采取了逐步放宽对民间设厂的限制措施，并提出了奖励工商业发展的一系列具体方案，使得民族工业得以在夹缝中生存。辛亥革命前后，反帝爱国运动风起云涌，沉重地打击了封建主义专制制度，以“精耕细作”和“多元交汇”为主的自然经济受到严重的冲击。民族资产阶级在“实业救国”的口号下掀起了创办民族工业的浪潮，海外华侨也竞相投资于国内的近代工业，使得中国民族工业获得了宝贵的发展契机。第一次世界大战期间，欧洲列强因忙于战争而放松了对中国的经济侵略，在夹缝中生存的中国民族工业获得了发展的“黄金时期”。纺织业、面粉业、食品加工、采煤、冶金、缫丝、榨油、卷烟等都有了较大幅度的发展，并且出现了比较大的、有代表性的民族企业，如张謇的南通大生纱厂、荣氏家族的无锡宝兴面粉厂、周学熙的唐山新洋灰公司以及刘懋赏、冯济川的山西保晋矿务公司等。然而，这一时期的民族工业基础极为薄弱，没有形成独立完整的工业体系。

南京国民政府统治初期，进行了一系列促进国民经济发展的建设运动，有力地推动了中国近现代经济领域的发展进程。主要措施有：收回了“关税自主权”；优先发展重工业和金融产业；鼓励发展工农业和交通运输业。同时，在民间，广大群众自发地举行了抵制洋货、提倡国货的行动也为民族工业的发展提供了便利条件。然而，随着国内形势的发展，中国近代民族工业的发展受到多种影响，其发展进程一度受到严重的阻碍。主要体现在以下几个方面：首先，南京国民政府逐步建立起对整个国民经济全面统治的官僚资本经济体系，民族资本受到四大家族官僚资本的压制，其发展空间逐渐萎缩，步入日渐萧条的轨道。其次，日本在侵华时期对中国资源的大肆掠夺，并统治中国经济，使得日本占领区内的所有工业发展均受到严重打击，原有的工业在日本侵略下遭到严重摧残。再次，抗日战争胜利后，解放战争的爆发使得民营企业发展的生机又遭到扼杀，工业产值大幅度下降，工商业大量倒闭破产，1948年的金圆券改革使民营企业陷入了山穷水尽的绝境。最后，美国操纵国民党政府加强了对中国经济的侵略，致使美国商品大量涌入中国市场，造成民族资本主义企业的生产日益受到打压，再加上美国垄断资本与四大家族官僚资本相结合，把中国的近代化事业推向绝境。总体而言，这一时期，南京国民政府在经济上实行了国民经济建设运动，但官僚资本的形成和垄断、日本侵略者的掠夺、解放战争的影响以及外国商品的大量涌入等因素的共同作用下，民族工业的发展压力空前，日益萎缩。

三、中国近现代激荡的政治社会变革

中国近现代以来，政治变革愈加激荡，社会变革日益迅猛，中国发生了历史性巨变。一百七十多年前晚清王朝在鸦片战争中的失败似乎早已定格于西方工业革命以来的世界发展大潮之中。鸦片战争失败后，中国向外国列强敞开了大门，西方势力蜂拥而至，沙俄和日本列强也紧随其后，虎视眈眈，争相以武力打开中国的大门，相继占领中国胶东半岛和东北大片领土，造成中国近现代变革动荡的政治局面。20世纪的一百年中中国人民顽强抗争，经历了历史巨变后的中国人民终于掌握了自己的命运，逐步走上全面振兴之路。金冲及在《二十世纪中国史纲》曾这样写道："在人类历史上，没有任何一个世纪在变化的规模和深度上能同二十世纪相比""对中国来说，这是决定我们民族生死存亡的一百年"。❶

晚清、民国时期中国政治社会变革大体经历了三个主要发展阶段，即鸦片战争到甲午中日战争阶段、甲午战争后的维新变法运动到辛亥革命阶段、中华民国成立到新中国建立阶段。鸦片战争打开了外国列强入侵中国的大门，他们汹涌而来，发动一次又一次的战争，通过武力手段迫使羸弱的晚清政府开设租界，并给予列强办报纸、修铁路、建工厂等一系列特权。从鸦片战争到甲午中日战争阶段的政治变革的主要特征为外来力量的入侵，新的政治社会思想酝酿，外来势力的入侵迫使晚清时期的有识之士开始重新反思中国的文化，对比西方工业革命时期开创的近代文明，提出了"睁眼看世界""师夷长技以制夷"等救国救民的口号，从而形成了强大的学习西方并利用西方先进技术的政治社会变革潮流。从客观角度来看，晚清洋务运动开启的中国近现代工业化进程正是在此基础上加以展开的。1894年的甲午中日战争和1900年的八国联军侵华战争给变革下的中国造成了严重的创伤，并对中国20世纪的开端产生了重大的影响，开启了外国列强以武力征服向势力扩张转变的侵华方式。其中经济扩张最为凸显，开启了从商品输出向资本输出的转变，并从沿海、沿江逐渐向内地、内港渗透。甲午中日战争惨烈的失败结局彻底打碎了维护旧政治体制的美梦，激起了士大夫阶层中的有识之士对中国政治制度的怀疑，开始了维新变法运动。"百日维新"失败后的《辛丑条约》所带来的耻辱迫使晚清政府重新审视维新变法的必要性，日俄战争中日本的胜

---

❶ 金冲及：《二十世纪中国史纲》，科学文献出版社2009年版，序言。

利从某种程度上激发了“立宪优于专政”思想的形成。经历短暂的自上而下的维新变法图存的尝试之后，中国革命力量风起云涌且日渐呈现出势不可挡的局面，虚伪的立宪和高涨的革命促使辛亥革命下晚清王朝的最终覆灭。民主共和观念日益深入人心，从而激发了整个中华民族的政治觉醒，从这个意义上说，辛亥革命获得了一定的成功。辛亥革命的胜利揭开了中国历史的新篇章，中国社会先后经历了长期的军阀割据与混战、外国列强的入侵和掠夺以及解放战争。1912年中华民国成立，中国的政治变革进入新的历史时期，即民国时期（台湾地区还延续民国称谓，本书采用中国大陆的普遍称谓，特指1912年中华民国成立到1949年中华人民共和国的建立这一历史时期）。中华民国成立后，中国政权从清政府转移到以袁世凯为首的北洋军阀手中，在经历了两次北伐战争和多次新老军阀的混战之后，中国政权被牢牢地控制在以蒋介石为首的国民党新军阀手中，国民政府时期所采取的对日本侵略者妥协退让、对共产党和工农群众荼毒杀戮的政策严重影响了民主制度的正常发展。

辛亥革命后，中国政权几经更迭，先后出现了由北洋军阀所控制的北京国民政府、由国民党创建的南京国民政府；1921年中国共产党成立后，又出现了由共产党所领导的江西、陕甘宁边区等地的红色政权；1931年日本侵占中国的东北，在东北出现了由日本控制的伪满洲国傀儡政权；1937年，日本全面侵华，攻占南京后出现了投降日本的汪伪国民政府。民国时期的中国实际上大多时候政权更迭频繁，且多个政权同时并存，各自为政。这一时期，中国社会经历了“内忧外患”的洗礼，逐步走上了国家统一和民族复兴之路。

近代中国从1840年起被外国列强用洋枪大炮打开国门以

后，逐步从一个闭关落后的封建帝国迈入了世界体系，并在此过程中出现了中国历史上前所未有的中国近现代政治社会变革的问题。中国近现代的政治社会变革着力调整社会经济结构、生产生活方式、政治文化制度、思想价值观念等与近现代社会发展不协调的方面。就当时的情况而言，中国一定程度上是被迫卷入世界历史发展大潮之中并不断进行变革和调整的。这样晚清以来，近现代的中国便不由自主地进入了政治社会变革的艰难历史过程之中。现在看来，当时中国社会所经历的这种变革的艰巨性以及困难的程度是巨大的，可以说，直到今天，我们也没有完全实现全面现代化的整体目标。在刘慧君看来，这种政治社会变革状况不能不引起人们的深思。[1]

近现代中国的政治社会变革主要是指从封建落后的传统农业国家向先进的近现代工业国家转变、从封建皇权专制主义统治下的国家向具有现代意义的民主法治国家转变、从具有几千年封建保守的传统思维国家向具有现代民主意识的新型国家转变。这种程度的变革在以往中国的历史上未曾出现过。中国传统的自给自足的封建农业社会在鸦片战争等一系列东西文明的历史冲突下，政治统治、社会结构、经济基础和思想文化等领域都发生了巨大而深刻的变革。传统的封建超稳定的社会结构及其所赖以构建的政治统治、经济基础和思想文化等均遭到前所未有的冲击，旧有的传统社会的封建模式也受到史无前例的挑战。在这样的历史背景下，只有依靠政治社会变革的方式，才能摆脱社会发展的困境。在东西方文明交汇碰撞的历史际遇过程中，外国列强的入侵和掠夺在某种意义上加速了中国近现代政治社会历史变革的进程。由于中国传统自然经济为基础的

---

[1] 《试论近代中国的社会变革》，载中华文史网，http://jds.cass.cn/Item/7983.aspx，最后访问时间：2013 年 3 月 2 日。

封建社会的超稳定的政治社会结构不会自发地进行变革，从这个意义上说，中国近现代政治社会变革需要放在中外关系的时代背景之下进行考察。在当时的历史条件下，单纯靠民族自觉进行中国近现代政治社会的变革难以实现。一定程度上，外国列强的入侵带来了思维方式和生活方式的变革，从而也反推中国近现代政治社会的变革，为近代中国走向世界提供了契机。

近现代中国战争频仍，自1840年鸦片战争开始到1949年新中国成立的百余年间，中国大地上所经历的战乱几乎从未间断过。近现代的中国先后经历了鸦片战争、镇压太平天国运动的战争、中日甲午战争、北洋军阀战争、国民党的两次北伐战争、国民党新军阀间的混战、日本侵华战争、国共内战等。经历战争洗礼的中国，政治社会也随之发生了较为深刻的历史变革。1911年标志着皇权专制统治的晚清政府被推翻，结束了中国2600多年的封建王朝统治，1912年孙中山领导的“中华民国”在南京成立，中国开始走上了“民主共和”之路。这一时期，中国“内忧外患”的社会发展状况日益加重。内战接连不断，北洋军阀战争、国民党新军阀混战、国民党对共产党进行的“围剿”与“反围剿”的战争以及国共内战等，加之以日本侵华战争等一系列战争构成了20世纪上半叶中国的社会生态，人民群众生灵涂炭，生活在水深火热之中。据统计，十四年抗日战争中，国共两党与日本侵略者进行的动员兵力10万人以上的大型会战共有22次。其中比较有名的有平型关战役、台儿庄战役、淞沪会战、常德会战、豫湘桂会战等。

社会危机是社会内部一系列矛盾日益激化而呈现的一种恶性状态，它通常是以社会的种种积弊和矛盾的方式向世人展示。民国初年的社会危机在激发巨大的政治社会变革力量的同时，也在令人触目惊心地外化军阀统治下的社会黑暗。民国之初，中国社会分崩离析，国难民危，整个社会散发出一种浓重的哀怨气息，弥漫着一种强烈的忧患意识，李大钊先生在《大哀篇》中做过这样的描述："蒙藏离异，外敌伺隙，领土削蹙，立召瓜分，边患一也；军兴以来，广征厚募，集易解难，饷糈罔措，兵忧二也；雀罗鼠掘，财源既竭，外债危险，废食咽以，财困三也；连年水旱，江南河北，庚癸之呼，不绝于耳，食艰四也；工困于市，农叹于野，生之者敝，百业凋蹶，业敝五也；顽梗未净，政俗难革，事繁人乏，青黄不接，才难六也……"❶ 是对当时社会的现实写照。"哀哉！吾民瘁于晚清稗政之余，复丁干戈大乱之后，满地兵燹，疮痍弥目，民生凋敝，亦云极矣"❷ 则是对当时民生的真实反映。辛亥革命并没有给人民带来希望，夭折的革命并没有终结种种社会问题的爆发，却致使其在时局混乱状态中空前恶化。对此，孙中山先生在《建国方略·自序》中怀着十分沉痛的心情回顾这段历史时说："夫去一满洲之专制，转生出无数强盗之专制，其为毒之烈，较前尤甚。于是而民愈不聊生矣！"❸ 在这个充满黑暗和动荡的年代里，军阀横行，兵匪肆虐，死亡流离，道瑾相望，疾首蹙额者，涟涟泣涕，鹄面鸠形者，嗷嗷哀鸣。"战后之兵，蛮野浮动，在伍时既大肆劫掠，退伍后仍将流为盗寇，则今日之兵，即他日之匪……"❹ 兵

---

❶ 李大钊：《大哀篇》，载《李大钊文集》（上册），人民出版社 1984 年版，第 1 页。

❷ 李大钊：《大哀篇》，载《李大钊文集》（上册），人民出版社 1984 年版，第 6 页。

❸ 孙中山：《建国方略·自序》，载《孙中山选集》（上册），人民出版社 1981 年版，第 104 页。

❹ 李大钊：《大哀篇》，载《李大钊文集》（上册），人民出版社 1984 年版，第 3 页。

化为匪，匪化为兵，兵匪为患，民国社会成为名副其实的兵匪世界。失控的社会为之提供了生存的土壤，而他们的存在又加剧了社会的失控和动荡。

这一时期，中国的政治社会环境处于风雨飘摇的动荡不安中。政治斗争引发军事混战，在时局动荡的年代里，庞大的军费开支消耗了巨大的资金，阻碍了整个国民经济的发展，因此，在谈及这一时期中国的生态环境时，我们不得不承认，在近现代中国政治社会变革的历史背景下，生态环境意识也只是局部破坏下的某种理性反思，并非真正意义上的环境保护行为。而且，国家财政根本无法支付环境保护事业所需的资金，植树造林、兴修水利、改建山河等活动大多也只能成为一种口号。此外，政治时局的动荡也让大多政府的环保行为流于形式，未能长久进行。

第二节　生态环境整体特征

晚清、民国时期，由于历史和现实因素的双重影响，生态环境状况表现为局部破坏较为严重，其中产生最为显著影响的是近代工业化的发展以及战争对资源环境的掠夺和破坏，整体而言，这一时期的生态环境呈现出“各类自然灾害频发”“资源开发利用水平低下”“人为破坏严重”等特征。

一、各类自然灾害频发

晚清、民国时期的森林破坏较为严重，加剧了中国原本就恶劣的气候环境，促使灾害几乎年年都不同程度地发生，以水灾、旱灾和雹灾等为主。造成各类自然灾害频发的原因多种多样，其中既有自然条件方面的影响，也有人文社会环境的破坏。受此双重影响，19 世纪下半叶至新中国成立的时期灾荒频仍，并呈现出水涝与干旱灾害叠加并伴生蝗、虫、风、雹、瘟疫等灾害之特点，严重影响中国社会的生产和生活。受中国地域、气候等条件的影响，北方大部干旱少雨，南方较多潮湿多雨，这样就容易造成北方旱灾连连，南方水涝不断等灾害现象。进入近代尤其是 20 世纪之后，中国政治社会变革加剧，受人文社会环境的影响，自然灾荒的发生频率愈高。邓云特曾对中国灾荒发展的特点做出如下总结：第一，灾害的发生具有普遍性，即无处无灾、无处不荒的地域特征和无年无灾、无年不荒的时间特征；第二，灾害的发生具有继起性，各种灾害相互关联导致大旱之年常伴以蝗灾，水涝之年常发生疫病等；第三，灾害的结果具有积累性，在无数次灾害累积的基础上，呈现出扩大再演的规模。[1]

1942 年和 1943 年中国华中地区发生的水、旱、蝗等特大灾荒举世震惊，对河南等中原省份造成严重影响，有人认为当时的灾情“甚于光绪三年（1877 年）”。1943 年春季，这一地区的旱情持续发展，结果致使仅河南一省乏食待赈者数量高达 1600 万人左右。所幸 5 月间喜降大雨，给这一地区的旱情带来转机，然而，正当旱情稍有缓解之时，又恰逢黄河改道，新黄河四处溃决，多处县城被被淹。夏秋之际再生蝗灾，灾害严重，遮天蔽日的飞蝗横扫河南大部西至陕西大部地区，造成田野之上的禾苗、树木之上的绿叶几乎荡然无存。据有关数据不完全统计，1943 年河南省饿死和外逃的人数均达到 300 万左右。灾害之下，“政府继续从他们身上尽可能地榨取最后一点税收……

[1] 邓云特：《中国救荒史》，商务印书馆 1993 年版，第 59~61 页。

各县政府要求农民交纳的粮食比农民田里实际生产的粮食还要多，而且毫无宽容可言。吃着榆树皮和干树叶的农民被迫把他们最后一点粮食种子交给税收机关。身体虚弱得几乎走不动路的农民还必须给军队交纳军马饲料，这些饲料比起塞进自己肚子里的东西，其营养价值要高得多”❶。灾荒通常具有极强的破坏力，不仅造成灾区民众的生命财产蒙受巨大的损失，还导致生态环境遭受了严重的破坏。洪水过后，大量泥沙沉降下来，一般会造成土地严重沙化，并使土地难以在短期内实现耕种。❷

面对近现代中国严重的自然灾害现象，中国人民大学的李文海、程歗等人进行了深入的研究、汇总与整理后发现，20 世纪上半叶的中国自然灾害频繁发生，几乎呈现出无年不荒、无处不灾的严重荒灾景象，从表 2-1 中内容可知，在晚清、民国时期中国自然灾害的严重程度可见一斑。

表 2-1　20 世纪上半叶中国灾荒简表

年份	主要灾况
1900	黄河流域大旱，陕西、山西灾区各 60 余州县。闽江干流发生百年来最为严重的水灾
1901	上半年甘肃、陕西、山西、河南、直隶等继续亢旱，入秋后则大部或一部洪成灾。鄂、湘、皖、苏、赣、浙等东南各省入夏水患，内蒙虫灾，云南邓川发生强烈地震
1902	四川大部旱灾，小部水灾，灾民数千万。直隶春旱，皖北夏旱蝗灾，胶东暴雨成灾，京津、苏南、湖南辰州、黑龙江瑷珲流行瘟疫。其他省份也有蝗、雹、风等灾发生

❶ ［美］西奥多·怀特：《风暴遍中国》，王健康、康元非译，解放军出版社 1985 年版，第 186 页。

❷ 朱汉国、李少兵：《走向现代化的历程——社会生活卷（1900—1949）》，人民出版社 2010 年版，第 21 页。

续表

年份	主要灾况
1903	顺直一带春夏苦旱，七八月份暴雨成灾，各河漫决，黄河决口，山东被灾。陕西、四川、湖北、广东、奉天、吉林、湖南遭不同程度水患，浙江先涝后旱
1904	西部地区发生历史上罕见的跨流域特大洪水，甘肃受灾尤为严重。河南先旱后涝
1905	全国大面积水灾，云贵受灾最重。直隶、山西、河南、江苏等省遭水、旱、雹、虫各灾
1906	水灾严重。广东4至6月暴雨成灾，入秋沿海各属遭遇台风。湖南灾民三四十万人，溺死三四万人。湖北、江西、云南先涝后旱，顺直、山东旱水交乘，台湾、新疆地震
1907	两湖部分州县遭漫淹，直隶、山东、江苏、四川、黑龙江等省一部，部分省区鼠疫
1908	广东、湖北、湖南、直隶及黑龙江部分地区有不同程度水患，山西、陕西、甘肃、新疆、云南、福建、江西、浙江等省，有遭受水、旱、雹、风、蝗灾之处
1909	湖南、湖北、吉林、江苏、安徽、广东、奉天、新疆等省水患，台湾、云南地震
1910	大面积水灾。主要灾区一在长江中下游六省，并波及河南、山东，一在东北三省
1911	灾区扩展，灾情更加严重，安徽、江苏饿死七八十万人，黑龙江发生1851年以来特大洪水。吉林省城大火，五分之二地区化为焦土
1912	直隶、浙江水灾。河南自夏至次年春旱灾
1913	湖南、湖北、广东、浙江、直隶、吉林、山西、广西8省水灾
1914	直隶、吉林、黑龙江、山东、山西、江西、湖南、四川、贵州、广西等省、自治区发生水灾。北方以山东为最重，南方以湖南、广东、四川尤甚。台湾、新疆发生强烈地震

续表

年份	主要灾况
1915	广东、广西及江西、福建、湖南、云南等省部分地区暴雨为灾，四川旱区从上年的川南等地扩展到全省，湖北、安徽、江苏、直隶、河南被蝗，湖北、安徽尤重
1916	1 月黑龙江索伦山森林大火，蔓延五六百里，并波及奉天洮南。11 月 15 日福州大火。入夏后湖北、江西、江苏、安徽、贵州等省部分县乡被水
1917	直隶、奉天、河南、山西、陕西、四川、湖北、湖南、江西、福建、贵州等省的大部分或一部分被涝。山东全年苦旱，9 月利津黄河大堤决口。云南大北关地震，损失惨重
1918	湖南、湖北、江西、广东、福建、云南、贵州、山东、河南、直隶、奉天等 10 余省被水，但灾情轻于上年。西藏、吉林、广东有 6 级以上强震，广东南澳夷为平地
1919	云南春荒苦旱，灾民遍地。直隶先涝后旱。四川部分县遭旱、水、雹等灾
1920	自春至冬，黄河中下游亢旱异常，京兆、直隶、山东、陕西、山西 5 省 1 区发生四十年未遇之奇荒。甘肃海原县发生 8.5 级大地震，人口死亡 20 余万
1921	江苏、安徽、河南、山东、直隶、陕西、湖北、浙江 8 省大水，淮河流域 4 省最重
1922	安徽、江苏、河南上年淮河泛滥之区，上忙荒歉。河南 70 余县遭遇旱蝗，湖北先涝后旱。山东上年河决处自 2 月至 8 月连决 4 次，其他地区则亢旱异常
1923	夏秋之交河南大雨成灾，广东、山东、山西、浙江、江苏、江西、四川、东北等地，发生程度不同的水患。陕西大旱，赤地千里，竟至易子而食
1924	全国 16 省区发生水灾，主要灾区为长江上中游的湘、鄂、赣 3 省，以及河北平原和黄河下游，尤以云南、湖南、直隶受灾最重
1925	南旱北涝，西南数省被灾尤重

续表

年份	主要灾况
1926	湖南、湖北诸河泛滥，江苏、河南、山东、直隶、四川等省先旱后涝，山东尤甚。东北三省、甘肃、陕西及新疆部分地区干旱，东北旱情尤重，又间有被水之处
1927	夏秋两季，山东、直隶、河南及山西北部旱，冀鲁一带蝗蝻四起。长江中下游发生特大洪水。甘肃古浪8级地震，使古浪、武威死亡4万余人
1928	陕西、甘肃、山西、绥远、河北、察哈尔、热河、河南等8省发生严重旱荒，并波及山东、苏北、皖北、两湖、四川、云南的大部或一部，灾民3200余万口
1929	灾患多重，陕、甘、豫大饥荒
1930	西北及西南一些省份的旱荒仍在继续，灾民死亡人数众多。辽宁30个县市、黑龙江部分地区、广东22县、福建11县、湖北一部、苏北大部和苏南一部，以水灾为主
1931	全国大水灾。江、淮、汉、运、闽、粤诸江河及黄河、东北各河纷纷泛滥，23省3/4的县份洪涝成灾，其中以江淮地区最为严重
1932	由于连年灾祸以及上年的水灾，引发了一场全国性以霍乱为主的大疫，21省都有被疫之处，轻者数县，重者数十县不等，数十万人丧生。松花江流域出现特大洪水
1933	8月上旬，因连降暴雨黄河出现特大洪水，陕、晋、豫、冀、鲁各省连决数十口，其中黄河北岸几处决口造成了大面积的灾区，从而形成20世纪以来的最大一次河患
1934	全国14省发生大面积旱灾，其中以长江中下游的苏、浙、皖最为严重。广东韩江及三江流域、福建南部、东北、绥远大部以及热河一带，所受灾害以水灾为主
1935	河北、河南、山东、山西、陕西、察哈尔、苏北、皖北及湖北、浙江一部，春夏旱，入夏后又转旱为涝。长江中游出现区域性特大洪水，湖北、湖南、江西被淹

续表

年份	主要灾况
1936	河南亢旱经年，入夏漳河决口，全省 110 县被灾，待赈饥民近千万人。皖第 3 年苦旱，灾民 700 余万人。四川 125 县受旱，但入夏川中又遭水
1937	上年旱灾仍未缓解，四川春荒，瘟疫盛行，被灾 141 县，夏秋间部分地区复又被水。皖北 20 余县春荒夏旱，入秋后部分地区转旱为涝。贵州 44 县大旱。山西春旱夏涝
1938	为阻挡日本侵略者的进攻，国民政府下令炸开郑州花园口黄河大堤，造成河南、安徽、江苏三省重大水灾，漫淹 44 县市，受灾人口 1250 万人，死亡 89 万人。武汉失守后，国民党当局在长沙溃退前将该市焚毁，致使 2 万多人丧生，二三十万居民无家可归
1939	冀、豫、鲁、晋 4 省严重水灾
1940	全国大面积水旱交乘，多灾并发。河南黄泛区发生春荒，入夏暴雨成灾。北自本年至 1942 年流行霍乱，西北 21 县发生回归热病，疫重之县动辄死数万人
1941	山东、陕西大旱经年。湘西、湘东部分县乡发生旱灾。河南 92 县市、甘肃 47 县、山西 30 县遭水、旱、风、雹、虫、冻等灾，河南尤重
1942	中原旱荒。河南自春至秋，烈日当空，田地拆裂，风、蝗、雹灾交相侵袭，全省饥民 1000 万人，饿殍遍野。旱区波及晋中、晋南和冀南一带，鄂西、鄂北也发生大面积亢旱
1943	中原旱荒持续。河南、河北、山西、山东 4 省苦旱，灾区广大，饥民遍野
1944	中原旱情有所缓解，但局部仍较严重。河南、河北、山西、陕西、安徽遭遇旱蝗
1945	旱灾蔓延全国，受灾省份达 18 个，灾民 3000 余万人，西北灾情最重
1946	河南、湖南、台湾及山西、贵州等省以旱为主，陕西、广东、广西、四川大部、绥远沿河各县先旱后涝，辽宁、宁夏、河北、皖北、苏南、山东、浙江等以水灾为主
1947	山西、河北、绥远、察哈尔 4 省春夏间大面积亢旱，6 月以后陆续得雨，但部分地区又洪涝成灾。湖南大部、云南 48 县遭水旱虫疫诸灾

续表

年份	主要灾况
1948	全国灾情以水灾为主。湖南全省被涝，湖北发生1931年以来最严重的水灾。江西、江苏、安徽、福建、广东、广西等也洪涝为灾。青海先旱后涝，鲁、绥远旱
1949	由于连降暴雨，6月底两广流域出现特大洪水，湖南水患几遍全省，黑龙江亢旱

资料来源：李文海、程歗、刘仰东、夏明方：《中国近代十大灾荒》，中国人民大学出版社1994年版，附录，《中国近代灾荒年表》；中国第二历史档案馆：《民国以来历次重要灾害纪要》，《民国档案》1995年第1期。转引自朱汉国、李少兵：《走向现代化的历程——社会生活卷（1900—1949）》，人民出版社2010年版，第17~20页。

二、资源开发、利用水平低下

近代以来资源开发、利用水平的低下等原因也导致了生态环境的日益恶化现象。这主要是在矿产资源的开发方面缺乏充足的专门技术人才，开采技术不够精细，水平落后较为严重以及追求效益最大化的贪婪心理等原因，造成了对生态环境保护工作的不够重视，给矿产资源的开发利用带了严重后果。这种对矿产资源的掠夺性开发，既破坏了山体的基本构造又污染了河道，结果使矿区河流和山体的生态平衡受到严重破坏，使业已脆弱的生态环境失去较大承载能力。[1] 但是为了获取足够的物资能源，不论是国民政府的大西北地区开发还是共产党的陕甘宁边区政府都采取了加大开发利用力度的方式抢占自然资源，以更加稳定地维持战争需求和日常生活需求。

大西北地区作为战略后方能源供应基地的作用在全面侵华

[1] 赵珍：《近代西北开发的理论构想和实践反差评估》，载《西北师大学报》2003年第1期，第22~27页。

战争爆发后更加凸显。戴鞍钢对抗战时期的大西北开发做出过这样的评价："广袤的西北地区不乏自然资源，但工业十分落后，人民非常贫困。考虑到一旦战争爆发，东部沿海工业发达地区难以固守，因而希望及早开发西北，一方面可增加国家资源，另一方面可作为战时退守的基地。"❶ 民国时期，国民政府通过推行一系列鼓励政策将沿海近现代工业向内地迁移的方式有力地推动了大西北地区的经济建设，使得原有的较为脆弱的国家现代工业体系得最大程度地保全的同时也有力地推动了大西北地区开发的进程，保障了国民政府提供了战时相对稳定和牢固的战略大后方。据有关资料显示，当时有 447 家厂矿在国民政府的鼓励下内迁。❷ 1937 年抗日战争全面爆发后，战区内生活的很多人相继逃亡到这片较为贫瘠的土地上，许多政府部门、企业、工厂甚至学校等也陆续迁往这一地区。为了维持纷纷到来的避难人口所需的基本生活需求，大西北地区加大了对土地资源和矿产资源的开采与利用。但是，受当时生产技术水平低下等条件的限制，利用土法进行开发，既耗费了大量的人力物力又使得提纯度无法获得有效的保障，导致利用率低下，浪费较严重，其势必会造成对自然资源的近似掠夺式的开采结果。概而言之，当时的技术水平状况是：采取土法开采，没有长远规划，设备陈旧简陋，技术水平有限，未能深探开采。结果造成废石成堆，整个环境呈现满目疮痍、千疮百孔的状态。

同时，随着日本侵略行为的加剧和革命热情的高涨，投身于陕甘宁边区进行革命的人口急剧增长，因而导致粮食压力和

---

❶ 戴鞍钢：《发展与落差——近代中国东西部经济发展进程比较研究（1840—1949）》，复旦大学出版社 2006 年版，第 514 页。

❷ 戴鞍钢：《发展与落差——近代中国东西部经济发展进程比较研究（1840—1949）》，复旦大学出版社 2006 年版，第 234~235 页。

生活需求增加，于是，对土地进行了大规模垦荒种植，对林木进行了大范围的采伐利用。某种程度上，这样的做法虽然使战时粮食紧缺现状得到了缓解，边区的基本经济建设也得到了支援，基本缓解了边区社会发展的压力，但是其对土地林木的过度掘取也使这一地区原本脆弱的生态环境受到了严重的影响。社会生产力发展水平低下导致过剩的劳动生产力只能通过加强对自然资源掠夺性开发等粗放式的生产方式来获取更大的利益。这原本需要通过提高生产力发展水平来加强资源的利用效率以满足日益增多的人口需求，但现实的政治社会环境和历史条件下，根本无法做到，只能通过加大资源开发利用的强度，如毁林开荒、山地开垦等方式。这样，日益加剧的水土流失导致了日趋严重洪涝灾害等生态环境方面的恶性循环。

三、人为破坏严重

近代以来，特别是民国时期，在战乱年代人民生存面临严重困境的情况下，对自然资源和生态环境的人为破坏尤为明显。韩国学者金胜一研究发现："越是近代，人为与自然的灾荒越发严重"❶。而且，人为的灾害也更是频频发生，长久不断。民国时期，军阀派系林立长期对峙状态较为明显。据有关资料显示，1912—1930年间，安徽省政府首脑换了二十多次❷的现象就深刻反映了民国时期政局动荡、灾荒频繁的历史背景。张岂之先生也认为："恶劣的社会人文环境和自然环境，意味着人与人及人与自然健康关系的扭曲。"❸

---

❶ ［韩］金胜一：《近代安徽地域性灾荒政策史考察——以安徽省为例》，载《北京大学学报》1997年第4期。

❷ 程必定：《安徽近代经济史》，黄山书社1989年版，第210页。

❸ 张岂之：《关于生态环境问题的历史思考》，载《史学集刊》2001年第3期，第9页。

晚清、民国时期生态环境的人为破坏主要表现在毁坏地表植被、乱伐森林树木、摧毁江河堤防、破坏水利设施等方面。孙中山先生曾对时人由于滥伐林木造成自然环境的恶化提出过这样的警告："现在人民采伐木料过多，多伐之后又不行补种，所以森林便很少。许多山岭都是童山，一遇了大雨，山上没有森林吸收雨水和阻止雨水，山上的水便马上流到河里去，河水便马上泛涨起来，即成水灾"❶。民国时期对生态资源的破坏更是触目惊心，开始于1927年的国民党军队对中央苏区和红军游击区所实行的"围剿"和"清剿"活动使这一地区的原始森林资源遭到严重破坏，并加剧了水土的流失。据《江西省林业志》载："国民党反动派对苏区发动五次'围剿'，大肆砍树开路，放火烧山，构筑工事和军营，使大片森林成为焦土和秃岭"❷。另据《定南县志》记载：1931—1948年，国民党军队在定南县推行"剿共"政策，曾纵火烧山多达12余次，被烧毁山林面积约1万亩❸。石城县在国民党军队烧山"围剿"时也将成片森林付之一炬。在对苏区中央革命根据地进行"围剿"时，国民党军队中曾流行这样一句狠话："茅草要过火，石头要过刀，人要换种"，结果很多村庄都变成了无人居住的"鬼村"。据《江西省林业志》记载，这一时期，赣粤交界地带的江西省全南县有多达方圆100多里的原始林木被国民政府军队纵火焚烧❹。1934年夏秋时节，在"清剿"江西瑞金红军游击队的过程中，国民

---

❶ 《孙中山全集》第1卷，中华书局1981年版。

❷ 《江西省林业志》编辑委员会编：《江西省林业志》，黄山书社1999年版，第143页。

❸ 《定南县志》编纂委员会编：《定南县志》，书目文献出版社1984年版，第398页。

❹ 《江西省林业志》编辑委员会编：《江西省林业志》，黄山书社1999年版，第14页。

政府军队也是采用纵火烧山的方式，造成大火严重蔓延三昼夜未尽，成片成片的林木顷刻间焚毁殆尽。国民党军队在日东一带的“清剿”活动中纵火烧山，造成山火连焚20余日，大面积的山林惨毁于焚烧之下❶。1937年5月，在国民党军队“清剿”大余县梅岭地区的红军游击队时制造的“梅山事件”中，纵火烧山也致使大片林木化为乌有。据江西省1946年编订的《切实保护森林而厚民生案》记载：“本省自民国十七年开始建筑公路以来，沿路各县原有森林砍伐殆尽。”❷“东南一带之山，秃然不毛，本可植果以收利，蓄木以为薪，而无人兴之。农民只知斩伐，而不知种植”❸。同时，在抗战期间，由于边区经济特别基础薄弱，物质资源十分匮乏，在林木资源的交易和管理不严等原因，可以依靠林木的砍伐来赚取“外汇”并获得额外适量的经济收益，以此来支持日益发展的各项事业。在这样的背景下，边区的森林资源的开采渐趋无度。1940年9月，《陕甘宁边区森林考察团报告书》中对森林砍伐的情景进行了这样的描述：“在洛河流域，延河流域，葫芦河流域以及沮水、汾川、清涧河等地，因为近年人口的增加，正在进行着扫荡的砍伐呢！主要的便不是砍伐数量的大，而是砍伐的不平均集中于一点，尤其是各河流上游的桦柏林，因为材料较佳，砍伐的特别残酷（不留种树）”。❹

更为严重和让人心痛的问题就是为军事目的而破坏原有水利设施及沿河堤坝的人为毁坏行为。在这方面1926年7月21日

❶《瑞金县志》，中央文献出版社1993年版，第373页。

❷《江西省林业志》编辑委员会编：《江西省林业志》，黄山书社1999年版，第143页。

❸《孙中山全集》第1卷，中华书局1981年版。

❹《抗日战争时期陕甘宁边区财政经济史料摘编》第2编·农业，山西人民出版社1981年版，第123~127页。

芜湖堤坝破坏行为以及1938年6月6日黄河花园口决堤事件最为典型。芜湖堤坝的破坏对周边地区的耕地以及人畜生命危害极大；国民党军队为了阻断日本军队的对郑州、武汉等地的进攻，置广大平民百姓的生命和财产于不顾，在花园口进行毁堤决河，造成淮河以东大部分地区深受洪水泛滥之灾，安徽省北部地区的近18个县市被肆虐的洪水淹没，仅恢复工作就用了9年的时间。❶

国民政府在大西北地区的开发建设中推行的“人口的迁移、耕地的开垦、牧业的发展、矿产的开发”等一系列相关政策对大西北地区的自然生态环境构成了巨大的冲击。毫无计划的人口迁移使得该地区人口数量迅速增加，对大西北地区的生态环境产生巨大的破坏；大规模的农业垦荒种植养殖在有力地促进大西北地区的开发建设，为战时经济的发展提供了充分的安全保障的同时，也给西北脆弱的土地生产造成了巨大压力。主要原因表现在：第一，当时的农业科技水平不发达，在大规模的人口迁移下被迫实行的广种薄收的传统粗放生产方式；第二，在大量的移民涌入加之以巨大的战争需求条件下，传统粗放式的农业、畜牧业生产和管理方式也不得不发生转变，这样，大量的农牧区被迫转变成了农垦区；最后，森林资源的过量砍伐加剧了生态环境的恶化。

在抗日战争期间，陕甘宁边区的自然环境本就并不十分优越，经济发展状况极为不利，加上国民党军队的包围封锁更是使得这里的生存状况雪上加霜。生活在这里的人民为了生存，不得不努力自给自足，使得这片本已贫瘠不堪的土地被迫承受着严重超负荷的经济压力。从而出现了人口增多导致大量的林

❶ 程必定：《安徽近代经济史》，黄山书社1989年版，第210页。

木被砍伐以开垦种植的现象，使得森林面积逐渐减少，地表植被受到严重的破坏，土地也因此失去了天然的保护屏障，同时北部地区的沙漠也日渐侵袭肆虐农田，严重破坏了边区的自然生态环境，结果造成水土流失、沙漠化等严重的恶性环境状况之后果。武衡做过这样记述："边区的垦荒，为了一时的方便，不择地位，就乱在陡坡上开垦。结果地里的土和养分都被冲到河里流掉。结果庄稼便一年比一年坏，只好种三五年就丢荒，而找更陡的坡开荒。这样开荒越多，丢荒也越多越快，丢荒的地，草木一时长不起来，水土的损失便一天一天的扩大与加速"❶。大规模的垦殖开荒下大面积的森林被砍伐、植被被破坏，在造成水土流失严重和沙漠化等生态环境问题的同时也加剧了恶劣的气候状况如水灾、旱灾和雹灾等自然灾害的频繁发生。黄正林对这一时期的研究发现："边区安置和优待移难民、农贷、劳动力的整合等政策都是围绕着开垦荒地，增加粮食产量而进行的。"❷ 乐天宇、徐纬英对陕甘宁盆地植被的研究中发现：八路军359旅在开发南泥湾过程中曾对定边、盐池等集中生长了大量甘草、麻黄、党参等中药材的地区进行了大规模的发掘工作，"现甘草每年产量千万斤以上，为边区输出品之第二位"❸；同时也对分布于延河、洛河、清涧河、无定河等上游地带的薄荷等作物进行了大规模的发掘工作，其中仅1944年在汾川流域的小支源如南泥湾、南蟠龙沟、掏宝峪及大台沟等处就集中采集薄荷作物2500多公斤。中草药作物的挖掘往往都是通过除草掘土进行的，其对生态环境的破坏作用非常大。

---

❶ 武衡：《抗日战争时期解放区科学技术发展史资料》第7辑，中国学术出版社1988年版，第96页。

❷ 黄正林：《陕甘宁边区社会经济史（1937—1945）》，人民出版社2006年版，第327页。

❸ 乐天宇、徐纬英：《陕甘宁盆地植物志》，中国林业出版社1957年版，第17页。

第三节　生态环境破坏的原因分析

有些生态环境灾难是完全可以人为控制和避免的，人类对自然环境的不合理开发及各种社会活动与这些人为灾害的受灾范围、受害程度等有着直接的关系。晚清、民国时期近代工业化的发展、外国列强对中国的侵略和掠夺以及战争灾难的频繁发生等可以被看成是造成中国近现代生态环境灾害连年的最主要原因。

一、近代工业发展的严重破坏

兴起于洋务运动过程中的中国早期民族资本主义经济在工业领域主要集中于面粉工业、棉纺织工业、缫丝工业、火柴工业、造纸工业、机器修及采矿业等方面。这些工业在其创办初期，由于资金匮乏、设备简陋、规模较小等原因导致其生产能力和生产水平较低下。在地区分布上，也多集中在上海、广州等沿海地区或沿江通商口岸一带。据不完全统计，截至 1894 年甲午中日战争前夕，中国先后创办了 100 余家经营规模大小不等的早期的民族资本主义企业。这些企业采用了一些较为先进的科学技术，实行了一定程度的社会化大生产方式，代表了当时中国社会经济发展的方向。19 世纪末 20 世纪初，中国的民族资本主义经济获得了初步的发展，但是它也表现出诸如资金储备不足、设备陈旧落后、技术水平不高、生产能力低下、生态环境影响较大等资本主义经济在兴办初期所难以避免的弱点和不足。

近现代工业在晚清、民国时期获得了巨大的发展。棉纺织业、缫丝业、面粉业成为三大核心工业。晚清、民国时期随着工业发展范围的不断扩大，造纸厂、制革厂、发电厂、染织厂等一批企业纷纷设立，在促进经济发展的同时，也使环境恶化。主要表现在：工业生产中排放出大量未经处理的水、气、渣等有害废弃物，严重破坏了自然生态的平衡，影响动植物生存环境的变迁，同时给自然资源的状况和农业生产的发展带来了极大的危害，工业“三废”中的有毒污染物质短期内难以清除。近代工业的发展主要是依靠资源消耗型的企业在推动，科技含量在企业生产中应用率很低，大多企业设备简陋、技术单一、管理落后。有些企业如火柴厂、造纸厂、木器厂等消耗了大量森林资源；有些企业如煤矿、硫铁矿等矿业企业大规模开采矿山资源，矿产的无序开发在促进当地经济发展的同时也给环境带来了巨大压力，矿产表层的植被破坏严重。民国时期企业大多发展异常艰难，其发展程度往往依据经济指标进行衡量，环境的保护和污染的治理并不被企业考虑和重视，企业无能力更无精力来治理环境污染，结果造成企业污水、固体废弃物等直接排放到周边自然环境中，生态环境受到污染和破坏成为必然。典型的现象就是这一时期太湖的水质受到氮、磷和高锰酸盐等环境污染物的严重影响。在民国后期，太湖蓝藻现象也时有发生，太湖湖水的富营养化问题已露端倪。同时饮用的井水也受到了不同程度的污染，居民的饮水安全问题受到了困扰。

从整体上看，晚清、民国时期工业的发展是建立在设备简单、技术落后、管理低下基础上的，其快速的发展是以能源高消耗为代价的。这一时期，森林资源损失严重，造纸业、木器业、火柴厂等一大批以木材为主要加工原料的企业每年都需要依靠消耗大批的木材资源得以发展起来；此外，一批以薪炭等为主要加工燃料的企业同样需要消耗大量林木资源维持生产。有关研究资料表明，晚清、民国时期近现代工业的发展过程中对土地资源的消耗首先表现在近代交通运输业对土地资源的消耗方面上。铁路、公路等近现代交通事业的发展使得这一时期交通运输消耗了约占国土资源 21% 的土地资源；纺织、化学工业、电力等企业的发展不但消耗土地，而且在生产过程中排放大量污染物质，使工厂周边的土地资源也受到不同程度的污染，有些地方往往成为不毛之地，生态环境代价沉重。总之，晚清、民国时期近现代工业的发展在促进经济快速发展的同时，也消耗了大量的土地资源和矿物资源。工业发展中首先需要建造厂房以及发展工业所需要的良好的交通运输条件等都需要消耗大量的土地资源。

二、外国列强的疯狂掠夺

外国列强对中国的掠夺开始于 19 世纪 40 年代的鸦片战争时期。据统计，鸦片战争至甲午中日战争前，有 23 家外国资本企业在中国的投资建立厂矿，设立资本额为 763.1 万元；甲午中日战争后到辛亥革命前，外国资本在中国的新建厂矿达 120 家，设立资本为 9823.3 万元。[1] 西方列强为了加紧对中国各类矿产资源的开采和掠夺，在 1895 年至 1911 年先后与清政府签订 40 余项条约、协定、合同等，内容涉及煤炭、石油、黄金、白银、铜、铁、铅等矿物资源。[2] 晚清、民国时期外国列强加强对中国森林资源的掠夺，尤其是对东北、华北等地区自然资源进行的掠夺可谓触目惊心。例如，沙俄的中东铁路公司以及其他俄商开办的林场等对东北林业资源采取了几近疯狂的掠夺，据有关资料统计，1916 年到 1929 年，中东铁路公司共采伐原木

[1] 汪敬虞：《中国近代工业史资料》第 2 辑上册，科学出版社 1957 年版，第 2~3 页。

[2] 张宪民等：《中华民国史》（第一卷），南京大学出版社 2006 年版，第 26 页。

474695m³，枕木777890根，木柈2473505m³。到1931年“九一八”事变时，中东铁路两侧方圆二三十公里内的森林几乎全部被砍伐。对中国资源掠夺最多和破坏最大的是日本侵略者。1931年“九一八”事变爆发后，日本列强借机强占中国东北三省，并加强对森林资源的大肆掠夺。最为典型的是中日合办的鸭绿江采木公司，从1908年开始陆续到1933年把鸭绿江西岸约一百公里内的原始森林几乎砍伐殆尽，随后，日本财阀也加入到对东北三省林木的砍伐进程中来，至1945年日本投降，侵略者在东北三省共滥伐掠夺林木资源1亿多立方米。❶

抗日战争时期日本推行野蛮的“以战养战”政策，大规模砍伐长白山的森林资源。《长白县志》记载，1930年长白县森林覆盖率达70%左右，到1945年却下降到50%，❷ 这足以说明日本侵略者对长白山地区森林资源所进行的掠夺是异常残酷的。对于久居山林的人来说，森林资源的锐减已经严重破坏了他们的生产生活和当地的生态环境。日本侵略者也借助大规模地向东北地区“武装移民”的方式掠夺当地原有居民的土地进行农业生产，以实现其“带有国防的或公益性质之重要事业，以公营或令特殊会社经营为原则”。❸ 另外，日本的移民也侵占了当地居民的耕地和房屋，结果造成当地大批失地农民被迫涌入山林地区以寻求新的居住地，这样，他们便重新毁林垦荒，开垦新的土地资源。这一时期，日本侵略者对朝鲜的侵略也造成大批朝鲜人涌入中国的东北地区，这无形之中加大了这一地区自然生态系统的压力。另外，由于森林的大量砍伐和移民的大规

❶ 樊宝敏：《中国森林生态史引论》，科学出版社2008年版，第31页。

❷ 黄世明、顾孔生：《长白朝鲜族自治县志》林业卷，中华书局1993年版，第74页。

❸ 中央档案馆等编：《东北经济掠夺》，中华书局1981年版，第31页。

模涌入使该地气候状况日益恶化，造成森林火灾频繁，也给森林资源带来巨大的破坏。据《山火发生状况报告》中记载：1939 年长白山共发生山火总数多达 58 次[1]。日本侵略者的殖民活动置被占领区居民的利益于不顾，自然资源和生态环境被严重破坏，这给该地区日后出现的一系列生态环境的变迁问题埋下了祸根。

日本在 1931 年便侵入东北，随后扶植建立了伪满洲国。1934 年日本内阁通过的《日满经济统制方策要纲》中明确规定东北地区的交通、通信、兵器、钢铁、轻金属、煤炭、石油、汽车等 14 种行业统一由特殊会社经营管理，并受日本政府特殊保护和监督。同时推行了对制盐、面粉、油脂等其他十多种行业的奖励发展或限制发展的统制措施[2]。1937 年日本全面侵华战争爆发之后，日本为了控制和掠夺东北地区的经济资源，出于政治、经济等方面的考量，通过对重要的经济部门和行业等建立统制制度和特殊公司制度的方式大肆掠夺这一地区的铁矿石、煤炭、森林等资源，加强对这些战略资源的掠夺。东北地区的重要产业在 1937 年大部分已处于日本的严格统治之下。此后，日本的统制举措获得了进一步完善，并通过陆续颁行《重要产业统制法》《产业统制法》等法律的方式进一步扩大统制范围，这涉及经济发展和社会运行的很多不同方面。1937 年 12 月，拥有军工生产能力的新兴财阀日本产业会社从日本迁至东北，改称“满洲重工业开发株式会社”，接收了原属满铁的若干重要公司，如昭和制钢所、满洲炭矿、日满镁、满洲石油等公

---

❶ 王士君译自：《实验林时报》，1940 年 10 月第二卷第二号，《山火发生状况报告》。

❷ ［日］小林龙夫、岛田俊彦：《现代史资料》（第 7 册）《满洲事变》，东京 1964 年版，第 593~597 页。转引自王建明、曾景忠：《中国近代通史》第 9 卷 · 抗日战争，江苏人民出版社 2001 年版，第 299 页。

司，又新办了一批汽车制造、飞机制造、煤矿、重型机械公司，形成了以军工为核心的基础工业和重工业的垄断组织。满业和满铁这两大垄断巨头独占了东北的重工业和铁路交通，控制了东北的经济命脉。这样，日本通过在东北设立特殊经济公司和迁移国内公司到东北等多种方式加大对这一地区重要资源的开发和掠夺。同时，研究发现受战争影响，战争所急需的钢铁、煤矿、电力等资源的工业生产增长较快，而轻工业的发展则处于相对停滞状态。有关资料显示：从 1937—1944 年，东北煤产量增长了 84.4%，生铁增长了 57.1%，电力增长了 175.9%，但轻工业则是负增长，有的民生用品还大量减产。[1] 从上述数据可以看出，东北地区的工业发展明显呈现出以牺牲普通百姓日常生活所需的生活资料的生产为代价的。

日本企图长期霸占中国东北三省，努力使其变成一个为战争服务的重工业基地，为此加大了对这一地区的掠夺。据有关资料显示，1938 年伪满洲国政府通过对第一个“产业五年计划”再次修订的方式使煤炭产量由 1936 年最初计划的 1170 万吨增至 1941 年的 3110 万吨，运至日本本土约 600 万吨；石油产量由 2.4 万吨增加到 174 万吨，运往日本约 145.3 万吨；生铁产量由 85 万吨增加到 450 万吨，约 152.2 万吨运至日本本土；钢锭产量由 58 万吨增加到 316 万吨，约 112.6 万吨运往日本本土；汽车产量更是由当初计划生产的 4000 辆增至约 5 万辆，增长 10 多倍；飞机数量由当初计划的 340 架增至 3000 架。[2]

东北不仅要提供日本在华战争所需，而且还要向日本本土

---

[1] 王建明、曾景忠：《中国近代通史》第 9 卷·抗日战争，江苏人民出版社 2001 年版，第 301 页。

[2] 刘克祥、陈争平：《中国近代经济史简编》，浙江人民出版社 1999 年版，第 566 页。

输出大量战略物资。随着日本对外发动战争的持续和扩大，这种战略物资的输出量也呈现增加。相关研究资料显示，仅 1941 年日本从东北地区运送到本土的有价值 2500 万元的黄金，煤 50 万吨，石油 8 万吨，铅 3000 吨，钼 400 吨，铝 2000 吨，镁 80 吨，粮谷 130 万吨，盐 50 万吨等主要物资。[1] 太平洋战争爆发后，东北向日本提供了更多的战略物资。据统计，1942 年中国东北地区生产的钢材总量占日本生产钢材总产量的 1/3 以上，东北地区生产的钢铁供应量占日本军需的一半以上；军需铝需求量的 44% 由东北地区供给；东北地区的石化工业行业也为日本提供了极为重要的物资所需；日本战争所需的 38 种军备物资中有多达 14 种是由东北地区生产供给的。[2] 这一急迫性的资源开发与掠夺计划表明日本对东北地区的现实生产能力的严重偏离和对资源夺取的残酷无情。

在日本侵略者的严厉搜刮下，东北地区资源掠夺量逐年增加。以粮食产品的掠夺为例，1940 年日本从东北地区掠夺粮食 620 万吨，1941 年增长为 680 万吨，1942 年达到 720 万吨，1943 年为 780 万吨，1944 年比 1940 年掠夺量多出近 200 万吨，达到 820 万吨，1945 年日本投降时甚至达到了 900 万吨。日本侵略者通过低价购买的方式将这些粮食掠夺到手之后，将其中的大部分运往中国的其他日占区，有的也被出口到朝鲜甚至是日本本土。有关资料统计显示，从 1942 年到 1944 年这短短的三年间，从中国东北运往日本的粮食达 970 万吨，运往朝鲜达 100 万吨，运往日本统治下的“关东州”21 万吨，运往华北伪政权

---

[1] 中央档案馆、中国第二历史档案馆、吉林省社会科学院：《东北经济掠夺》，中华书局 1991 年版，第 207~208 页。

[2] 刘克祥、陈争平：《中国近代经济史简编》，浙江人民出版社 1999 年版，第 563 页。

110万吨。[1] 然而，当时在东北地区的粮食生产量每年1800万吨左右的情况下出口率竟然高达40%以上，有些地区甚至全数出口国外。东北农民的口粮及种子粮都被搜刮殆尽，为了生存不得不举家外逃。无粮农民全年只能以野菜、树叶、糠皮等为食，很多人由于饥饿或营养不良等疾病缠身，许多人被冻死或饿死，许多人无奈被迫自杀，死亡率急剧升高。伪满三江省鹤立县曾出现过300人因缺少粮食而自杀的现象。[2]

日本采取军管理、委任经营、中日合办、租赁以及收买等手段加强对关内地区炼铁、炼焦、电力等工矿企业资源的大肆搜刮和掠夺。日本对作为战略必需品的煤、铁等资源的掠取几近无度。有关材料显示，华北地区的原煤产量由1936年的1673.3万吨提高到1944年的2039.7万吨，最高时曾达到年产量2423.9万吨的水平。华北地区向日本本土及东北三省等地区出口的原煤由1936年的100万吨猛增至400万甚或是600万吨。1941年为加强战备物资的供应和弥补国内生产所需燃料的不足，日本军方则明确要求华北地区每年一定输送到日本本土原煤800万吨。关内沦陷区在大量输出煤炭资源的同时铁矿石生产和出口也增长很快。1939年铁矿石产量为101.4万吨，输出量为75.5万吨，到1942年增加到产量500.3万吨，输出量为414万吨。短短的4年间，关内沦陷区的铁矿石输出量占当年总产量的75.3%~91%不等。[3] 这一时期，需引起注意的是，日本侵略者对关内资源采取“掠夺式开发”的方式，丝毫没有顾及厂矿

[1] 中央档案馆、中国第二历史档案馆、吉林省社会科学院：《东北经济掠夺》，中华书局1991年版，第545、549页。

[2] 刘克祥、陈争平：《中国近代经济史简编》，浙江人民出版社1999年版，第574页。

[3] ［日］君岛和彦：《日本帝国主义对中国矿产资源的掠夺过程》，载《国外中国近代史研究》第6期，第71、88、89页。

机器设备的生产能力，结果造成生产能力在将近 5 年左右的时间里几乎增长了 14 倍，对军工生产所需的煤炭、钢铁等原料的掠夺更为惊人，就是在这样的情况下，生产量仍与计划掠夺量的计划目标相去甚远。[1] 从表 2-2 中我们不难看出，日本侵略者所定计划已经大大超出了当时煤矿的实际生产能力，这种野蛮掠夺式的"开发"势必会造成资源本身大量浪费并严重破坏周边地质结构和自然生态环境。

表 2-2　1940—1945 年太原西山煤矿与大同煤矿生产与计划情况

煤矿名称	年份	实际出煤量（万吨）	计划掠夺数（万吨）	完成（%）
西山煤矿	1940	19. 6497	10	196
	1941	22. 1984	50	44. 39
	1942	24. 7747	60	41. 29
	1943	27. 9388	70	39. 91
大同煤矿	1941	221	300	73. 61
	1942	251	380	66
	1943	227	500	45. 5
	1944	226	630	36
	1945	169	760	22. 2

资料来源：张全盛等：《日本侵晋纪实》，山西人民出版社 1992 年版，第 199、202 页。

日本侵略者对中国农业资源的掠夺主要体现在对土地掠夺及农产品搜刮等方面。对土地的掠夺主要用于建造兵营、据点、

[1] 岳谦厚：《战时日军对山西社会生态之破坏》，社会科学文献出版社 2008 年版，第 36 页。

仓库、挖掘壕沟、架设铁丝网、飞机场、划定军事禁区、军用公路等，加大了对土地资源的侵占。据统计，到1943年，日本侵略者为修建军事设施而征用的晋察冀边区良田达150万亩。同时，日本在沦陷区建立的农场、垦殖公司等也加大了对农田的侵占；日本对关内生产的棉花、粮食、蚕丝、皮革等农产品的掠夺也很严重。据有关资料研究，日本每年从山西省强行征收粮食达500万石以上。[1] 日伪也加强了对关内农业资源的侵占和掠夺，对小麦、大米等粮食实行低价强行收购的统制政策。仅1939年日本便从华中等地输出大米900万石以上。[2]

三、战争灾难的频繁发生

近代中国战乱频仍，特别是辛亥革命以后的三四十年里先后发生了北伐战争、军阀混战、抗日战争、国共内战等大大小小、连绵多年的战争。接连不断的战争不但给广大人民群众带来深重灾难，更给原本脆弱的生态环境带来了巨大的破坏。战争造成的环境问题和影响短时间内难以消除，对后世产生深刻影响。在帕特里夏看来，"生态环境在每一次战争中都是受害者"[3]。

整体说来，民国时期38年的时间里几乎没有出现过一个较为完整的太平年，即使国民政府在表面上曾实现了多年的全国性统一，但是军阀间的争斗几乎从未停止过。北洋军阀之间的旧军阀战争、国民党内的新军阀战争、日本帝国主义的侵华战争以及国民党政府发动的内战等的战争把几乎支离破碎的中国

---

[1] 中国人民政治协商会议浙江省委员会文史资料研究委员会：《浙江百年大事记·浙江文史资料选辑》第31辑，浙江人民出版社1985年版，第299页。

[2] 孙健：《中国经济史——近代部分（1840—1949）》，中国人民大学出版社1989年版，第618页。

[3] Patricia J., West Earth: The Gulf War's Silent Victim, Yearbook of Science and the Future [M]. Chicago, USA: Encyclopedia Britannica Inc., 1993.

推向了深重的灾难之渊。据统计，从1912年到1928年的十几年间北洋军阀间共发生11次大规模的内战[1]。1927年夏到1930年夏的三年间，有30多次动员10多万人规模的内战发生[2]。如1920年的直皖战争、1922年的直奉战争、1924年的第二次直奉战争、1927年的宁汉战争、1929年的蒋桂战争、1930年的蒋冯阎大战等。战争波及的地区范围也呈现出扩大之势，从1916年到1924年几乎每年受战争影响的省份平均约有7省，但是，从1925年到1930年则扩大到每年平均有14省[3]。日本侵华战争也给中国带来了无尽的灾难，同时也使生态环境面临危机。

（一）侵华战争对城市生态的破坏惨重

日本侵略者对中国进行历时14年的全面侵华战争使得中国的物质财富遭到了极为疯狂的掠夺、文化遗产受到了举世震惊的破坏。中国的抗日战争以其“规模大、影响范围广、持续时间久”等特点堪称“20世纪中外战争史上之最”[4]。据有关数据统计显示，抗战期间，国民党军队与日本侵略军共进行多达22次重要会战、重要战斗总共1117次、小规模的战斗38931次。共产党领导下的人民军队与日本侵略军间共进行大小战斗更是多达12.5万次。[5]

中国的城市地区是遭受日本侵略者破坏最为惨重的地区，

---

❶ 陈伯达：《中国四大家族》，东北书店出版社1948年版，第8页。

❷ 陶直夫：《1931年大水灾中中国农村经济的破产》，载《新创造》1932年第2期，第11页。

❸ 章有义：《中国近代农业史资料》第2辑，北京生活·读书·新知三联书店1957年版，第8页。

❹ 卞修跃：《日本侵华战争破坏了中国多少座城市》，载《新华澳报》2005年7月6日。

❺ 卞修跃：《日本侵华战争破坏了中国多少座城市》，载《新华澳报》2005年7月6日。

有些城市在战争中几被夷为平地，中国城市所承载的上千年的历史和文化惨遭浩劫。据记载，1931年“九一八事变”之后的东北地区，有一百五十多个市（县）均被日本侵略军占领。1937年“七七事变”中国全面抗战爆发后到1945年抗日战争结束的8年时间里，中国国土从东北到东南等相继沦陷，导致城市地区遭日本侵略者侵扰、日机空袭等现象极为严重，其中以1939年七八月、1940年六七月最为典型。当时如北平、天津、济南、青岛、郑州、徐州、南京、上海、武汉、杭州、芜湖、蚌埠、厦门、广州、桂林等各大战区的历史名城几乎全部沦陷。中国的很多市（县）在日本侵略战争期间历经日本侵略者的炮火轰炸，损失惨重。兰州作为中苏国际运输线的枢纽城市在抗日战争中被日本惊呼为“中国西北赤化的策源地”而未能幸免。据冯尕才研究：从1937年11月到1941年8月短短四年间，兰州因此遭受日军战机十余次轰炸。造成市内唐代所建的古刹普照寺成为一片瓦砾。❶“八一三”淞沪会战时，上海市工厂损失极为惨重。据《立报》记载：“被毁工厂近万家，很多工厂成为焦土，其状惨不忍睹，被毁工厂占总额三分之二以上，沪市工厂损失估计当时国币八万万元以上。”❷ 苏州城沦陷后，日本侵略者入城大肆烧杀抢掠，整个城市处于血泊火海之中。苏州城市面积达几万平方米的商业区被彻底烧毁，大火连续三天三夜，多达二三百家旅馆、商店、茶社、戏院和六七百户民宅被熊熊燃烧的大火吞噬，百姓死伤无以计数。日本侵略者攻占无锡城后也是到处抢劫纵火，大火绵延十余日，多达近两万间厂房、

❶ 冯尕才：《民国时期战争对森林资源消耗的影响》，载《社科纵横》2007年第12期，第140页。

❷ 卞修跃：《日本侵华战争破坏了中国多少座城市》，载《新华澳报》2005年7月6日。

五万多间商店，八千间房舍被先后烧毁，祠堂、寺庙、名胜建筑两千多间也惨遭大火蹂躏。镇江失陷后，日本侵略者在城内到处屠杀百姓、焚毁房舍，所到之处放火多达十余日，造成大量财产损失。日本侵略者攻占南京后制造了震惊中外惨绝人寰的“南京大屠杀”，三十万以上的中国军民被血腥屠杀，全城1/3以上被日本侵略者纵火烧毁。[1] 1939年12月底，日本陆海军航空兵对兰州展开了“对中国内地的第二次大规模攻击”的联合军事行动，在本次行动中，日本侵略者共出动三百多架次战机对兰州展开疯狂的连续三日的轰炸，造成2000多间房屋被毁，较大市内建筑惨遭破坏。[2] 抗日战争时期的整个中国境内曾有至少1246个市（县）沦陷或遭受战祸侵扰，二十六个省及七个院辖市曾悉数沦陷，有的局部地区遭受日本侵略者窜扰，有的地区遭日本侵略者的狂轰滥炸，战祸已遍及当时人口区域百分之九十以上。[3]

日本侵略者野蛮的暴行在河南等地也表现得触目惊心。日本侵略者在攻占安阳城时，奉行的“三光政策”导致大火三日未熄。[4] 1943年日伪军在对永城山城进行“扫荡”时放火烧城，造成山城火光冲天，一片火海，六千多间房屋及其粮食、家具、衣物等顷刻间化为灰烬，数千居民无家可归，流落他乡。日本侵略者在沦陷区内肆意烧杀抢掠的同时也加强对后方城市的大

---

[1] 卞修跃：《日本侵华战争破坏了中国多少座城市》，载《新华澳报》2005年7月6日。

[2] 中国人民政治协商会议甘肃省委员会文史资料研究委员会：《甘肃文史资料选辑》第41辑，甘肃人民出版社1981年版，第42页。

[3] 卞修跃：《日本侵华战争破坏了中国多少座城市》，载《新华澳报》2005年7月6日。

[4] 中国第二历史档案馆编：《中华民国史档案资料汇编》第五辑第二编·军事，江苏古籍出版社1998年版，第869页。

肆摧毁。1938年3月中旬，日本侵略者动用飞机对郑州展开轰炸，结果郑州火车站、郑州邮政局等重要基础设施被完全炸毁。时隔两个月后，日军对郑州再次进行轰炸，在这次轰炸中，郑州城北门附近损毁最为严重，“附近三四里内，烟焰弥漫，焦头烂额、断肢残臂的惨死平民遍陈血泊烈火中”❶。

桂林作为中国西南部较为繁荣的都市，早在1937年10月15日即遭受了日本侵略者海军航空队的残酷轰炸。随着日本侵略者侵华战争的推进，日本战机对桂林城的轰炸加强，美丽的山城遭受了史无前例的毁灭性打击，仅在1938年年底至1939年年初的四次轰炸中，桂林城至少约有1/3最繁盛的市区完全被摧毁。“桂林仅有的一条大街，从桂北路经中北路到桂南路，已被烧成零落的几个小段了，西城一带，更是一片荒废”！❷ 另据桂林市文献委员会编辑的《桂林市年鉴》一书中记载，桂林城中房屋损毁率竟高达99%，破坏之惨，世所罕见。❸ 有很多被毁坏的房屋具有重要的文物价值、历史价值和考古价值等。例如，桂林的清真寺建筑格局可以分为中国宫殿式和阿拉伯式结构两种。从建筑年代可以分为从元朝开始到民国时期新建建筑等都有所建造。桂林城被占领期间，这些建筑大部分毁坏，很少有建筑未受到战争破坏能完好留存下来的。根据地方志的记载，在桂林沦陷期间，十三处清真寺❹中竟有九处被毁，占桂林城全

---

❶ 中国第二历史档案馆编：《中华民国史档案资料汇编》第五辑第二编·军事，江苏古籍出版社1998年版，第886页。

❷ 夏衍：《桂林怎样抵抗轰炸》，载《新华日报》1939年2月3日。

❸ 政协桂林市委员会文史资料研究会编：《桂林文史资料》第5辑，桂林漓江印刷厂1984年版，第118~119页。

❹ 这13处清真寺主要分布在城区，有清真古寺、码平清真寺、崇善路清真寺（又称西内清真寺）、盐街清真寺（又称东外寺）、通泉巷清真寺（又称南寺）、西巷清真寺（又称东北寺）、八角塘清真寺（又称北寺）、西内清真女寺、西外清真寺。

部清真寺的近 70%。桂林的佛寺建筑结构为中国宫殿式建筑。桂林被占领期间，这些建筑也难逃被毁的命运。据颜邦英总纂的《桂林市志》（下）记载，共有 20 多处佛教寺庙被毁，其中比较有名的有栖霞寺、观音堂、地藏庵、云峰寺白云寺等，❶ 这些大多修建于明清甚至更早的唐代。

（二）侵华战争对土地资源的掠夺加深

由于受战争的影响和破坏，土地资源或被征占他用或被弃置荒芜，严重影响了农业生产，极大地破坏了农业生态。日本侵略者在占领区内修筑了大量据点、无人区、封锁沟、封锁墙、碉堡、炮楼、岗亭等军事设施，这些纵横交错、星罗棋布的军事设施不仅占用、分割和破坏了无数良田、沃土，而且还致使成片土地荒芜或肥力下降，农业生态遭到严重破坏，人民群众惨遭衣食之苦。

据有关资料显示，从 1937 年到 1945 年的八年抗日战争期间，日本侵略者强占大量的耕地和良田用以封墙、挖沟、建点、筑堡、修路等。据不完全统计，截至 1943 年日本侵略者在华北五省两市（察哈尔、绥远、山东、山西、河北和北平、天津）地区用于新修公路的耕地达 35000 平方公里以上，用于修筑铁路所占耕地 1800 平方公里以上，用于修筑公路、铁路两旁的“护路沟”分别占地 15000 平方公里以上和 7000 平方公里以上，铁路与公路及“护路沟”间所占耕地 25000 万平方公里以上，封锁墙所占耕地面积 5000 平方公里以上，总计占地面积多达 88800 万平方公里以上❷。表 2-3 是对山西省 15 个县的土地受损情况及其粮食产量和损失的统计。由此可见，抗战十四年间

❶ 颜邦英：《桂林市志》下，中华书局 1997 年版，第 3219~3222 页。

❷ 王炜：《敌寇对华北占领区粮食、人力、耕地的掠夺与破坏》，载《晋察冀日报》1943 年 3 月 9 日。

整个山西省全境的土地损失数目相当惊人。

表 2-3 抗战十四年间山西部分县份日军征占土地之统计

县份	原有土地数（亩）	每亩平均产量（石）	共产粮数（石）	敌修沟墙碉堡公路占地数（石）	共减粮数（石）
长江	29645.1	1.04	30830904	4479	12110.67
长子	406072.5	0.5	1218217.5	17600	52800
襄阳	713906.28	1.0542	966214075	40243	403436
屯留	747219	0.6	35866513	25326	1215648
黎城	352609.96	0.4	140943.6	1265.1	11568
潞城	59860.687	0.5	29930343	1336	4008
壶关	395672.12	1.5	593538.18	1318	11862
平顺	259842.1		371093.7		244070
高平	562085	0.9	505876.1	2650	2385
沁水	205818	0.76	156461068	3424	2602.24
武乡	534800.45		1909791.85	982	785.7
榆庄	337470	0.6	302482	5300	9540
和顺	401097.15	0.87	348954.5	1323.5	1151.5
寿阳	2605469	0.5	13027345	1644	822
太古	516994.9	0.8	4130955.2	14574	11759.2
总计	67929391		1241852100.63	121464.6	1984548.3

资料来源：《上党区八年抗日战争资财损失调查表》，山西革命历史档案A128：8-4-7；《寿阳县财产损失调查表》，山西革命历史档案 A128-4-86；《太谷财产损失调查表》，山西革命历史档案 A128-4-85，太原，山西省档案馆。转引自岳谦厚：《战时日军对山西社会生态之破坏》，社会科学文献出版社 2008 年版，第 87~88 页。

此外，抗日战争时期，日本侵略者为加强对沦陷区的控制，构筑许多“无人区”，成片成片的土地被人为分割破坏甚或是荒芜废弃，给人民生活带来极大不便的同时也造成土地生态的严重破坏。例如，为了阻隔冀西与晋东北山岳区及其冀中平原地区的联系，“无人区”是日本侵略者在晋冀两省交界地带强制认为划定的区域，这一长达五百多里、宽三四十里的“无人区”使大量耕地惨遭毁坏❶。五台县境内“无人区”使长百余里，宽三四十里范围内的耕地三万余亩被毁❷。一个仅百户人家的五台县屋腔村因日本侵略军制造的“无人区”造成多达 1000 亩的土地荒芜和被弃❸。除日本侵略者制造大量的“无人区”外，沦陷区内名目繁多的苛捐杂税也迫使百姓远走他乡，结果造成大片耕地因无人愿意耕作而被废弃，白白浪费大量优质的土地资源。❹

史革新在分析战争对生态环境的影响时，以森林资源的破坏为例，他认为：大片森林被战火直接毁灭或用于屯兵驻扎、建造船只、武器生产、燃料供应等备战方面的需要所造成的森林资源严重损失。战争也会给国家的自然生态环境带来巨大的破坏，而生态环境的破坏则加速了灾害的蔓延，造成更大范围的灾难等。❺ 伍启杰在分析这一影响时，以黑龙江地区的森林资

---

❶ 史料丛书编汇委员会编：《晋察冀抗日根据地》第 3 册，中央党史出版社 1991 年版，第 150~153 页。

❷ 史料丛书编汇委员会编：《晋察冀抗日根据地》第 3 册，中央党史出版社 1991 年版，第 156 页。

❸ 中央档案馆、中国第二历史档案馆等编：《华北大扫荡》，中华书局 1998 年版，第 880 页。

❹ 岳谦厚：《战时日军对山西社会生态之破坏》，社会科学文献出版社 2008 年版，第 89 页。

❺ 史革新：《晚清时期的自然灾害及其成因、影响约议》，载《湘潭大学学报》2008 年第 4 期，第 110~117 页。

源为切入点，他在深入阐释这一地区近代森林经济时，明确论述了黑龙江森林资源自近代以来饱受战争之苦和帝国主义的大肆掠夺所带来的破坏是造成黑龙江地区原有大片原始森林迅速而大面积消失的历史根源，天然林木的大量砍伐既打破了这一地区原有的生态平衡也造成了环境状况的恶化，导致该地区生态环境灾难频发。[1]

（三）军事战争造成了严重的灾荒

民国时期，大规模的军阀混战从未休止过。直皖战争、粤桂战争、两次直奉战争、江浙战争、奉浙战争等接连不断，一般说来，平均每年有八个省惨遭战火洗礼。[2] 同时，地方性军阀矛盾和兼并战争也不断加剧，其战争的规模和程度虽然没有省级间大军阀战争那么惨烈，但是旷日持久，所带来的危害更大。例如，这一时期四川省境内发生的大大小小战争就有 400 多起。[3] 战争加剧了自然灾害的破坏力量，给人民带来更加深重的灾难，如表 2-4 所示。

表 2-4　内战与自然灾害互相激荡指数（1917—1928 年）

年份	（A）内战动员指数（1917=100）	（B）受自然灾难省次（以一省一次为单位）	AB 激荡指数 1922=100
1917	100	8	33
1918	181	12	89
1920	218	7	62
1922	409	6	100
1924	818	13	433

[1] 伍启杰：《近代黑龙江林业经济若干问题研究》，哈尔滨东北林业大学 2007 年。
[2] 王全营等：《中国现代农民运动史》，中原农民出版社 1989 年版，第 8~9 页。
[3] 何炳棣：《1368—1953 中国人口研究》，上海古籍出版社 1989 年版，第 246 页。

续表

年份	(A) 内战动员指数 (1917=100)	(B) 受自然灾难省次 (以一省一次为单位)	AB 激荡指数 1922=100
1926	1090	12	533
1928	2000	18	1467

资料来源：苏云峰：《民初之农村社会》，载《中华民国初期历史研讨会(1912—1917) 论文集》，中研院近代史研究所 1984 年版，第 646 页。

第四节　政治乱局下的自发环保之路

晚清、民国时期，在国破民穷的历史关头，人们并不会奢谈环境保护，也没有真正考虑到环境保护的长远利益，这一时期的环境保护工作只能说是一种“本能的自发环保行为”。在资源和环境日益破坏的严重情况下，国统区政府和陕甘宁边区政府采取了多种措施，正确处理了经济建设、资源利用与环境保护之间的关系，加强了对生态环境的保护工作。总体来说，这一时期的环境保护工作涉及很多方面，此处仅粗略地做一剖析。

一、加强林业资源保护

我国森林资源原本十分丰富，然而，自近代以来特别是民国以来，森林资源被毁坏严重，主要是因为列强通过特权纷纷加大了对森林的掠夺开发，战争环境使得对木材的需求量日益加大，人为纵火烧林现象严重，再加上战争条件下的大规模迁移人口造成森林资源需求的压力等。

国民政府对森林资源的保护十分重视。孙中山从防治水旱灾害的角度深刻论述了森林的重要性。他指出："要防水灾，种植森林，便很有关系的。多种森林便是防水灾的根本方法。……水灾之外，还有旱灾，旱灾问题是用什么方法解决呢？……治本方法也是种植森林；有了森林，天气中的水量便可以调和，便可以常常下雨，旱灾便可以减少……所以我们研究到防止水灾与旱灾的根本方法，都是要造森林，要造全国大规模的森林。"❶ 湖南省长沙县知事姜济寰曾多次发布布告，禁止林木的滥砍盗伐、纵火毁林、滥牧毁林等对森林资源的破坏行为。国民政府的林业专家如梁希、凌道扬等分别开展了大规模的林业调查，成立了独立的林业社团、创办林业学术期刊、在报刊上发表论著提出了各自的意见与建议，着力宣传森林保护的思想。❷

以毛泽东为代表的陕甘宁边区政府领导者结合当地的自然历史条件和当时的社会历史背景在森林保护方面也做了一些切合实际的工作，设置了林业机构，颁布了林业法规，设立了植树节，从而加强了对林业资源的建设与保护。毛泽东指出："要帮助老百姓定一个植树计划，十年内把历史遗留给我们的秃山都植上树"❸ "发动群众种柳树、沙柳、柠条，其树枝可供骆驼和羊子吃，亦是解决牧草一法，同时可供燃料，群众是欢迎的，政府的任务是调剂树种，劝令种植。"❹ 在森林资源保护方面，不管是林业方面的专家，还是林业组织机构或者林业团体都倡导植树造林。政府机构也通过建设林场、苗圃，设置植树节，设立森林警察，建设特用经济林、保安林、用材林等一系列方

❶ 《孙中山全集》第9卷，中华书局1986年版，第407~408页。
❷ 于静：《民国时期环境保护问题研究》，山东师范大学2010年。
❸ 《毛泽东同志指示》，载《解放日报》1944年5月31日。
❹ 《毛泽东选集》第2卷，人民出版社1991年版，第552页。

式推动森林生态环境的保护工作；民间还通过林业公会、合作林场、林业公司等形式参与到森林生态环境保护中。

二、改进垦荒种植技术

由于民国时期特殊的历史国情，在进行自然环境保护的过程中也受到了地域方面的限制，例如，在大西北开发建设过程中大规模的农垦活动在推动地区开发和服务战时经济发展的需要的同时，也使生态环境付出了惨重的代价。西北地区复杂的地形特征和气候特点，导致土地耕种过程中的“广种薄收”的低效粗放式的农业生产方式。很多地方仍采用直播法进行农业种植，而且由于地广人稀等特点，出现了诸如“择地而耕”“易年而种”的不重视土壤保持肥力和技术改进等现象。在大规模移民的情况下，这种传统粗放式生产方式对原本脆弱的西北地区土地造成了巨大的压力。在上述背景下，国民政府在进行大西北开发建设的过程中就逐步加强了垦荒种植技术，并开展多种途径下的水利工程建设活动。在陕甘宁边区进行的大量开垦荒地破坏了当地的生态环境，引起了边区领导的广泛关注。他们在扩大耕地面积、实现粗放式生产方式下的粮食增产的同时大力改进农业生产技术、积极培育新的优良品种，以此来提高劳动生产效率。在此基础上，边区人民通过宣传“精耕细作”的耕作方式来改良农艺生产技术，最终提高了粮食的单位面积产量，从而解决了边区紧迫的粮食问题，保证了边区稳定的经济发展。从主观方面来说，上述措施并非出于保护环境的目的，但是在一定程度上增加了土壤的肥力，延缓了对荒地大面积的开垦。

三、设立环境保护管理机构

晚清、民国时期自然灾害的频繁发生引起了社会有识之士的广泛重视，孙中山先生就曾提出明确的植树造林的伟大号召，他说："防止水旱灾的根本方法，都是要造森林，要造全国大规模的森林"。[1] 环境保护机构的设置标志着政府明确地将其纳入国家管理之中。早在北洋军政府执政时期，就曾有了一批我国近代最早的山林司、林务处、林务总局、森林局、林务研究所等专门林业管理机构。当时这些机构虽然不大，人数也不多，但是却为中国近代林业资源保护和开发工作奠定了重要的基础。民国时期的水利、土地、林业等相关的管理机构虽然更迭频繁，但是，总体上说，其组织体系呈现出越来越严密的态势，并且由农林共管模式体系逐渐向单独的林业管理机构转变。在某些具体环境保护建设项目上，国民政府还设置了独立的环境保护机构以便其职能有效运行。这方面的典型例子如抗日战争时期的国民政府在陕西省西安市设置的西京筹备委员会及其驻京办事处等机构来推动西北开发建设和环境保护工作等，在西部地区也先后设立了一批林业管理机构，诸如中央林业试验所、水源林管理处、国有林区管理处等，这些专门的环境保护行政管理机构的设立加强了当地的林业建设和保护工作。同时还设立了"导淮委员会"来加强对淮河水资源的保护工作，这些机构的设立在促进生态环境保护方面都发挥了积极作用。

四、制定环境保护法律规范

民国时期，各相关政府部门陆续颁布了一系列法律法规以促进生态环境保护工作的顺利开展。这些法律规章主要有：《森林法》《渔业法》《土地法》《水利法》《河川法》《堤防造林及限制倾斜地垦殖办法》《农产物检查条例》《兴办水利防御水灾

[1] 《孙中山全集》第9卷，中华书局出版社1986年版，第408页。

奖励条例》《取缔停柩暂行章程》等。❶ 也出台了一系列具体行业领域的专门性法规，就森林环境保护方面而言，相关法律有《管理国有林公有林暂行规则》《全国公路植树监督规则》《植树节举行造林运动办法》《造林奖励条例》《强制造林办法》《东三省国有森林发放暂行规则》《军队造林办法》等，地方性各级行政主管部门也根据中央号召相继颁发各类相应的森林法规和规范性文件，以加强森林资源的合理开发与有效保护工作，使植树造林和环境保护的奖惩等机制有章可循，这样在一定程度上有效地推动了造林护林运动等的全面开展；中共陕甘宁边区政府也陆续颁布了一系列开垦荒地的政策法规来鼓励开荒垦殖。这些政策法规主要有《陕甘宁边区移民垦殖暂行办法》《陕甘宁边区优待移民实施办法》《陕甘宁边区优待移民难民垦荒条例》《关于开展生产运动的指示》等，这些政策规范都将开荒屯田等工作作为抗战时期陕甘宁边区留守部队和一些地方部队的一项最基本工作任务。❷

五、加强环境保护宣传

在积极推动生态环境保护各项工作顺利开展的过程中，专家学者的热情关注和积极呼吁也在一定程度上促进了政府对自然资源和生态环境的保护工作。当时中国社会上的一些有识之士高瞻远瞩、远见卓识，提出了大力加强生态环境保护工作的号召，并在一定意义上身体力行，加入到环境保护舆论上的积极宣传工作中来，在他们的积极推动下，环境保护意识最终得

❶ 胡惠芳：《淮河中下游地区环境变动与社会控制（1912—1949）》，安徽人民出版社2008年版，第158页。

❷ 陕西省档案馆、陕西省社会科学院合编：《陕甘宁边区政府文件选编》第1辑，陕西档案出版社1986年版，第306页。

以初步形成。民国时期留学归国的进步知识分子通过西方先进科学技术知识的学习，最早具备了生态环境保护的思想和意识，他们主要通过对英美等西方文明的了解和学习初步萌发环境保护的自觉意识。孙中山先生在水利、农林等方面提出了许多具有建设性的生态环境保护意见，凌道扬、梁希等一批林学家、李仪祉等众多水利专家、翁文灏等很多地质科学家等在多种场合纷纷从自然生态环境保护等相关视角出发，发表环境保护言论，撰写生态环境文章，分析并倡导合理利用森林资源及其矿产资源等，从而为正确处理经济社会发展与自然资源开发的关系奠定了坚实的思想和理论基础。同时，民间学者们也通过创立林业民间社团、创办林学民间杂志等多种方式积极推进自然资源合理开发和生态环境有效保护工作。在这方面“中华森林会”“中华林学会”等民间学术团体及其《森林》《林学》等杂志扮演了十分重要的角色。[1]

第五节　激荡的政治社会变革下的生态环境之影响

近代工业在晚清、民国时期获得的巨大发展、外国列强对中国自然资源的大肆掠夺和战争灾难的频繁发生等给中国近现代的自然生态环境带来了巨大的影响和无尽的灾难。棉纺织业、缫丝业、面粉业等行业企业以及造纸厂、制革厂、发电厂、染织厂等工厂的建立在促进经济社会发展的同时，也给环境带来了深刻的变化。工业生产中排放出来的大量未经处理的废水、

[1] 于静：《民国时期环境保护问题研究》，山东师范大学2010年。

废气和废渣（简称“工业三废”）等有害废弃物严重破坏了自然间原有的生态平衡，给自然资源及其农业生产的发展带来了巨大的危害。同时，由于近代工业企业具有科技含量低、设备简陋、技术单一等特点，造成了大量的资源浪费和严重的环境污染。再者，近代以来，外国列强逐渐入侵中国，他们不惜通过武力实现其对中国的有效控制和对自然资源的疯狂开采与大肆掠夺。这不仅给生活在社会中的人民带来了深重的苦难，而且给生态环境和自然资源带来了严重的破坏。

总体而言，晚清、民国时期的政治社会变革与生态环境演化可以概括为：时局多变，政权更迭频繁，且始终没有出现较为合法的政治权威，结果造成生态环境的演化基本上完全是出于自发状态的，工业经济及社会发展过程中往往没有考虑到自然资源开发和生态环境保护等因素，从而在一定程度上造成了生态环境的局部改变，生态环境的保护往往是出于维持基本生存的本能需要。因此，这一时期中国的政治文明程度和生态文明程度都不高，基本上没有太大的发展与进步，只是在原有历史条件下的徘徊。

晚清、民国时期的生态环境保护事业既具有主观方面看重的自然资源的经济利用价值，同时又带有客观方面关注的促进经济建设的环境保护行为。这一时期的生态环境保护可以概括为“激荡的政治社会变革下的生态环境之改变”。从本质上讲，国民政府对大西北地区的开发，其主要目的是拓展战略大后方，以弥补战时条件下的资源供给不足的问题。因此，在开发大西北的过程中更多关注的是资源的经济利用价值，基本上无暇顾及当今时代倡导的、真正意义上的生态环境保护问题。民国政府颁布的一系列巩固政权、发展生产、安定民心等的护林法令和资源保护措施只能看作是“治标”之策，在当时混乱的时局和有限的生产能力状况下，其产生的实际效果受到了严重限制。同时，由于重重封锁包围下的陕甘宁边区民众的生存压力大增，故而无形之中必加大了对自然资源的索取，导致对土地资源的大规模垦荒种植、对林木资源的大规模开采利用等，上述措施虽然在一定程度上解决了吃饭问题，支持了边区的基本经济建设，缓解了经济社会发展的压力，但是其对土地林木的过度摄取也极大地毁坏了其原本脆弱的生态环境。水土流失、土地沙漠化、水旱灾害频发等反过来又阻碍着边区经济的可持续发展，由此开启了边区政府对自然资源的合理保护和生态环境的治理与改善工作。因此，从某种意义上说，虽然开发大西北的国民政府以及经营边区的红色政权的领导者和社会有识之士都曾意识到生态环境保护的重要价值，并颁布了一系列保护森林资源和生态环境的政策，强化了对矿产资源的合理开发和有效利用等方面的问题，但是在残酷、复杂的战争年代，上述种种行为和举措只是被看成是为了维持当前基本的生存和对自然环境的未来继续索取的权宜之计，并非真正意义上的环境保护行为和措施。❶ 正如严艳在《陕甘宁边区经济发展与产业布局研究》中指出的那样："边区模式"是在特定的环境下的经济主体行为的"有限理性"特征。❷

---

❶ 于静：《民国时期环境保护问题研究》，山东师范大学2010年。

❷ 严艳：《陕甘宁边区经济发展与产业布局研究（1937—1950）》，中国社会科学出版社2007年版，第237页。

第三章 Chapter three

新中国成立后30年间大规模的政治社会变革对生态环境的破坏（1949—1978年）

新中国建立于中国传统历史基础之上，其经济社会发展也是建立在旧社会历史发展基础上的，因此，要正确认识新中国成立后的中国社会总体状况与生态环境状况及其相互影响等方面的具体过程，就必须对旧中国的经济社会基础和新中国建立之初的整体社会经济发展的历史环境有一个客观的认识。在这方面，本章将着重从“深刻的变革与薄弱的基础”“新中国成立后30年间生态环境的全面破坏”“生态环境保护事业的艰难起步”“‘政治理想’下的生态环境灾难”四个方面展开论述。

第一节　深刻的变革与薄弱的基础

一、社会制度的深刻变革

中华人民共和国的成立结束了自1840年以来半封建、半殖民地的旧中国备受欺凌和压抑的历史，推翻了帝国主义、封建主义和官僚资本主义三座压在中国人民头上的大山，结束了几十年间接连不断的战乱局面，中国社会由此进入了一个全面建设社会主义中国的新时代，极大地激发了全国人民建设社会主义新中国的积极性。经过短短几年对农业、手工业和资本主义工商业的社会主义性质的大改造后，在广阔的中华大地上建立起了社会主义新中国；通过在广大农村逐步推行的“土地改革”实现了几千年来“平均地权”的伟大政治社会理想；社会主义公有制和计划经济的最终确立从经济体制层面上奠定了社会主义中国的制度基础。从此，中国的社会发生了深刻的变革。

（一）社会主义制度的建立

社会主义制度是与资本主义制度相对的一种社会制度。社会主义制度的基本要素是实行公有制、计划经济和实现人民当家做主。从社会制度层面来看，社会主义制度的建立和完善是新中国经济大发展的制度基石和起点。

新中国成立之前，中国社会经济发展水平之所以长期落后于西方国家甚至也落后于东方的某些国家，而且与世界平均发展水平的差距越来越大，其主要原因在于受到内外双重因素的深刻影响，即国内不断深化的阶级矛盾加之以长期战乱的巨大破坏和不断加强的帝国主义殖民侵略等。上述两个方面的因素严重影响并直接破坏了中国社会生产力的发展。新中国成立之后，中国共产党实行了新民主主义的政策，开展了轰轰烈烈的土地改革运动，从而解决了中国数千年来大多数农民没有土地和缺少土地、农村阶级矛盾尖锐、农业生产发展缓慢等重大的社会问题，这些问题的最终有效解决有力地促进了农业生产的发展和中国社会的进步。土地改革任务完成之后，继而推行了“社会主义过渡时期的总路线”，开展了对农业、手工业和资本主义工商业的社会主义改造工作。土地改革是把地主土地所有制变成了农民土地所有制的一种努力，但其从根本意义上说仍然是一种私有制性质的；三大改造则是把农民土地私有制变成了社会主义集体所有制，这可以看作真正意义上的公有制实现形式，社会主义经济制度的建立在社会主义公有制的基础上的。三大改造的实质是使生产资料私有制向社会主义制度下的公有制转变，随着三大改造的胜利实现，社会主义基本制度在中国最终确立，标志着中国社会制度发生了深刻变革，初步建立起社会主义制度，中国开始进入了社会主义初级阶段。1954年9月，第一届全国人大通过了《中华人民共和国宪法》。这是中国第一部社会主义类型的宪法。该宪法规定了全国人民代表大会是国家的最高权力机关，它对人民负责并受人民监督。贯穿着该法的几大基本原则主要有一切国家权力属于人民原则、保障公民权利和义务原则、民主集中制原则和社会主义法制原则，这充分反映了人民群众当家做主的美好愿望，并奠定了社会主义民主和法制的基础。

（二）“平均地权”理想的实现

新中国成立以前，土地问题一直是中国民主革命的中心问题。新中国成立后，中国共产党带领广大人民群众进行了历史上有关土地制度前所未有的根本性革命，实现了以农民土地所有制、社会主义集体土地所有制和社会主义国家土地所有制代替了封建社会和半殖民地半封建社会的封建土地所有制，实现了千百年来农民梦寐以求的“平均地权”的社会理想，谱写了中国历史上土地制度革命的新篇章。

进行土地改革是新民主主义革命的主要内容，虽然资本主义经济在近现代的中国有了初步发展，但是农村社会中仍然普遍存在着封建性质的土地制度，这也是近代中国被侵略、被压迫、贫困落后的社会历史根源。这种土地制度不进行改革，农村的社会生产力就无从获得发展，广大人民群众就无法获得真正而彻底的解放。因此，从这个意义上说，要深刻改变这种状况就必须实行土地改革。1949 年中华人民共和国成立后，中国共产党带领广大人农民群众继续进行民主革命时期尚未完成的土地改革任务。1950 年 6 月中国共产党七届三中全会通过了《中华人民共和国土地改革法》，决定在全国范围内开展土地改革。该法明确规定在全国范围内实行土地改革的最终目的是："废除地主阶级封建剥削的土地所有制，实行农民的土地所有制，借以解放农村生产力，发展农业生产，为新中国的工业化开辟道路；要在全国范围内彻底消除封建地主阶级，提高农民的政治地位，巩固工农联盟和人民政权。"到 1952 年年底，土地改革运动在全国范围内基本完成，就全国范围而言，当时已经完成土地改革的地区的农业人口共占全国农业人口总数的百分之九十以上，也就是说，除了尚未解放的台湾、西藏、新疆等地区以外，全国三亿农业人口的广大地区中只有三千万左右的农业人口的地区尚未完成土地改革任务。

土地改革被可以被看作改变农村社会生产关系的一场革命性运动。在中国共产党领导下所进行的农村土地改革的根本任务就是要把土地所有权从封建剥削者手中向农民手中转移，从而实现封建地主阶级的财产私有制变为农民阶级的财产所有制，实现广大农民与封建土地关系的完全脱离。全国土地改革的伟大胜利从根本上废除了统治中国近千年的地主封建剥削的土地制度，消灭了地主阶级的土地所有制，实现了农民土地所有制，使几千年处在封建制度剥削压迫下的农民翻了身，从而进一步巩固了工农联盟。广大解放区不断开展的土地改革运动可以说是中国历史上规模最大、影响最为深远的一次土地改革运动，是解放农村生产关系的一场伟大革命。在胡绳主编的《中国共产党七十年》一书中明确写道："这是中国历史上规模最大的土地改革运动，是历次土地改革运动中进行得最顺利、搞得最好的一次。"土地改革实现了旧中国历史上农村土地所有权关系中不合理状况的有效解决，有力地促进了农业生产力的发展。

（三）公有制、计划经济体制的确立

成立之初，在关于如何建设社会主义的发展道路问题上，中国受到苏联发展模式的影响十分深刻。在"苏联的今天，就是中国的明天""跑步进入社会主义"等一系列旗帜的指引下，在经过了"三大改造"的改革实践过程之后，中国的所有制结构发生了根本的变革，中国从新民主主义的经济体制过渡到高度集中统一的计划经济体制。1953—1956年这短短的三年间，农业、手工业和资本主义工商业的社会主义改造在神州大地顺利完成，由此实现了生产资料的社会主义公有制，这样就使中国从新民主主义社会一跃跨入了社会主义社会，至此，中国初步建立起了社会主义基本制度，进入了建设社会主义的初级阶段。

1956年，全国整体上基本实现了对农业、手工业和资本主义工商业的社会主义改造，并且建立了社会主义制度下的生产资料公有制。以"统一管理"为主要特征的高度集中的社会主义计划经济体制开始逐步确立起来。同年，经过全国人民的一致努力，提前完成第一个五年计划的各项任务目标。中国工业生产在此期间取得了显著的成就，短短五年内创造的工业产值就已经远超旧中国百年来创造的产值水平，工业生产能力的增量史无前例。工业生产能力获得了大幅增长，为中国社会主义工业化的长足发展创造了良好的物质条件并奠定了坚实基础。

中国的经济技术结构在这一时期实现了历史性的飞跃，发生了重大而深刻的历史变革。社会主义性质的工业发展水平在整个工业国民生产中所占的比重逐步增大（见表3-1）。

表3-1　“一五”期间中国的经济结构变化情况一览表❶

年份	占工农业总产值（%）				占工业总产值（%）	
	农业	工业	重工业	轻工业	重工业	轻工业
1949	70	30	7.9	22.1	26.4	73.6
1952	56.9	43.1	15.3	27.8	35.5	64.5
1956	48.7	51.3	21.7	29.6	42.4	57.6

资料来源：邹东涛、欧阳日辉：《新中国经济发展60年》，人民出版社2009年版，第125页。

用“冰冻三尺，非一日之寒”这句话来衡量中国计划经济体制的发展历程最合适不过，它是在新中国成立初年到1956年的七年间逐步形成的。社会主义革命的目的是解放生产力和发展生产力。生产力的解放有力地促进了社会主义现代化建设事业和改革的发展。个体的所有制性质的农业和手工业的革命是努力将其变为社会主义集体所有制性质的现代农业和手工业，将资本主义所有制性质的工商业转变为社会主义所有制性质现代工商企业。生产力的大发展为促进工农业生产创造了社会条件。❷ 纵观中国社会的发展历程，我们可以清晰地看到，中国社会主义计划经济体制的确立过程大致经过了几个不同的时期。第一时期为起步阶段，该段历史时期的时间节点为1949年到1952年，这可以被看作为建立计划经济体制的建立做必要准备

❶ 邹东涛、欧阳日辉：《新中国经济发展60年》，人民出版社2009年版，第125页。

❷ 《毛泽东文集》第7卷，人民出版社1999年版，第1页。

的阶段。这一阶段的中心任务就是通过没收官僚资本的方式巩固国营经济在全国整个国营经济体系中的重要地位，从长期战争状态下的严重破坏中逐步恢复国民经济的建设，争取实现国民经济的健康有序发展，为实现全国范围内大规模有计划的经济体制改革打下基础。这一时期在中国存在着多种所有制经济形式，计划调节和市场调节的双重因素都在发挥着重要作用。第二时期为加快建设阶段，该段历史时期的时间节点基本可以划定为从1953—1955年这两年里，这可以被看作加快建设高度集中的计划经济体制的历史阶段。刘少奇同志曾经说道："从1953年起，中国已经按照社会主义的目标进入有计划的经济建设时期"❶。在此阶段，中国借鉴苏联发展模式，建立了经济发展的协调管理机构来加强对重点建设项目进行集中统一管理，逐步缩小市场调节经济发展的空间。高度集中的计划经济体制在中国的经济和各项社会事业的建设和发展中扮演了至关重要的角色。第三时期为基本确立阶段，该段历史时期的时间节点可以划定为从1956年开始到十一届三中全会前。1956年三大改造在中国基本完成，从而实现了多种经济结构向单一公有制经济结构的历史性转变。苏星研究认为：从1956年以后，不仅是国有企业而且公私合营性质的企业都实现了"生产单一计划""供应统一调拨""销售统购包销""财经统收统支""劳动统包统配"的体制，农业和手工业也逐步纳入国家计划。这表明，市场调节已经逐步被取消，高度集中的计划经济体制基本建立起来了。❷

从当时的社会历史背景来看，建立高度集中的社会主义计划经济体制基本上是符合中国现实状况的，从而有力地推动了

❶ 《刘少奇选集》下卷，人民出版社1985年版，第144页。

❷ 苏星：《新中国经济史》修订本，中共中央党校出版社2007年版，第190页。

社会主义改造的顺利进行、成功地进行“一五”建设计划的顺利开展、有效地稳定了社会秩序的长治久安，这对中国社会历史发展有着深远的影响。然而，这种高度集中的计划经济体制所造成的后果既有正面的积极意义，也有负面的消极影响。计划经济的种种弊端主要体现在工农业生产建设中的生态环境破坏方面尤为严重（本书将在后面章节进一步论述）。

二、薄弱的社会发展基础

旧中国经历了数千年的辉煌，有历史上著名的“四大文明古国”之称号。然而自鸦片战争以来至新中国建立这段历史时期，中国的国民生产总值、人均生产总值都从领先于世界转为世界上最贫穷的国家行列。按照联合国亚太事务委员会的统计，1949年中国的人均国民收入只有27美元，不仅不足印度57美元的一半，也远远低于当时整个亚洲44美元的人均收入。[1] 基根是帝国主义的长期掠夺、国民党政府的大肆搜刮以及多年战争的严重破坏等多方面因素综合作用的结果。新中国得以脱胎于其中的半殖民地半封建经济条件下的旧中国是十分落后的。并且受到帝国主义、封建主义和官僚资本主义的长期压榨掠夺和连续多年的战争摧残和破坏，到1949年新中国成立前夕，中国的经济已经处于崩溃的边缘。主要体现在如下方面：工农业生产遭到了巨大破坏；交通运输受到了严重影响；国统区投机行为盛行、通货膨胀严重、工厂破产、工人失业，整个国民经济处于风雨飘摇状态之下。当时，放眼全国，从城市到农村到处是一片衰落破败的景象，以致有人将这样的景象概括为八个比较精练的字：满目疮痍、哀鸿遍野。如此薄弱的经济基础和

---

[1] 陈争平、兰日旭：《中国近现代经济史教程》，清华大学出版社2009年版，第186页。

恶劣的经济环境无疑给新生的中国共产党政权恢复经济、稳定民心和控制局势造成了严重的困难，而且也给处于接管全国工作的中国共产党带来了一次执政能力的重大考验。

鉴于上述历史状况，1950 年 6 月召开的中国共产党第七届三中全会确定“争取在三年左右的时间内实现国家财政经济状况的根本性好转，为有计划的经济建设创造条件”。这样，在经过著名的“三大运动”（“土地改革”“镇压反革命”“抗美援朝”）等之后，为巩固新生的国家政权，全国人民进行了卓有成效的斗争，并逐步建立了“强国家”和“弱市场”共同作用下的新民主主义经济体制。在短短三年内，中国的大部分主要工农业产品的产量基本上获得了长足的发展，达到或超过了历史最高水平，相比而言，工农业生产总值总体上比 1949 年增长 73.8%，平均每年增长 20%。[1]

（一）工业基础薄弱

受到近现代以来接连不断战争的影响，新中国成立初年中国主要工业产品在产量上比历史最高产量下降了很多，这表明新中国建立的工业基础是相当薄弱的，表 3-2 表明 1949 年中国主要工业产品产量与新中国成立前最高年产量比较情况，通过对比我们不难发现，新中国成立初年中国主要工业产品的发展基础远不如新中国成立前的历史最高水平。

---

[1] 国家统计局编：《中国统计年鉴（1983）》，中国统计出版社 1983 年版，第 16 页。

表 3-2　1949 年主要工业产品产量与新中国成立前最高年产量比较统计表

产品名称	单位	新中国成立前最高年产量		1949 年产量	
		年份	产量	产量	为最高年产量的百分比
布	亿米	1936	27.9	18.9	67.7
纱	万吨	1933	44.5	32.7	73.5
糖	万吨	1936	41	20	48.8
原盐	万吨	1943	392	299	76.3
火柴	万件	1937	860	672	78.1
卷烟	万箱	1947	236	160	67.8
生铁	万吨	1943	180	25	13.9
水泥	万吨	1942	229	66	28.8
钢	万吨	1943	92.3	15.8	17.1
原煤	亿吨	1942	0.62	0.32	51.6
原油	万吨	1943	32	12	37.5
硫酸	万吨	1942	13.0	4.0	22.2
烧碱	万吨	1941	1.2	1.5	125.0
纯碱	万吨	1940	10.3	8.8	85.4
发电量	亿度	1941	60	43	71.7
平板玻璃	万标准箱	1941	129	108	83.7
金属切削机床	万台	1941	0.54	0.16	29.6

资料来源：《中国统计年鉴（1983）》，中国统计出版社 1983 年版，第 242~248、279 页。

通过表 3-2 的对比我们可以看出，除烧碱这一项工业产品外，新中国成立初年我国的工业产品产量均比新中国成立前历史最高年产量普遍降低。其中下降最多的工业产品为生铁和钢。

新中国成立初年中国生铁的产量只有历史最高年产量的13.9%，而钢产量也只有17.1%的水平。

由于中国近现代工业生产是在内忧外患的特殊历史背景下进行的，所以其生产能力和产品产量等都因为受时局的动荡影响而发生急剧性的变化，因而，我们可以看出在新中国成立之际，各项主要工业产品产量均没达到历史最高水平。这可以从以下三个方面来理解：第一，近现代工业技术水平十分低下，很多大型工业产品无从生产，基本上从事的都是一些简单的维修及其机器组装性的工作，连一辆汽车、一辆拖拉机、一辆坦克、一架飞机我们都不能自己单独制造，这是毛泽东在1954年6月的中央人民政府委员会议上曾经发出的无限感叹。[1] 第二，工业生产的布局十分不合理。新中国成立前，中国70%左右的工业生产分布在仅占全国国土总面积12%的沿海较为发达的地区，除像重庆、武汉等个别沿江城市外广大内陆地区特别是边疆少数民族聚集的地区几乎没有现代化的工业生产。第三，工业发展的社会基础特别薄弱。据统计，截至新中国成立初，全国90%以上的县级城市没有供电，只能在沿海、沿江或大中城市中能见到类似汽车、火车、轮船等大型的现代化交通工具，很多经济不发达地区和偏远地区还是沿用牛马车、人力车甚至靠肩挑人扛等方式。而西北和内蒙古地区地域面积约占国土总面积的45%，但是其工业生产产值则只占全国工业生产产值总量的3%；西南地区地域面积约占国土总面积的23%，而其工业生产产值也只占全国工业生产产值总量的6%。[2]

新中国成立初，中国的工业生产产量不仅与历史最高年产量相比有较大幅度的降低，而且还比当时世界其他国家的差距

---

[1] 《毛泽东文集》第6卷，人民出版社1999年版，第329页。

[2] 汪海波：《新中国工业经济史》，经济科学出版社1994年版，第61页。

较大，不但远远落后于美国等西方发达国家，而且与东方邻国印度等欠发达国家也存在一定差距。表 3-3 向我们展示的就是 1949 年中国主要工业产品产量与美、印等国的比较情况，由此可以略窥一斑。

表 3-3　1949 年中国主要工业产品产量与美国、印度比较统计表

产品名称	单位	中国	美国		印度	
		产量	产量	为中国倍数	产量	为中国倍数
布	亿米	18.9	76.8	4.05	34.6	1.83
纱	万吨	32.7	171	5.23	62	1.9
糖	万吨	20	199	9.95	118	5.9
原盐	万吨	299	1413	4.73	202	0.68
卷烟	万吨	160	770	4.81	44	0.28
生铁	万吨	25	4982	199.28	164	5.56
水泥	万吨	66	3594	54.45	214	3.24
钢	万吨	15.8	7074	447.72	137	8.67
原煤	万吨	0.32	4.36	13.63	0.32	1
原油	万吨	12	24892	2074.33	25	2.08
硫酸	万吨	4	1037	259.25	10	2.5
纯碱	万吨	8.8	355	40.34	1.8	0.2
烧碱	万吨	1.5	202	134.67	0.6	0.4
发电量	亿吨	43	3451	80.26	49	1.14
金属切削机床	万台	0.16	11.6	7.25	—	—

资料来源：此表依据《国外经济统计资料（1949—1978）》，中国统计出版社 1981 年，第 81~145 页；《中国统计年鉴（1983）》，中国统计出版社 1983 年版，第 242~248、279 页数据编制而成。

由表3-3可见，新中国成立初中国的某些工业产品产量不仅低于西方发达国家——美国同时期同类产品产量，而且与印度相比大部分工业产品产量也有所不及，差距有几倍、几十倍、几百倍甚至上千倍不等，这些数字充分反映了新中国建立之初工业生产水平仍处在幼稚的阶段❶。在现代工业生产产量较低发展的同时，工业生产结构及其布局也呈现出畸形发展的状态。主要表现就是生产资料的生产比重低，而消费资料的生产比重则较大。巫宝三研究认为：在1933年中国的工业总产值中，消费资料工业产值占70%以上，生产资料工业产值不到30%。❷ 但是，据《国家统计年鉴（1983）》的资料显示，1949年中国的工业总产值中，消费资料生产产值比重不但没有降低反而呈现出上升的态势，占总产值的73.6%，生产资料的工业产值则仅为26.4%。❸ 由此可以看出，工业生产结构并没有发生较大幅度的变化，工业基础依然十分薄弱。

国家统计局1958年的统计资料显示，到新中国成立初年，社会主义国营性质的工业产值占全国工业总产值的比重为26.2%，占全国大工业总产值的比重为41.3%，而且固定资产占全部工业企业固定资产的比重较高，高达80.7%。从国营经济生产下的各类工业产品的产量在全国所占的比重来看，其比重已经占明显优势，主要分布状况为：纱棉占49%、原煤占68%、电力占58%、钢占97%、生铁占92%、水泥占68%等，在工业产值方面国营经济开始占主导地位的同时，国营企业

---

❶ 汪敬虞：《中国资本主义的发展和不发展》，中国财政经济出版社2002年版，第415~424页。

❷ 巫宝三：《中国国民所得》上册，中华书局1947年版，第54页。

❸ 《中国统计年鉴（1983）》，中国统计出版社1983年版，第217页。

也基本上掌控着现代化的交通运输业、通信业、金融业等行业。❶

经过三年左右的国民经济恢复，到1952年中国的工农业生产虽然已经有所恢复，并且已经达到并超过了新中国成立前的历史最高年产量，但是通过与当时历史同时期的世界上的其他国家同类产品的比较中，我们不得不承认这种生产水平仍然是十分低下的。首先，从工业发展水平来看，1952年中国现代化工业生产在工农业总产值中所占的比重只有26.7%，而1928年苏联所占的比重就已经达到了45.2%，波兰1949年的比重为65.5%，而捷克斯洛伐克在1948年就已经高达75%；其次，按照人口平均的工业产品产量来计算，1952年中国钢产量为2.37公斤，日本为81.7公斤，苏联为164.1公斤，美国为538.3公斤；再次，按照人均发电量来计算，1952年中国只有2.76度，苏联553.5度，日本604.1度，美国2949度；最后，按照人均棉布占有量来计算，1952年中国人均5.4米，苏联23.6米，美国55.4米。❷由此可见，即使是经过了近三年左右的国民经济恢复生产建设工作，中国的工业技术发展水平仍然是十分落后的，工业技术极其薄弱。

（二）农业基础不足

在农业生产方面，由于长期受到战争的影响，到新中国建立前夕，农业产量同样总体上呈现下降趋势，1949年与新中国成立前最高年份相比主要农产品产量下降幅度较大，农业生产总产值整体下降了20%以上，最多下降高达80%以上，见表3-4。

❶ 国家统计局编：《中国的国民经济建设和人民生活》，统计出版社1958年版，第7~8页。

❷ 彭明、孙健著：《20世纪的中国——走向现代化的历程》，人民出版社2010年版，第86页。

表3-4　1949年主要农产品产量与新中国成立前最高年产量比较统计表

产品名称	单位	新中国成立前最高年产量		1949年产量	
		年份	产量	产量	为最高年产量的百分比
粮食	万吨	1936	15000	11318	75.5
棉花	万吨	1936	84.9	44.4	52.4
花生	万吨	1933	317.1	126.8	40.0
芝麻	万吨	1933	99.1	32.6	32.9
茶叶	万吨	1932	22.5	4.1	18.2
甘蔗	万吨	1940	565.2	264.2	46.7
烤烟	万吨	1948	17.9	4.3	24.0
油菜籽	万吨	1934	190.7	73.4	38.5
黄红麻	万吨	1945	10.9	3.7	33.9
桑蚕茧	万吨	1931	22.1	3.1	14.0
水产品	万吨	1936	150	45	30.0
猪年底头数	万头	1934	7853	5775	73.5
大牲畜年底头数	万头	1935	7151	6002	83.9

资料来源：《中国统计年鉴（1983）》，中国统计出版社1983年版，第158~164、177~178、181、185页。

通过表3-4可以看出，新中国成立初主要农产品产量与新中国成立前历史最高年产量比较都有所降低，其中桑蚕茧和茶叶下降得最多，分别由22.1万吨和22.5万吨下降为3.1万吨和4.1万吨，分别下降了86%和81.8%；其次是烤烟、水产品、芝麻、黄红麻、油菜籽、花生、甘蔗等，产量都下降了50%以上；棉花由84.9万吨降为44.4万吨，下降了47.7%；猪产量由7853万头下降为5775万头，下降了26.5%；粮食产量由15000

万吨下降到11318万吨，下降了24.5%；大牲畜由7151万头下降为6002万头，下降了16.1%等。

纵观当时的整体国情，我们发现新中国成立初年全国范围内的土地所有权性质基本没有发生质的变化，大体上还是维持新中国成立前的封建地主土地所有制。在生产方式方面也没有发生重大的改变，几乎完全停留在原有的传统个体手工劳动阶段，农业机械化程度不高，农业生产中的电力、化肥、农药等生产手段和生产资料的运用相对有限，可以说，全国绝大部分的地区基本维持在自然经济生产的水平下，刀耕火种的生产方式和靠天吃饭的农业特征非常明显，也就是说，新中国成立初我国的农业生产发展基础严重不足。

（三）城市破坏严重

新中国成立初年，中国的城市数量只有132个，而城市人口也只有2700多万，城市人口总量也只占不到全国总人口的10%，城市化水平仅为5%。❶ 然而，就是这样的城市发展水平也遭到了包括战争在内的多方面的严重破坏。据有关数据显示，这一时期中国城市间铁路里程中有上万公里的铁路线路遭到严重破坏，三千多座桥梁以及二百多条隧道被毁，主要干线京汉、陇海、津浦、粤汉、浙赣等基本遭到部分或全线破坏，通车能力大为减弱，有约三分之一的机车无法运行；城际间公路的通车里程有20%多遭到严重损毁；港口船只航行能力也大大减弱，上海港只有14.5万吨的航运量；航空能力更是严重受损。❷ 上述情况清楚地表明，新中国成立初年中国的城市经济生活曾经遭受到沉重的打击和严重的破坏。

---

❶ 纪晓岚：《论城市本质》，中国社会科学出版社2002年版，第267页。

❷ 彭明、孙健著：《20世纪的中国——走向现代化的历程》，人民出版社2010年版，第15~16页。

接下来重点关注新中国成立前国统区的城市社会生态。这一时期，国统区城市社会异常混乱：通货膨胀日益严重，物价飞涨日渐加快，市场运行甚为混乱，投机倒把行为极为盛行，工厂破产百姓失业，整个国统区城市经济几乎处于残破崩溃的严重状态。同时由于近现代以来中国长期的战乱导致城市经济发展遭到严重破坏，城乡间的内外交流也受到极大的影响，城市资源极端匮乏，导致大量的囤积居奇、哄抬物价等严重的投机倒把行为，物价上涨极为迅猛，城市失业人口大量增加，人民生活于水深火热之中。据《北国春秋》报道：1946年，北平城市产业工人失业人口70万人，上海城市产业工人失业人数为30万，成都失业工人数量为10万，重庆失业工人数量为6万，昆明失业工人数量为5万等。[1]天津机电修配业的企业在不到两年的时间里倒闭了一百多家，由1947年的363家减为1948年的216家。[2] 到新中国成立前夕，天津失业工人人数为11.3万人，大量工厂停工倒闭导致了大量失业人口，人民生活急剧恶化，增加了社会安定的压力。昆明的国营工厂数量也有了大幅度减少，仅1947年就有五家工厂倒闭，约占总数量的40%；省营工业和商办工业也纷纷倒闭，造成了严重的城市发展困境。[3] 1948年，青岛在1400多家工厂中，只有1/4是半开工，其余的全都停工了。[4] 1949年4月，上海1000余家机器工厂，开工的不到100家。[5] 广大人民挣扎在死亡线上。这一时期，广大农民群众生活显得更加悲惨，主要表现

[1] 载《北国春秋》1960年第3期。

[2] 在《北国春秋》1960年第2期。

[3] 陈真等：《中国近代工业史资料》第1辑，北京生活·读书·新知三联书店1961年版，第193页。

[4] 陈真等：《中国近代工业史资料》第1辑，北京生活·读书·新知三联书店1961年版，第200页。

[5] 中国科学院经济研究所：《上海民族机器工业》，中华书局1966年版，第781页。

为生活于战乱中的社会底层百姓被沉重的苛捐杂税、赋税地租等压迫得极为惨烈。由于没有足够充饥的粮食供应，挣扎在饥饿线上的人们不得不乱找东西充饥，甚至草根树皮等都被当作充饥的食物。《解放日报》曾记载“湘人饿死300余万”❶、“广东老百姓，吃竹米以后全身肿胀”等事件。❷

总之，新中国成立前夕的国民党统治区下整个经济社会运行受到严重的破坏，国民党统治区下的半殖民地半封建经济行将崩溃。新中国成立后，由于未能充分注重城市的发展规划以及在城市建设方面的政策引导不当，中国的城市发展也惨遭严重破坏。这一时期还提出了“变消费城市为生产城市”“先生产，后生活”等一系列城市发展口号，在这样口号下，许多古代历史文化名城也积极加入了生产建设的行列，纷纷建设了一批重污染型的工业企业，加重了城市社会的负担，导致了城市生活环境的严重恶化，危害巨大；同时，城市细致而全面的整体规划工作迟迟未能进行，导致城市建设整体布局混乱无序，不合理的建设项目未经论证纷纷上马，忽视基础设施建设，未考虑到城市的空间布局及其相关清洁能源的建设及其利用工作，城市环境问题异常尖锐。❸

（四）人口问题凸显

人口数量同经济与社会的发展状况息息相关，二者相互联系、相互依存，正如葛剑雄先生所云，“这并不是简单的决定与被决定、作用与反作用，而是复杂得多的双向关系”。❹ 长期以

❶ 《解放日报》，1946年6月8日。

❷ 《解放日报》，1946年5月16日。

❸ 曲格平：《中国的环境管理》，中国环境科学出版社1989年版，第319页。

❹ 葛剑雄著：《中国人口史·导论、先秦至南北朝时期》，复旦大学出版社2002年版，第37页。

来，中国的人口数量使中国一直处于世界人口大国的行列之中，中国人口在世界总人口中所占的比例较高，堪称世界第一“人口大国”当之无愧。中国人口规模的增长、结构和质量等与当代中国的社会变革有着极为密切的关系。

这里应该为“人口问题”做一个界定。人口与人类赖以生存的自然资源出现了严重的失衡状态，人口数量大大超过了社会经济的承载力，超过了特定时间、特定地区等条件下一定资源支持的人口容量，此种情况下“人口问题”也会随之产生，也就是形成了“人口过剩”问题。从这一意义上来说，中国人口专家所进行的大量研究真切地表明了新中国成立初期的“人口问题”是比较现实的，也是相当严重的，本应该引起充分的重视。但是，事实上，新中国成立之初急剧增长的人口数量的变化并没有引起足够的重视。导致中国在1949年之后的短短半个多世纪中，发生了人口增长方式的历史性转变，人口数量由新中国成立初的5.5亿人猛增到今天的13亿多人的庞大人口数量。1949年后中国人口进入快速增长期，具体有以下重要的时期特征：1949年中国的人口数量为5.5亿，1959年增加到6.6亿，1970年又增加到8.5亿，1976年达到近十亿大关，这一年的人口数量约为9.5亿。另据有关资料显示，1949年中华人民共和国成立至1953年这短短的4年时间，年平均人口自然增长率从1840年到1949年的2.6‰猛增到1952年的20‰，一直到1955年，年平均人口自然增长率保持在20‰以上。[1]

人口与资源之间总是保持着相对平衡，这种平衡并不总是绝对的。历史上，中国与世界都曾出现过严重的人口过剩问题。人口总量既是经济与社会发展的结果，又是经济与社会发展的

---

[1] 张纯元：《中国人口生育政策演变历程》，载《市场与人口分析》2000年第1期，第49~50页。

动力，更是经济与社会发展的桎梏。于是，布罗代尔（Femand Braudel）说："人口数量犹如一个灵敏的指示器，我们可以用它为成功和失败作出总结。"❶ 总体而言，由于新中国成立初期中国实际上实行的是鼓励人口增长的生育政策，导致人口出生率很高，使得人口在摆脱了战乱、疾病、动荡、贫穷等抑制人口增长的因素后迅速增长的势头并没有真正地抑制下来。人口的急剧膨胀，使得一系列经济、社会和环境问题更加严重，给自然资源造成了巨大的压力。人首先要生存，要吃饭、喝水、大量开垦土地荒山种植作物。鼓励生育的人口政策所带来的严重后果是产生了大量的耕山队，导致对自然的索取再无限性地增加，对山林的采伐越来越深入，结果带来了严重的水土流失和生态破坏等一系列严重的生态环境问题，同时，越来越多的人口也加重了水资源的负荷，其严重的生态恶果影响至今存在。空前的人口负担和资源消耗，使中国面临历史上最为严峻的人口压力和资源挑战。随着中国社会生产的大力发展和经济建设的逐步推进，全党和全国人民越来越深刻地认识到了计划生育、控制人口的重要性和迫切性。尤其是在党的十一届三中全会后，党和政府反复强调要搞好中国的社会主义现代化建设就必须控制人口数量，提高人口质量，并明确宣布：同"加强环境保护"一起，"认真执行控制人口增长"是中国的一项"基本国策"。❷

总的来说，新中国建立之际，党和政府不但要面对农业发展落后、工业基础薄弱、科教文卫水平低下、基础设施破坏殆尽等"一穷二白"的社会发展基础薄弱等问题，而且还得面临

❶ ［法］费尔南·布罗代尔：《15 至 18 世纪的物质文明、经济和资本主义》第一卷，顾良、施康强译，三联书店出版社 1992 年版，第 29 页。

❷ 张华金、王淼洋：《社会发展论纲》，上海社会科学院出版社 1996 年版，第 328 页。

受长期战争影响所造成的工业萎缩、农业凋敝、物资紧缺等一系列经济问题，更要面临着在几乎毫无控制人口意识的国度中出现的爆炸式增长的人口问题等。

三、“意识形态狂热”的时代

1956年完成对农业、手工业、资本主义工商业的社会主义改造之后，中国拉开了探索社会主义建设道路的序幕。在新中国探索社会主义建设道路的初期，“意识形态主导”的范式非常明显，指导思想不断“左”摇“右”摆，并在不同历史时期严重影响了中国的现代化建设进程。

社会主义改造基本完成以后，我们党领导全国各族人民开始将工作的重点转到全面大规模的社会主义现代化建设的伟大进程中来，并开始逐步探索一条适合中国国情的社会主义建设道路。在中国进行探索如何建设社会主义道路方面我们首先要面临着“社会主义条件下的阶级斗争和社会主义建设中的规模与速度”这两个事关大局的主要问题。值得肯定的是新中国成立后的头八年，也就是从1949年到1957年上半年中国的发展政策是恰当的，总体发展道路是健康的，发展方向是好的。然而，在社会主义建设时期我们党带领全国人民也曾走过不少弯路，出现过很多失误，这主要是受来自“左”的方面的思想的影响，而“左”的思想的影响可以说是从1957年就开始了。当时，“一五”计划顺利完成，各项指标顺利实现，中国的经济社会发展取得了较大的进步，巨大的发展成就极大地振奋了全党和全国各族人民的热情的同时，“急于求成”“骄傲自满”的情绪开始在个别地区和个别行业滋生蔓延开来。1957年的上半年中，中国还在继续探索适合自己的建设社会主义的发展道路问题，但是从1957年下半年开始，中国就开始走向了错误的偏离社会发展实际的轨道，犯了严重的“左”的思想错误，接连出现了违背中国实际和客观发展规律的“意识形态狂热”的现象。主要表现在：1958年后浩浩荡荡的“大跃进”和“人民公社化”的政治社会运动“完全违背客观实际情况，头脑发热，想超高速发展”，其结果不仅给中国经济社会发展造成了严重的障碍，也给中国的整个生态环境状况带来巨大的灾难。邓小平同志曾对这段历史做过深刻的总结，他认为：“我们花了三年时间，纠正错误，才使情况又好起来。”然而，“左”的指导思想并没有根除，在其影响下，“‘文化大革命’十年浩劫，中国吃了苦头”，使得我们在经历了这些“左”的思想的影响下，中国社会经济发展整整延误了十年的时间。[1]

总体看来，新中国成立后的30年间，中国政治社会变革基本上处于“意识形态狂热”思想影响下的时代，主要体现在：“多快好省”“超英赶美”“大跃进运动”“人民公社化运动”“文化大革命”“重工业优先发展战略”以及“人多力量大的人口引导政策”等方面。

（一）“多快好省”“超英赶美”

“多快好省”的口号是建设社会主义的方针，1955年冬天中共中央提出了“又多、又快、又好、又省”地建设社会主义的方针。次年元旦，《人民日报》在其社论中明确地提出社会主义建设“要又多、又快、又好、又省地发展自己的事业”，并把“多快好省”的口号推向全国。这一口号的提出有其深刻的社会发展背景。据悉，在1956年年初的社会主义三大改造走向高潮的过程中就出现了“要求过急”“步子过快”等方面的问题。党内急躁冒进的建设社会主义的情绪开始出现，周恩来同志敏锐

[1] 《邓小平文选》第3卷，人民出版社1993年版，第234、269页。

地及时发现了这种不顾实际的冒进势头和片面地追求“多”“快”而忽视“好”“省”机会主义倾向，他对这种冒进的倾向给予了尖锐的批判。为此，《人民日报》在当年的一篇报道中发表了题为《既要反对保守主义，又要反对急躁冒进》的社论文章。文章中提出警告称任何人不得超越客观实际情况的限制而盲目冒进地去行动，要深刻理解“又多、又快、又好、又省地建设社会主义”的指导方针，不但要注意“多”“快”更要注意“好”“省”，现在我们做不到的事情不要勉强去做，待到条件和机会成熟的时候再去全力而为。

“超英赶美”这一思想号召正式提出是在1957年年底。当时，毛泽东在参加1957年俄国纪念“十月革命”胜利四十周年的会议上明确提出：中国要在15年左右的时间里，在钢铁和主要工业产品的产量方面赶上英国。1958年《人民日报》刊发的“元旦社论”向全国人民发出号召：“我们要在十五年左右的时间内，在钢铁和其他重工业产品的产量方面赶上和超过英国，在这以后，还要进一步发展生产力，准备要用二十年到三十年的时间，在经济上赶上并且超过美国。”然而，在举国上下欢呼雀跃的“大跃进运动”的赞歌声中，毛泽东曾认为，只要放手发动群众，“鼓足干劲，力争上游”，就没有做不到的事情。他认为用十五年的时间去实现“赶超”战略太过于保守了，我们还应该可以把“赶超”的时间继续缩短。这样，在1958年的中共八大二次会议上提出了“争取在十五年，或者在更短的时间内，在主要的工业产品产量方面赶上和超过英国”的战略。同年6月毛泽东在中央军委扩大会议上甚至提出了“我们三年基本超过英国，十年超过美国，有充分把握。”至此，在“意识形态狂热”的时代，“超英赶美”战略固然鼓舞了中国广大劳动群众进行社会主义建设的积极性和热情，但是由于没有注重当时的历史条件实事求是地制定奋斗目标，而且某些指标的制定完全违背了客观规律，造成社会生产的混乱，自然资源的巨大浪费等。

“多快好省”和“超英赶美”等口号的提出，如实地反映了新中国成立初期在生产力发展滞后的历史条件的影响下，中国追求高速发展的过程中，为实现“赶超”发展战略而出现的“意识形态狂热”的理想追求。

（二）“大跃进”运动

“大跃进”运动的形成主要是由于对中国国情的认识不足、建设经验的缺乏、“超英赶美”战略计划的盲目制定、经济发展指标体系的不断加码、批判反冒进行为的论战不断升级等原因造成的，上述种种原因都可以看成全国上下在经济建设过程中不断滋生的、急于求成的情绪的表现，因此，从某种意义上说，“大跃进”运动的形成也是在制定一系列不断被提高了的、不切实际的高指标的推动下出现的。

“大跃进”运动的开展最初是从 1958 年中共中央政治局北戴河会议开始的。在这次会议上，中央政治局面对国内的整体经济形势制定了一系列“跃进”的高指标。从主观方面来说，这样的措施是为了振奋全国人民的精神，加快社会主义建设的步伐，推进全国上下政治、经济等的全面进步，但是，从客观条件来看，这样的盲目冲动和脱离实际的计划是有悖当时具体的历史国情的。以农业生产为例，会上所做出的这种盲目估计与现实的实际产量有较大的差距，根本无法实现。例如，会上结合 1957 年全国粮食生产总量为 3700 亿斤的具体实际情况，对 1958 年全国的粮食生产总量估计为达到 6000 亿斤到 7000 亿斤，确保全国人均粮食占有量为 1000 斤左右。而真实的情况是，1958 年全国粮食生产实际总产量仅 4000 亿斤，人均也只有 612 斤，这个数字离会上所做出的不切实际的估计相差甚远。1958

年全国棉花实际总产量也只有 3938 万担，这较北戴河会议上的总产量 7000 万担左右的估计差距也是很大的。❶ 这种盲目的估计不仅严重损害了当时农业发展的基础，也由于计划不当等原因造成了生态环境的总体破坏。更为严重的后果是在“人民公社化”运动的推波助澜下，直接导致了 1959 年到 1962 年连续三年的自然灾害下的社会大萧条和全国粮食总产量的连年减产，很多地方甚至出现了严重的饥荒。

1956 年中共八大会议上提出的工业总产值、钢产量、粮食产量、棉花产量分别为 1400 亿元、1050 万吨、5000 亿斤、4800 万担；上述指标在北戴河政治局扩大会议上提出的“二五”计划指标产量被分别制定为 8000 亿元、8000 万吨、13000 亿斤、15000 万担，如图 3-1 所示。

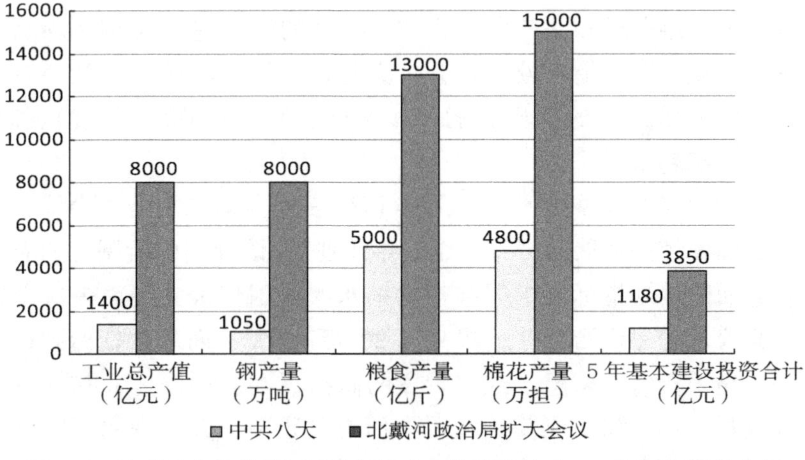

图 3-1　中共八大与北戴河政治局扩大会议提出的“二五”计划指标产量

资料来源：《国家计划委员会党组关于第二个五年计划的意见（1958 年 8

❶ 苏少之：《中国经济通史》第 10 卷上册，湖南人民出版社 2002 年版，第 222 页。

月23日）》，载《建国以来重要文献选编》第11册，中央文献出版社1995年版；《中国共产党第八次全国代表大会关于发展国民经济的第二个五年计划的建议》，载《建国以来重要文献选编》第9册，中央文献出版社1994年版；国家统计局编：《中国统计年鉴（1983）》，中国统计出版社1983年版。转引自邹东涛、欧阳日辉：《新中国经济发展60年》，人民出版社2009年版，第160页。

通过图3-1我们可以看出，钢产量达到1070万吨（最初定位1100万吨）是在所有的指标中最典型的高指标。这个数字比1957年的535万吨翻了一番。[1] 因此，就实际情况来看，当时的这个指标制定得非同寻常的高，因为从生产时间、生产能力或者运输能力等方面来看，这都是无法实现的，上述种种指标的制定基本都脱离了客观实际情况。由此，可以确定1958年北戴河政治局扩大会议的召开是把“大跃进”运动和“人民公社化”运动迅速推向高潮的标志。这次会议以后，以“高指标、瞎指挥、浮夸风和共产风”为主要特征的极“左”思潮不断高涨、严重泛滥，给正处于社会主义建设初期阶段的整个社会带来了巨大而深刻的历史影响，其灾难性的严重后果不断涌现，而且影响越来越恶劣。

1958年中国共产党第八次全国代表大会第二次全体会议通过了国民经济发展的“第二个五年计划”，该计划中所制订的农业方面的计划指标比中国共产党第八次全国代表大会第一次全体会议上的建议指标普遍提高了20%到50%；而工业指标则普遍提高了一倍。试想，这一阶段的高指标在新中国成立初期的农业基础不足和工业基础薄弱的历史阶段下，其实现的可能性几乎微乎其微。而这一时期，农业生产方面提出了“以粮为纲”的口号，要求五年、三年甚至一两年达到十二年农业发展纲要

---

[1] 中央财经领导小组办公室编：《中国经济发展五十年大事记（1949.10—1999.10）》，人民出版社、中共中央党校出版社1999年版，第109页。

规定的粮食生产总量指标的奋斗目标；工业生产方面则提出了“以钢为纲”的口号，要求七年、五年甚至三年内提前实现原定的十五年钢产量赶上或超过英国的奋斗目标。❶ 由此我们可以看出，这种以片面追求工农业生产和建设的高速度为主要标志的“大跃进”运动在全国范围内普遍开展起来了。

1. 农业“大跃进”

农业“大跃进”运动主要是通过兴修农田水利运动的方式展开的。大兴农田水利工程运动最初是从1957年冬天到1958年春天展开的。通过此次运动，使农田的灌溉面积扩大了2300多万公顷，并将930多万公顷的农田改善为良田，同时治理低洼易涝耕地面积达到1300多万公顷，改造了瘠薄的耕地660多万公顷，在大兴水利工程的过程中植树造林面积1900多万公顷。❷ 通过兴修农田水利工程运动，在改善农田土地质量的同时也极大地鼓舞了农民们投入农业生产的巨大热情，农业生产方面取得的成绩也给中共领导层面带来了巨大鼓舞。毛泽东就曾提出：“15年要看头5年，5年看头3年，3年看头年，头年看前冬。”❸ 在中央领导的有些地方也开始产生“苦干三年，改变面貌”的急进口号。

在农业“大跃进”运动中出现的“浮夸风”通过虚报粮食产量、大放“高产卫星”等方式最为典型。最早刮起“浮夸风”“共产风”的是河南省信阳地区，1958年在遂平县嵖岈山卫星农业社首先刮起“大跃进”时期的“浮夸风”，在这里相继诞生了农业“大跃进”过程中的最早的两颗小麦“卫星”。

---

❶ 胡绳：《中国共产党的七十年》，中共党史出版社1991年版，第364页。

❷ 邹东涛、欧阳日辉：《新中国经济发展60年》，人民出版社2009年版，第161页。

❸ 转引自董辅礽：《中华人民共和国经济史》上卷，经济科学出版社1999年版，第318页。

这种“浮夸风”和“共产风”越刮越大，并迅速刮遍整个信阳地区。这一时期，由于“左”倾错误不断肆虐，实行“左”倾蛮干、高估产、高征购等一系列政策，大刮浮夸风、“共产风”等，最终导致了举国震惊的“信阳事件”的爆发。1958 年春就有报纸上报道了水稻亩产可以达到两三千斤，经查证此乃虚报。这一年的夏收时节也开始有亩产量“放卫星”的虚假的小麦丰收的报道接连不断地见诸各大报端。此处仅举几例以说明，1958 年 7 月 23 日《人民日报》对河南省西平县和平农业社放小麦亩产达到 7320 斤的“高产卫星”的消息进行了报道；时隔 20 天后《人民日报》又对湖北省麻城市麻溪河乡放了一颗亩产为 3690 多斤的“早稻高产卫星”的消息进行了报道；9 月 18 日《人民日报》报道了广西壮族自治区环江县红旗人民公社放了一颗亩产高达十三万多斤“中稻高产卫星”。各大地方报纸也纷纷对亩产高产放卫星的消息进行大肆报道，1958 年 8 月 20 日，《陕西日报》对西安市东风人民公社建立了七十二块预计第二年亩产可达四到六万斤的小麦卫星田的消息进行了报道，等等。面对当时日益泛滥的农业高产放卫星的消息，中央领导层也有过过头的热情。当年，毛泽东在徐水县南梨园乡大寺阁庄农业社视察时强调：“世界上的事情是不办就不办，一办就办得很多！过去几千年都是亩产一二百斤，你看，如今一下子就是几千上万！”[1] 面对如此高的农业“大跃进”的热情和对“浮夸风”“共产风”“高指标”“瞎指挥”等日益泛滥的严重状况《人民日报》等也曾连续发表社论推波助澜，对“农业增产有限论”和“农业增产条件论”等进行大加批判，并提出“人有多大胆，地有多大产”“没有万斤的思想，就没有万斤的收获”

---

[1] 《毛主席视察徐水安国定县》，载《人民日报》1958 年 8 月 11 日，及同日第 2 版所载，康濯：《毛主席到了徐水》的报道。

“不怕做不到，就怕想不到”等宣传口号对“大跃进”运动加以错误地引导。那些当时家喻户晓的口号深刻地反映了当时整个社会的急躁情绪。

不仅小麦生产大搞“高产放卫星”的“浮夸风”，玉米、高粱、大豆、花生、芝麻甚至油菜籽等蔬菜水果也相继被报道“高产卫星”的虚假消息。这一时期层出现过玉米亩产3.5万斤、高粱亩产2.2万斤、大豆亩产4500斤、花生亩产2.6万斤、芝麻亩产7200斤、油菜籽亩产6000斤的严重虚假消息的报道。❶ 同时，农业“大跃进”中还突出强调通过大搞土地深翻密植的方式以保证农业生产的高产量。例如，华东地区就提出在1959年以前把全部耕地进行深挖密植，基本标准是一到两尺深，而中南地区则提出每亩晚稻蔸数增加为4万以上的高度密植的要求。❷ “深挖密植”的做法在当时根本没有进行过严密的科学论证，从某种意义上说是严重违背农作物科学种植规律的做法，而且这种做法千篇一律，未能因地制宜，不分具体情况，也不结合当地的自然条件状况，结果给农业生产带来了大量的损失和严重的危害。

2. 工业“大跃进”

相对而言，工业“大跃进”运动开始的时间要比农业“大跃进”运动开始的时间稍晚些，在农村盲目进行“放卫星”、大搞“大跃进”运动的同时，工业生产方面也开始出现大肆虚报浮夸产量的“浮夸风”。《人民日报》1958年9月发表的一篇《祝河南大捷》的文章中对河南省放“生铁卫星”的情况给予

❶ 苏少之：《中国经济通史》第10卷上册，湖南人民出版社2002年版，第241页。

❷ 董辅礽：《中华人民共和国经济史》上卷，经济科学出版社1999年版，第319页。

公开的宣传报道。10月的《“卫星”齐上天，跃进再跃进》的文章将这一思想继续推进，继续宣传各地大放钢铁“高产卫星”的情况。[1] 在《立即行动起来，完成把钢产翻一番的伟大任务》的社论中号召全国上下全力保证实现钢产量翻一番的政治任务，在钢铁工业的发展与其他工业的发展发生矛盾的时候应该优先发展钢铁工业。在毛泽东的“发展钢铁工业一定要搞群众运动，什么工作都要搞群众运动，没有群众运动是不行的”[2] 一番讲话精神的号召下，一场“钢铁元帅升帐”的全民大炼钢铁运动在全国轰轰烈烈地展开了。

然而，从客观方面来说，北戴河政治局扩大会议制定的1070万吨钢的任务是超出实际能力的，按照中国当时的实际情况，这个任务目标是根本无法实现的。新中国成立初期的中国工业基础十分薄弱，当时各类钢铁生产企业的生产能力受到交通、能源等部门的约束很明显，在实际生产中还存在着诸多矛盾和问题，因而根本无法实现这样重的任务目标。因此为了顺利完成北戴河会议所制定的钢铁任务目标，全国上下开始发动群众，通过土洋并举的形式，大搞“小、土、群”（即小转炉、小土炉，土法炼钢，群众运动）等运动战式的大炼钢铁运动，实施“兵对兵，将对将，用分散的小煤窑对分散的小高炉”[3] 的政策，在进行广泛宣传动员后，全民大办钢铁运动随即纷纷上马，大炼钢铁的群众运动热火朝天地开展起来。截至8月，全国共建二十四万多座高炉，有近百万人参加到大炼钢铁运动中

---

[1] 中央财经领导小组办公室编：《中国经济发展五十年大事记（1949.10—1999.10）》，人民出版社、中共中央党校出版社1999年版，第123页。

[2] 中央财经领导小组办公室编：《中国经济发展五十年大事记（1949.10—1999.10）》，人民出版社、中共中央党校出版社1999年版，第123页。

[3] 汪海波、董志凯等：《新中国工业经济史（1958—1965）》，经济管理出版社1995年版，第245页。

来。经过进一步广泛宣传和积极发动，到9月有5000多万人参加到这一运动中来，而此时，全国上下有六十多万座高炉进行点火炼钢活动。[1]

在钢铁行业和群众的积极投入工作中，为了顺利完成“1070万吨钢”的任务，相关行业和部门也在积极投入这一声势浩大的广泛的群众运动中来，地质、煤炭、电力、交通运输等各相关部门纷纷开足马力，加快原料、燃料生产和供应以及运输能力的提升，为钢铁生产解除原料、燃料、运输等方面的后顾之忧。即使这样举国上下的工业部门间的通力合作和全力配合下的共同行动也不能顺利地完成1070万吨钢的艰巨任务。当时的场面可谓蔚为壮观，全国各地到处是热火朝天大炼钢铁的场面，田间、街道、操场、学校、单位等到处都是冶炼工厂；广大干部群众、工人、农民、解放军、大中小学生等各行各业男女老幼都积极投身于大炼钢铁活动中来，整个矿山或窑炉边到处是一片热闹的场面。据相关资料显示，当时，在城市里，很多单位在其后院纷纷建起了小高炉，冶炼钢铁的原料甚至是自家正在使用的金属工具、铁锅等炊具。广大农村地区成千上万的农民背着锅灶和锄头上山采煤就地冶炼。曾经全国范围内有高达2000多万人到山上采煤，共兴办起10万多个小煤窑。[2]这样的场面的确是非常壮观，群众的热情的确是十分高涨。然而，这种大搞群众运动的做法，在片面追求产品数量的同时完全忽视了产品的质量和生产的安全性等问题，没有尊重钢铁冶炼的客观规律、盲目对矿山进行无计划的开采以及不注重钢铁

---

[1] 李宗植、张润君：《中华人民共和国经济史1949—1999》，兰州大学出版社1999年版，第160页。

[2] 董辅礽：《中华人民共和国经济史》上卷，经济科学出版社1999年版，第322页。

生产的合理制度安排等现象不仅给整个国民经济带来巨大的混乱和危害，而且由于大量的砍伐树木、无序的开采资源等活动给森林资源和矿产资源带来了极大的破坏。这在短期内虽然看到了钢铁产量的上升，然而这种上升却是以破坏后续能力为代价的。在党中央的坚强领导下和全国人民艰苦努力下，终于在1958年年底成功地提前12天超额完成了1070万吨钢铁生产的艰巨任务。但是在这个“成功”的背后，我们还应该注意到虽然在表面的数字上我们“完成”了既定的目标任务，但是却给国民经济的长远发展带来了巨大的人力、物力、财力等损失。在全年生产的1108万吨钢铁中只有800万吨左右是合格的产品，合格率只有72%，其余的产品均为含硫超标，或硬度不够的半成品或残次品，根本无法正常使用。❶

（三）“人民公社化”运动

“人民公社化”运动的广泛开展是在农业“大跃进”的浪潮和工业“超英赶美”战略的催生下在中国广大农村地区迅速诞生的。按理说，“人民公社”这一实践形式本身并不适合当时中国农村的实际情况。1958年8月的北戴河会议上也公开发表了《关于在农村建立人民公社问题的决议》，决议中指出要在中国最广大的农村地区普遍建立人民公社，会议认为中国目前应该积极地通过采用人民公社的形式逐步探索出一条符合中国国情的、可以直接过渡到共产主义的具体实践途径和方式，大会认为，“看来，共产主义在中国的实现，已经不是什么遥远将来的事情了。”❷ 在毛泽东的鼓励和倡导下，全国农村迅速进入了

---

❶ 汪海波、董志凯等：《新中国工业经济史（1958—1965）》，经济管理出版社1995年版，第19页。

❷ 中共中央文献研究室编：《建国以来重要文献选编》第11册，中共文献出版社1995年版，第450页。

建设“人民公社化”运动的大潮。这样，在中共中央的大力号召和广泛宣传下，全国范围的“人民公社”运动就此拉开了序幕。截至1958年9月底，全国共发展两万多个人民公社，有一亿多农户积极加入到人民公社中来，入社农户数量占全国农户总数量的98%左右，全国整个农村地区基本实现了人民公社化。❶ 同时，在“人民公社化”运动期间，全国上下掀起了一阵农田水利工程建设的高潮，全国共建了七八万座大小水库和相应的沟渠灌溉网络，使整个中国的农业灌溉面积在1980年以前以每年1700万亩（3.5%）的速度增加，到1980年达到7.33亿亩。❷ 在这方面，“人民公社化”运动的成果的确是可以称颂的。然而，“人民公社化”运动并没有实事求是地按照最初的发展社会主义生产力这个初衷的方向发展，其间带有大量的意识形态下的政治理想主义的色彩。“人民公社化”运动中出现的生产关系“穷过渡”的思想严重脱离了当时中国社会生产力的实际发展状况。有些地区出现了对美好生活的向往中也夹杂着急于向往共产主义的理想色彩。在这方面，1958年12月28日出现了山东省范县万人大会上宣布的“1960年保证亩产2万斤，争取3万斤”“人人进入新乐园，吃喝穿用不要钱，鸡鸭鱼肉味道鲜，顿顿可吃四个盘；天天可以吃水果，各样衣服穿不完，人人都说天堂好，天堂不如新乐园”“1960年过渡到共产主义”❸等一系列脱离实际的、带有空想色彩的社会主义理想。

“人民公社”有严密的组织结构，一般说来，“一大二公”和“一平二调”可以看作其基本结构特征。对此，毛泽东曾做

---

❶ 国家统计局编：《伟大的十年》，人民出版社1959年版，第36页。

❷ 邹东涛、欧阳日辉：《新中国经济发展60年》，人民出版社2009年版，第177页。

❸ 李宗植、张润君：《中华人民共和国经济史1949—1999》，兰州大学出版社1999年版，第166页。

出过这样解释，按照他的理解：“大”指的就是人口众多，地大物博；而“公”则强调通过自留地、公共食堂、公共托儿所、搞农业工厂并实行工资制管理等社会主义性质的合作方式把资本主义性质的残余逐步去除掉，破坏资产阶级性质的法权，实行社会主义性质的公有制；❶“平”就是通过实行供给制和按“需”分配的原则进行社会主义分配中的平均主义；“调”就是在生产层面在必要的时候可以对生产过程中的人力、物力、财力等资源进行无偿调拨，也就是说可以在整个人民公社的内部进行拉富济贫。❷

“人民公社化”运动是毛泽东等中共中央沿用了苏联斯大林时期的合作化模式的结果。早在开展“人民公社化”运动之前，中共党内就曾走“先工业化后合作化”的道路还是“先合作化后工业化”的道路展开过一系列的争论。在阶级斗争经验和思维的影响下，中共最终选择了“先合作化后工业化”的社会主义发展道路，也就是说在当时的历史条件下，在工业化的发展程度不高的情况下就开始走上农业合作化的发展道路。“人民公社化”运动的初衷是发展社会主义生产力，这在当时的历史国情下有其积极的进步意义。中国在历史上长期受到干旱与水灾的困扰，而干旱和水害的解决是不可能靠一家一户或者是一村一社的力量来进行的，因此，为了摆脱水旱灾害的长期困扰，改变农村长期落后的状况，必须通过大力兴修水利工程来加快农业的发展，而水利工程的兴建就必须通过合作的方式才能实现。因此，从这个意义上说，正是由于兴修水利工程的需要催

---

❶ 贺文贞：《对“三面红旗”的再认识》，载《党史研究》1986年第2期，第52页。

❷ 邹东涛、欧阳日辉：《新中国经济发展60年》，人民出版社2009年版，第174页。

生了人民公社化运动的最终开展。在上述背景下开展的“人民公社化”运动给正处于发展中的中国社会带来了大饥荒和生态环境的整体破坏等一系列悲剧。“农业学大寨”其实是违背生态规律不顾后果的小农经济条件下垦殖开荒的结果。据曲格平先生说，20世纪50年代到70年代末的近30年的时间里，中国西北地区先后发生过三次较大规模的毁牧、毁林垦殖开荒运动，共造成667万公顷草地遭到破坏、18.7万公顷的林地受到毁灭。❶“人民公社化”运动并没有促进农业生产的大发展，反而导致了农业生产条件的持续恶化，造成了中国生态环境的全面崩溃。这样，原本是为了力图摆脱贫穷落后状态的中国再一次陷入了新的更加严重的生存危机。

“大跃进”时期中国广大农村地区所进行的农田水利建设工程主要依托广大农村地区人力资源丰富这一优势得以广泛开展，接下来在进入春季耕种期间农村地区再一次充分利用农村人力资源的优势广泛开展“春耕大协作”计划，大力改进农业生产合作技术，从而推动整个农业的全面发展，上述做法很快得到了中共中央的一致认可和广泛赞誉，“人多力量大”“依靠团结互助合作等方式广泛开展合作”等有利于社会主义建设的口号和形式极大地激发了全国人民“大干快上”的热情。毛主席和刘少奇在一次谈话中说道：“几十年后中国的乡村中将是许多共产主义的公社”“若干乡村公社围绕着城市，又成为更大的共产主义公社。前人的‘乌托邦’想法将被实现，并将超过。”❷一时间，急于求成的思想和共产主义就在眼前的盲目乐观导致了

---

❶ 曲格平：《曲之求索：中国生态环境保护方略》，中国环境科学出版社2010年版，第261页。

❷ 薄一波：《若干重大决策与事件的回顾》修订本·下卷，人民出版社1997年版，第756~758页。

这一时期的经济发展严重违背了生产力的发展状况和整个社会的生产关系相适应的客观经济发展规律，给国民经济带来了严重损失，给党和人民带来了深重灾难。

值得一提的是，20世纪五六十年代出现在中国广大农村地区的"人民公社化"运动可以看作"左"倾机会主义的产物，它严重脱离了农村生产力发展的实际，极大地违背了生产关系关系的发展状况要和生产力相适应的客观规律。大刮"浮夸风""共产风"不仅严重挫伤了农民生产的积极性，而且也给农村经济的发展带来了不利影响。"大跃进"和"人民公社化"运动给中国的国民经济发展造成了极为严重的困难。国民经济发展的比例关系全面失调，以"高指标""瞎指挥""浮夸风"和"共产风"为主要特征的"大跃进"运动既破坏了工农业生产之间的总体平衡，又给刚刚建立的新中国带来了一次极其严重的生态环境破坏高潮。

（四）"文化大革命"

发生于20世纪五六十年代的"大跃进"和"人民公社化"运动给中国的经济及其社会发展带来了巨大的困难，中共中央迫于现实的压力被迫进行及时的反思和调整，"调整、巩固、充实、提高"八字方针的贯彻实施就是在这一背景下进行的。在全国人民的齐心协力下使得原本极为困难的被动局面得以逐步扭转，总体经济形势稍有好转。然而，对"左"倾意识形态狂热的影响下，原本过于激进的思想在没有被深刻认识和及时纠正的情形下，开始于1966年的"文化大革命"又将国家的经济建设和社会建设等一系列整体建设活动推向了更加"左"倾的发展轨道。

早在1964年毛泽东对"大跃进"运动中的一系列情况进行重新阐释的时候认为："我们不能走世界各国技术发展的老路，

跟在别人后面一步一步爬行。我们必须打破常规，尽量采用先进技术，在一不太长的历史时期内，把中国建设成一个社会主义现代化强国。我们所说的‘大跃进’，就是这个意思。”❶ 这样，在“大跃进”思维的指导下，毛泽东采取了一种不同的斗争策略。1966年毛泽东用“右倾”和“形左实右”等概念来定位“大跃进”时期的一系列方针政策，并把超前发展战略从经济领域拓展到政治领域，从而最终发动“文化大革命”❷。毛泽东认为，通过“以阶级斗争为纲”的形式可以对“党内走资本主义道路的当权派”进行较为有针对性的斗争，他通过对“反革命修正主义路线”的批判表达了他长久以来的一贯思维，认为社会主义初级阶段的各项事业只能坚持走“无产阶级专政下继续革命”道路的政治社会理想。在毛泽东看来，由于他本人对公平的执着追求特别是受到党内领导层方面存在的“独立王国”或“资产阶级司令部”等的严重阻碍，最终“大跃进”运动没能实现他的政治社会理想。这样，当时他把更多的希望寄托于通过实行“文化大革命”的方式来解决问题，即毛泽东提出的“天下大乱，达到天下大治”的思想。❸

历时十年的“文化大革命”是中国近现代史上具有非常特殊意义的历史时期。当时中美、中苏交恶，出于突然袭击可能对中国的大中城市造成巨大灾难性后果的考虑，毛泽东再三突出在“三线”建立国防工业体系进行战备的重要性和紧迫性。“农业学大寨”运动在极“左”思潮的影响下逐渐演变成为农村的“文化大革命”运动。“文化大革命”在给中国的经济发

---

❶ 转引自武斌：《我们离现代化还有多远》，中国经济出版社1999年版，第136～137页。

❷ 马洪等编：《当代中国经济》，中国社会出版社1987年版，第353页。

❸ 朱铁臻：《城市现代化研究》，红旗出版社2002年版，第104页。

展和建设工作带来无法弥补创伤的同时严重破坏了中国社会发展的历史进程并极大地延缓了社会主义现代化建设的进程。

1. 备战指导思想下的工业“三线”建设

“文化大革命”的十年间，中国在充分认识国际形势的情况下，果断采取了加速建设“三线”战略大后方的发展战略，将“三线”建设作为“文革”时期各项工作的中心环节和主要任务，展开了声势浩大的大规模建设“三线”工作，“三线”建设主要采取投资新建和改扩建两种方式进行，从某种意义上说，“三线”建设战略其实就是将沿海地区的生产能力向内地的一次大转移。这项工作不仅给中国的国民经济建设事业带来了重大的影响，而且也给我们留下了十分宝贵的历史经验和教训。“三线”建设规模宏大，历时长，动员群众广泛，堪称中国建设历史上空前的发展战略，对于中国工业建设和整个国民经济的发展均产生了较为深远的历史影响。

旧中国经济建设的主要布局大多侧重于东北部地区和东南沿海地区，因为这里有较为深厚的经济发展基础和较为完备的工业基础设施，而较为偏远的西部地区则相对落后。从 20 世纪 60 年代中期开始，中国迅速加快“三线”地区战略后方基地的投资建设工作。这里，有必要对“三线”做一简要的介绍，以便我们更好地理解当时中国所被迫采取的这一重要战略的历史背景及其相关举措。“三线”一般是按照中国地理区域而划分的，主要是指京广线以西、长城以南的大部分区域，也就是经济相对欠发达的中西部 11 个省区（主要包括云南、贵州、四川 3 省的全部或者大部分地区以及湘西、鄂西以及陕西、甘肃、宁夏、青海 4 省、自治区全部或者大部分以及豫西、晋西等地区）。有关资料显示，“三线”地区自然资源极为丰富，水资源的蕴藏量达3.4亿千瓦，占全国水资源总蕴藏量的65%。[1] 贵州六盘水地区的煤炭资源、青海的钾盐资源、四川的磷矿、湖南的稀有金属资源和有色金属资源等矿物质资源也极具开采价值，并为“三线”地区的工农业生产提供重要的物质和能源保障。

“三线”建设在“文化大革命”的国内政治环境和中苏战争、美苏争霸等国际环境中取得了一系列举世瞩目的伟大成就，一大批工业基地相继在“三线”地区扎根，并结出丰硕的果实，形成了较为完备的国民工业生产体系。比较著名的成就有：攀枝花、酒泉、武钢、包钢、太钢等五大钢铁生产基地相继落成并迅速投产；成昆、滇黔、川黔等几条重点建设的铁路先后通车运行；四川映秀湾水电站和甘肃刘家峡水电站相继建成使用；此外，四川德阳重机厂、东风电机厂、贵州轴承厂等都被列为“三线”重点建设项目。

然而，我们也应该知道，“文化大革命”历史背景下进行的“三线”建设在给我们带来巨大建设成就的同时也造成了一些非常严重的不利后果。主要表现在：领导机关受到较大冲击、科研人员受到严重迫害、尖端科研项目停滞不前、多数工厂停工停产、整个“三线”建设工程处于一片混沌之中等。“三线”建设的众多项目成果大多是依靠提高积累率、牺牲人民群众生活水平等方式来实现的。从投资的角度看，“文化大革命”十年间基本建设项目的固定资产最终交付使用率只有59.6%，还不及“文化大革命”之前的80.7%的历史水平。[2]

2. 政治高压下的“农业学大寨”运动

“文化大革命”十年间，在农村路线方面实行“左”的政

---

[1] 董辅礽：《中华人民共和国经济史》上卷，经济科学出版社1999年版，第548页。

[2] 董辅礽：《中华人民共和国经济史》上卷，经济科学出版社1999年版，第555页。

策，将大寨经验推广至全国，但是在政治高压下，“农业学大寨”运动性质逐渐蜕变。虽然在“文化大革命”期间农村受到的破坏程度较城市来说要小，但是农村生产也受到了严重影响，农村经济发展缓慢。

山西省昔阳县大寨乡自然条件恶劣，人民群众生活极为艰难。中华人民共和国成立后，大寨先后办过初级社、高级社、大寨公社大队。在“大跃进”期间盛行“浮夸风”时，大寨还进行着比较实在的建设，使这里的面貌发生了很大的变化。1963年特大暴雨使大寨大面积耕地颗粒无收、大部分房屋倒塌，灾情十分严重，大寨凭借艰苦奋斗、自力更生的精神，用了仅仅一年的时间就重建家园，并正确处理了国家、集体、个人之间的关系，这种做法和精神受到了党中央领导的高度重视，也因此成为先进典型。1964年，毛泽东发出了“农业学大寨”的号召。周恩来概括大寨的基本经验，即政治挂帅、思想领先的原则；自力更生、艰苦奋斗的精神；爱国家、爱集体的共产主义风格。随后，《人民日报》也报道了大寨的突出事迹。从此，大寨的基本经验在全国各地推广，“农业学大寨”运动在农村兴起。

正当“农业学大寨”运动沿着正确的路线推广，起到一定积极作用的时候，却误入歧途，成为“文化大革命”“左”倾路线的工具，逐渐成为“文化大革命”强行推行的政治活动。这种错误集中表现在三个方面，概括起来就是“大批修正主义”“大干社会主义”“大批资本主义”，简称“大批促大干”。在这种环境下，推行的“左”倾政策不仅挫败了农民生产的积极性，也给农村经济带来严重损失。不仅如此，“农村学大寨”本应是农村战线的运动，最终却波及各行各业，在强制推行“左”倾政策的背景下，先后出现了“文化学大寨”“教育学大寨”“体育学大寨”“公安学大寨”“军队学大寨”等口号，这样的做法使得各行各业也受到损失和破坏。

一些农村脱离实际，不结合当地的自然资源、生产条件和耕种方式，将大寨的具体做法和基本经验照搬使用，违背自然规律和经济规律。模仿大寨炸山头造平原的做法，随意滥用森林、草原、湖泊资源，乱砍滥伐、超载放牧、围湖造田，这些行为直接导致“大寨田”生态平衡受到破坏；片面强调粮食生产，“以粮为纲”，不许家庭饲养牲畜家禽、从事编织等，限制家庭农副产业发展，忽视多种经营和全面发展，农业内部产业结构极不合理，农业成本上升，农民利益受到严重损害，如图 3-2 所示。

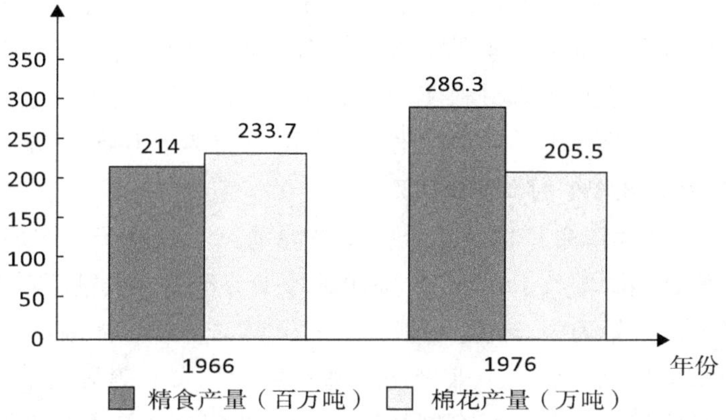

图 3-2　1966 年、1976 年粮食产量、棉花产量比较

资料来源：中央财经领导小组办公室编：《中国经济发展五十年大事记（1949.10—1999.10）》，人民出版社、中共中央党校出版社 1999 年版，第 216、283 页。

1967—1976 年，十年动乱期间社会总产值年均增长 6.8%，低于前 14 年的 8.2% 和后 6 年的 8.9%，且经济呈现“两起三落”的曲折发展态势，累计造成经济损失高达5000亿元。[1] 农、轻、重比例失调。在“文化大革命”的前三年，三者的比例关系大体正常。但是随后，在“加强战备”“以钢为纲”的指导思想下，注重发展重工业。在工业总产值中，从1966年到1976年，重工业从32.7%上升到38.9%，农业从35.9%下降到30.4%，轻工业从31.4%下降到30.7%。[2] 1976年，在农业内部，“以粮为纲”造成粮食作物总播种面积达80.6%，经济作物占9.2%[3]，但是棉花、油料作物却有所下降。这表明农业生产中存在着不合理的比例结构。在工业内部，不仅轻重关系比例失调，轻工业的发展远远落后于重工业，而且重工业内部的结构比例也存在着不合理的情况。过分发展机械工业，忽视加工工业、采掘工业和原材料工业。1966—1976年，制造工业比重和原材料工业形成了鲜明对比，前者由50.5%上升到了52.8%，后者却由38.3%下降到34.9%。[4]

“文化大革命”期间，企业管理混乱，工业总产值增加1%的代价是能源增长1.08%。[5] 靠单纯增加劳动力、大量消耗能源这样的以数量为中心的经济增长方式，再加上经济体制不合理，产业结构失调，导致工业经济、基本建设、农业等方面的经济效益全面下降。全民所有制核算工业企业每百元资金实现的税

[1] 李成瑞：《十年内乱期间中国经济情况分析》，载《经济研究》1984年第1期，第26页。

[2] 国家统计局编：《中国统计年鉴（1984）》，中国统计出版社1984年版，第27页。

[3] 国家统计局编：《中国统计年鉴（1984）》，中国统计出版社1984年版，第137页。

[4] 董辅礽：《中华人民共和国经济史》上卷，经济科学出版社1999年版，第581页。

[5] 李宗植、张润君：《中华人民共和国经济史1949—1999》，兰州大学出版社1999年版，第296页。

利、每百元工业总产值实现的利润都大幅下降。

十年内乱期间，国民经济的增长主要是由于能源工业上得快，原油产量由1966年的1455万吨增长到1976年的8716万吨，原煤产量由1966年的2.52亿吨增长到1976年的4.83亿吨。能源工业以年均增长9.2%的速度，维系了十年动乱期间中国社会总产值年均增长6.8%的水平，[1] 图3-3表明1965年和1976年发电量、钢、生铁和水泥主要工业产品的产量。

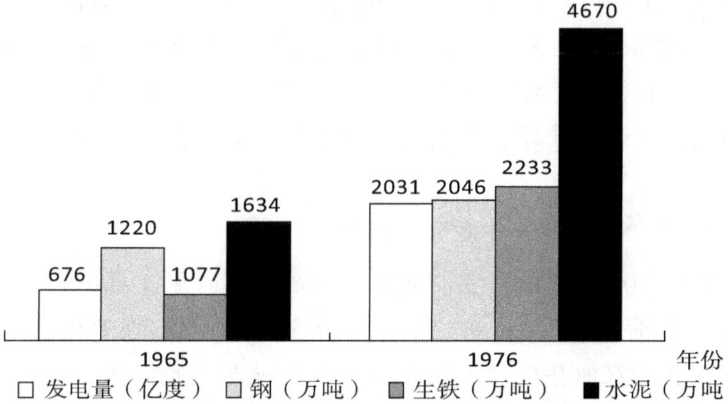

图3-3　1965年、1976年主要工业产品产量

资料来源：《中国统计年鉴-1985》，中国统计出版社1985年，第337、338页。

长达10年的“文化大革命”，给中国人民造成巨大的灾难，成为一场空前的民族浩劫。政治局面动荡，社会和经济秩序混乱，经济发展起伏跌宕，社会主义建设事业遭受严重的挫折和损失，国民经济走向崩溃的边缘。1967—1976年，各项经济指标的平均年增长速度都大大低于“文化大革命”前的1953—

[1] 李成瑞：《十年内乱期间中国经济情况分析》，载《经济研究》1984年第1期，第26页。

1966年。据估算，由于政治动乱的破坏，仅1974—1976年三年间，就损失工业产值1000亿元，损失财政收入400亿元。如按正常年份的增长速度估算，“文化大革命”10年间国民收入的损失达5000亿元。[1]

总之，十年“文革”动乱期间，“左”倾的指导思想导致了在政策指导上脱离实际，为了追求农业生产的高指标，蛮干专政，肆意乱砍伐森林、盲目围湖造田，全国湖泊水面减少达2000万亩以上。[2] 同时，生态环境恶化，气候恶劣，自然灾害增加。比如，黄土高原地区植被受到破坏，50年代以来多次发生旱灾；长江上游林区减少，干流含沙量增加，水质显著下降。可以说，生态的破坏和环境的恶化不利于农业经济长期可持续发展。

（五）“重工业优先发展”战略

新中国成立之前，我们的经济基础和现代的工业基础极其薄弱。毛泽东曾用“一穷二白”来形容旧中国的经济基础，“中国的工业和农业在国民经济中的比重，就全国范围来说，在抗日战争以前，大约是现代性的工业占百分之十，农业和手工业占百分之九十。”[3] 十四年抗战和三年解放战争使得原先存在的一点现代性工业破坏殆尽，战争给中国人民留下的是一个满目疮痍的烂摊子，国家发展一穷二白，社会建设百废待兴。新中国成立之后，基于国际竞争角度考虑、国家政治和经济环境的

---

[1] 董辅礽：《中华人民共和国经济史》上卷，经济科学出版社1999年版，第575页。

[2] 李宗植、张润君：《中华人民共和国经济史1949—1999》，兰州大学出版社1999年版，第272页。

[3] 《毛泽东选集》第4卷，人民出版社1991年版，第1430页。

制约、工业化积累方式的约束[1]，在面对如何建设国家，实现经济快速发展的重大经济决策方面，以毛泽东为代表的第一代领导集体立足中国的具体国情，选择了适合中国的经济体制和经济运行机制。选择了实行进口替代和压缩消费的“重工业优先发展战略”，以此带动整个工业化进程，实现经济快速发展的建设方针。重工业优先发展战略实际上是一种“赶超战略”。新中国建立以后的以国营经济为主导的多种经济成分并存、计划与市场相结合的新民主主义经济体制是在没收官僚资本、废除封建土地制度和保护民族工商业的基础上进行的。

针对当时“一辆汽车、一架飞机、一辆坦克、一辆拖拉机都不能造”的情况，1953年6月，中共中央政治局正式讨论和制定了中国共产党在过渡时期的总路线。毛泽东在8月的一个批示中指出：“从中华人民共和国成立，到社会主义改造基本完成，这是一个过渡时期。党在这个过渡时期的总路线和总任务，是要在一个相当长的时期内，逐步实现国家的社会主义工业化，并逐步实现国家对农业、对手工业和对资本主义工商业的社会主义改造。这条总路线是照耀我们各项工作的灯塔，各项工作离开它，就要犯右倾或‘左’倾的错误。”[2] 1954年9月15日至28日，第一届全国人民代表大会第一次会议通过了《中华人民共和国宪法》，以根本大法的形式，把中国共产党在过渡时期的总路线作为国家在过渡时期的总任务确定下来。过渡时期总路线强调大力发展工业，特别是重工业，是符合当时中国实际的。经过三年国民经济的恢复和发展，当时中国国民经济各项指标已经达到或超过历史最高水平，但仍然是一个落后的农业

---

[1] 林毅夫、蔡昉、李周：《中国的奇迹：发展战略与经济改革》（增订版），上海三联书店、上海人民出版社1999年版，第30~31页。

[2] 《毛泽东著作选读》下册，人民出版社1986年版，第704页。

国。同时，中国是一个人口众多的大国，面临着西方资本主义世界的经济封锁的严峻现实，为使年轻的人民共和国免遭扼杀的命运，必须加快包括国防工业在内的重工业生产建设的步伐。基于优先发展重工业的战略，“一五”计划在分配基本建设投资的时候，把重点放在工业上面，使工业部门的投资占各部门投资的58.2%。❶

“一五”计划是以实现社会主义工业化为中心，根据党在过渡时期的总路线和总任务而制定的。“一五”计划的基本任务概括起来就是：集中主要力量进行以苏联帮助中国设计的156个建设单位为中心的、由限额以上的694个建设单位组成的工业建设，建立中国的社会主义工业化的初步基础；发展部分集体所有制的农业生产合作社，并发展手工业生产合作社，建立对农业和手工业的社会主义改造的初步基础；基本上把资本主义工商业分别纳入各种形式的国家资本主义的轨道，建立对私营工商业的社会主义改造的基础。具体指标是：工业总产值增长98.3%，平均每年增长14.7%；农业及副业总产值增长23.3%，平均每年增长4.3%。

计划经济体制是重工业优先发展战略的体制保障。这种不顾资源的约束而推行超越发展阶段的优先发展重工业战略，造成经济结构的严重失衡，与人民生活密切相关的轻工业和服务业发展长期滞后，人民生活长期得不到改善；集权型的指令性计划经济体制，导致微观经济活力和宏观资源配置效率逐步衰减，扭曲产品和生产要素价格；“一大二公”的农村集体经济，严重损害了农民的生产积极性，农业和农村经济发展缓慢，农

❶ 郭德宏：《历史的跨越——中华人民共和国国民经济和社会发展“一五”计划至“十一五”规划要览（1953—2010）》上卷，中共党史出版社2006年版，第55页。

民收入长期得不到提高；城乡分割体制固化了中国城乡二元结构，人为地阻碍了工业化进程吸收农业劳动力、推进城镇化和农业现代化、缩小城乡差距的积极作用。需要一套不同于市场调节机制的宏观政策环境、资源配置制度和微观经营机制，以便使资源的配置有利于重工业的发展。随着1953年开始大规模经济建设，中国走上快速推进工业化和向苏联模式学习的社会主义经济过渡的道路。到1956年，中国基本完成了对农业、手工业和资本主义工商业的社会主义改造，建立了全民所有制和劳动者集体所有制的社会主义经济制度，形成了扭曲产品和要素价格的宏观经济环境、高度集中的资源计划配置制度和毫无自主权的微观经营机制。

1956年9月，中共八大决议指出当前的主要任务是要“把中国尽快地从落后的农业国变为先进的工业国”；在优先发展重工业的同时，根据原料、资金的可能和市场的需要，积极发展轻工业；社会主义的统一市场应当以国家市场为主体，同时附有在一定范围内的国家领导下的自由市场，作为国家市场的补充；社会主义经济的主体是实行集中经营的，但是也需要有一定范围的分散经营作为补充；必须使国家建设和人民生活改善这两个方面得到适当的结合；等等。❶

1956年和1957年的大部分时间里，着重点仍放在向苏联学习，但是“以一种摒弃苏联实践的落后面的有高度选择性的方式去学习”❷，开始逐步摆脱苏联模式的影响，探寻符合中国国情的经济建设和体制变革。此后，农业合作社内增加自留地，

❶ 《中国共产党第八次全国代表大会关于政治报告的决议》，载《人民日报》1956年9月28日。

❷ ［美］R. 麦克法夸尔、费正清：《剑桥中华人民共和国史·上卷·革命的兴起：1949—1965》，中国社会科学出版社1990年版，第116页。

实行包工、包产等生产责任制；允许企业实行一定程度的自由选购和自由推销；进行了以下放企业管理权为中心的试验。当时，中央部管企业有88%下放给地方，中央直属企业的工业产值占全国工业总产值的比重从1957年的39.7%下降到1958年的13.8%。❶ 由于受“反‘反冒进’”和“反右”运动的影响，在“总路线”“大跃进”和“人民公社”的旗号下，第一次改革和发展的历史契机走上了充满政治理想的“大跃进”歧途，以大倒退的结局收场。按邹东涛的说法，1958年采取“大跃进”策略是多种力量推动的结果。其中重要的原因是，发展中的困境和对苏联模式的不满，促使领导人把“大跃进”设想为摆脱苏联模式束缚的一条出路。❷

1960年北戴河会议研究国内经济调整问题，开始纠正“大跃进”的错误，提出了“调整、巩固、充实、提高”的“八字方针”。1961年庐山会议，中央决定“必须毫不动摇地切实地贯彻执行调整、巩固、充实、提高的方针”，在此后3年内执行这个方针“必须以调整为中心”。1962年“七千人大会”总结了“大跃进”的经验教训，国民经济进入全面调整时期。但是，由于毛泽东对“修正主义”和“资本主义复辟”的担忧，批判“单干风”（指包产到户）“翻案风”和“黑暗风”（指对当时严重困难形势作充分估计的观点），直到发动打倒所谓“走资本主义道路的当权派”的“文化大革命”，中国失去了一次最容易为大多数人接受的改革和发展的历史契机。❸

“文化大革命”期间经济缓慢增长的主要原因是长期遵循独

---

❶ 赵德馨：《中华人民共和国经济史（1949—1966）》，河南人民出版社1989年版，第532页。

❷ 邹东涛、欧阳日辉：《新中国经济发展60年》，人民出版社2009年版，第7页。

❸ 武力：《中华人民共和国50年经济发展与制度变革论析》，载《当代中国史研究》1999年第5期，第54~69页。

特的发展战略导致的效率低下，重工业优先发展战略在“政治挂帅”的背景下发展到了极致，仍然保持了“一五”期间形成的封闭的经济体制，“三五”计划（1966—1970年）经历了以“吃穿用”为中心、到以“吃穿用”加“三线建设”为中心、再到以“备战”为中心的转变。1975年邓小平主持中央经济工作，开始着手进行经济整顿，进行了一系列拨乱反正的经济调整。但是，毛泽东无法容忍邓小平否定“文化大革命”，在“批邓、反击右倾翻案风”运动中，使邓小平停止主持中央工作[1]。

（六）“人多力量大”

新中国成立初30年间中国人口自然增长率快速增长的主要原因概括起来有既有客观因素的影响也有主观原因的推动。

新中国的建立实现了人民当家做主，成为国家的主人，生活得到初步改善，医疗卫生事业快速发展，人口死亡率显著下降；同时，受“多子多福、儿孙满堂、人丁兴旺”等传统农耕文明的价值观影响，国家制定了一些鼓励生育的社会公共政策，如按人口多少分配城市居民住房和农村的自留地；对人口多特别是子女多造成的家庭生活困难给予补助；严格限制人工流产，严格限制绝育等。在1952年公布实施的《限制节育及人工流产暂行办法》中规定：“已婚妇女年逾三十五岁，有亲生子女六人以上，其中至少有一人年逾十岁，如再生育将严重影响其健康以至危害其生命者”，经过批准后方可绝育，否则“凡违反本办法自行实施绝育手术或人工流产者，以非法堕胎论罪，被手术

[1] 1975年11月2日，毛泽东在听取毛远新几次歪曲情况、攻击邓小平的汇报后说：“有两种态度：一是对‘文化大革命’不满意。二是要算账，算‘文化大革命’的账。”此后，根据毛泽东的意见，政治局部分委员几次开会，对邓小平做了错误的批评，并且停止了他的大部分工作，让他“专管外事”。“四人帮”把各项整顿工作诬蔑为“复辟”，各项整顿文件被当作“毒草”加以批判，各级经济管理部门被冲击和改组。

者及实行手术者均由人民法院依法处理”[1]等；

更重要的是，毛泽东等人对“人多力量大”等人口观念的论断。18世纪英国经济学家和人口学家马尔萨斯的人口论中指出，中国历史上的人口增长是一种没有节制的自然增长，它将导致粮食的短缺、生存条件的恶化和人民的贫困。中国对人口增长的抑制主要是来自外部非自愿的、罪恶性的战争、饥荒和传染病等。[2] 1949年7月，美国国务卿艾奇逊分析中国革命的原因时将其归结为：由于人口太多导致土地受到不堪负担的压力、西方思潮的涌入所激起骚动和不安。同时他还预言：“由于中国人口过多，没有任何一个政府能够解决中国人的吃饭问题。”[3]毛泽东发表文章《唯心史观的破产》加以驳斥。毛泽东批判马尔萨斯人口论和艾奇逊的论断时走向极端。毛泽东指出“中国革命的发生不是什么人口过剩，中国的吃饭问题，完全是由于帝国主义、封建主义、官僚资本主义和国民党反动政府的残酷无情的压迫和剥削所造成的”；他强调“中国人口众多是一件极大的好事。再增加多少倍人口也完全有办法，这办法就是生产”；“革命加生产即能解决吃饭问题”。马寅初在1957年第一届人大第四次会议上明确指出：“中国人口增殖太快”“中国资金积累得不够快”，并适时提出：“提高人口质量，控制人口的数量。”马寅初的新人口论思想不但没有被接受，而且遭到严厉批判。同时，“文化大革命”期间，在林彪、“四人帮”煽动极“左”的无政府主义的影响下，党中央制定的关于计划生育的方

---

[1] 彭云：《中国计划生育全书》，中国人口出版社1997年版，第59页。

[2] ［英］马尔萨斯：《人口原理》，朱泱等译，商务印书馆2001年版。转引自张研：《17—19世纪中国的人口与生存环境》，黄山书社2008年版，第127~128页。

[3] 陈君、桂娟：《人口60年——中国直面“天下一难题”》，载《新华网》2009年9月20日。

针政策和周恩来总理的指示都被破坏无遗，在中华民族的历史上出现了空前的生育高峰。从1962年到1973年连续12年每年出生人数超过历史上最高纪录。其中1963年出生的人口最多为2950万人。1968年、1969年、1970年这三年每年都超过2700万。从1962年到1974年累计出生了3.4亿个孩子，平均每年出生2600万。中华民族的人口已于1974年超过9亿。

第二节　新中国成立后30年间生态环境的全面破坏

新中国成立后30年间，在经历了“大跃进”“人民公社化运动”“文化大革命”等历史时期后，中国的生态环境受到的破坏和污染现象触目惊心，生态环境整体状况恶化。但是，总体而言，以生态破坏为主，局部地区环境污染严重。主要体现在草原植被的破坏、森林生态的毁灭、水污染现象严重、大气质量日益恶化等方面。

一、草原植被的破坏

中国刚刚从战争中解脱出来，首要目标就是发展经济，自然资源的需要量日益加大，加之不合理地开发利用，自然资源和环境保护方面也出现了不少问题。中国大规模开发资源，大规模兴建工矿企业，增加农、林、渔、牧业生产，由于缺乏环保意识，技术上的落后，相应的环保措施跟不上，这为中国后来的环境问题埋下了隐患。在土地资源方面，主要是在南方不合理地开垦红壤丘陵与西南山地的毁林开荒；在北方不合理地开垦黄土与沙漠边缘地区，造成水土流失与风沙再起，草场不合理开垦和过度放牧，造成草场破坏与载畜量减退，在内蒙古地区出现了“人造沙漠”现象。内蒙古在1958年“大跃进”中，提出了要实现饲料、粮食、蔬菜“三自给”的奋斗目标。为了实现这一目标就必须尽可能多地开荒种地，在“文化大革命”期间更加片面强调“以粮为纲”。这两次草原大开荒所造成的后果更加严重，加剧了草原沙漠化。呼伦贝尔草原曾经是中国最好的天然草原之一，在1958年以前只有零星的耕种。然而在1958—1962年间共开荒20多万公顷，占全国开荒总面积的8.6%。垦荒地区原是最肥沃的草场，经过两三年的大肆无序垦荒之后，这片最肥沃的草场却伏沙出露，形成流动沙丘，并将附近的草场掩埋。由于基本建设过多地占用土地，造成肥沃耕地数量缩减。为实现工农业主要产品“超英赶美”的战略目标，提出“以钢为纲”的口号，号召全民炼钢。造成森林资源的大量砍伐和矿藏资源的乱开滥采，破坏地貌，水土流失，导致1960—1962年的三年大旱。“文革”期间又出现“大寨经验”，忽视地区差别，在全国各地开展“让荒山变良田”运动和填湖造田运动。中国水土流失面积达300万平方公里，沙漠化面积已经超过新中国成立前的历史总和，达9万平方公里。被开垦的草原总面积估计达2700万平方公里，占全国当时耕地总面积的25%，现在已经有1/3的土地失去了生产力，变为沙漠。更为严重的问题是，由于被开垦的土地自身条件的限制，加之使用不当，造成开垦的土地被毁坏，使生态环境进一步恶化。据不完全统计，1960年至1962年甘肃、宁夏、陕西、山西4省（区）新垦荒地达1000多万亩，新疆1949年以来开垦的约333.3万平方公里耕地中大多是优质牧场，其结果导致贺兰山的森林平均退缩15千米，子午岭林区林缘普遍后移10千米左右。

二、森林生态的毁灭

随着社会主义现代化建设大规模地推进，在优先发展重工业的战略方针指导下，环境问题，特别是对自然环境的破坏、工业生产污染等方面问题开始凸显。50年代末的“大跃进”运动，特别是全民大炼钢铁对生态环境和自然资源的严重破坏不可逆转。在大炼钢铁运动中，森林资源破坏惊人，从1958年开始前后延续达4年之久。其原因：一是各地大炼钢铁，大办社队食堂，大修水利和大搞工具改革，砍伐了大量林木；二是在木材生产中高指标、瞎指挥，造成乱砍滥伐，集中过量采伐；三是困难时期毁林开荒。❶ 在生物资源方面，主要是不合理地采伐与采集、过度捕猎，造成森林与动植物资源的不断减少。许多重要林区在迅速缩小，如云南西双版纳热带雨林，平均每年减少22万亩。由于森林过伐和在35度以上斜坡开荒的结果，使中国水土流失量达到世界上水土流失总量的1/5。四川省境内长江上游的林区被毁林木达几十万亩，加剧了水土流失等一系列生态问题，带来了长期后患。河南省大别山区的有些县，林木被砍伐殆尽。❷ 据有关资料测算，1950年云南省施甸县有林地面积为5.75万公顷，森林覆盖率为33.3%。1958年至1960年的“大跃进”中，由于全民性的大炼钢铁、大兴水利及盲目扩大耕地，加之人民公社化运动“一大二公”，所有制混乱，致使全县近80%的森林遭到不同程度的破坏。数据显示，该县1963年的森林面积为4.94万公顷，森林覆盖率跌至28.6%。经历10

---

❶ 《当代中国》编辑委员会编：《当代中国的林业》，中国社会科学出版社1985年版，第106页。

❷ 中共中央党史研究室：《中国共产党历史（1949—1978）》第2卷，中共党史出版社2011年版，第491页。

年“文化大革命”，林业发展停滞不前，森林的管护工作严重失控，全县森林继3年“大跃进”之后又一次遭受大的破坏。据1974年云南省林业勘查队进行的第二次森林资源清查结果显示，全县有林地面积为4.55万公顷，森林覆盖率为22.8%。

根据安徽安庆县志记载：新中国成立前，山区各县就有“禁山会”“养山会”等村民自治组织。“禁山会”一般由一村或数户组成，“养山会”通常由数户农民组成，各会均订有禁规禁约。民国政府前期对山林保护工作尚属重视，“劝民沿河种树后，饬令各保鸣锣告诫，随时派人巡查，有采伐一株者，查明罚栽5株赎罪，以示惩警。”[1] 但由于现实社会生活等压力造成所颁布的种种指令真正执行者少，盗砍滥伐案件却时有发生。新中国成立后，各级政府非常重视对山林的保护，多次颁布法令、布告及其有关保护条例等，并成立护林指挥部和办公室。1950到1952年间，成立5500多个护林委员会，多达9.1万多护林人员参加护林工作。

然而，1958年“大跃进”运动展开后，林业建设方面的“左”倾思想的干扰和破坏十分严重。林木遭到破坏的原因具体表现为：首先，各地大炼钢铁，大修水利工程，大搞工具改革，因而砍伐了大量林木；其次，在木材生产中的指标要求过高，造成乱砍滥伐和集中过量砍伐；最后，三年困难时期为生产更多的粮食而进行大量毁林开荒，大片天然林、人工林、防护林、经济林遭到不同程度的破坏，甚至村前屋后、路旁、水旁的散生树木也未曾逃过此劫。经过大跃进的破坏，全县林木蓄积量由1824.76万立方米下降到1011.02万立方米，减少了近一半。

[1] 《大跃进等“左”倾运动和产权不明晰是干扰和破坏林业建设的主要元凶》，载人民网，http://bbs1.people.com.cn/postDetail.do?id=2803752，最后访问时间：2013年3月15日。

岳西县在1958年因烧炭炼铁砍伐的木材多达200万立方米，这相当于当年该县国家计划收购木材15万立方米的十多倍。[1]“文化大革命”期间由于护林组织的解散，林木再一次遭到严重破坏，乱砍滥伐事件接二连三地发生，林木蓄积量下降到828.05万立方米。

另根据福建连城县县志记载：连城县林业用地面积332.8万亩，占总土地面积的85.5%。长期以来，连城人民本着“靠山、吃山、养山”的原则经营木竹和林副产品，积累了丰富的护林育林经验。连城县历代政府在新中国成立前均未设置林政管理机构，森林长期以来处于自然生长与消耗的状态。新中国成立后，中共连城县委和县人民政府高度重视林业工作，一系列林业发展的方针、政策、法规得以制定和执行，并积极鼓励和扶持群众造林护林。1949年至1952年间，木材仍可以自由经营。1953年春国家在连城县设立国营木材收购点，开始统一收购调拨木材。1956年设立林业科并逐步建立和健全各级林业管理机构，创办了一批林业企业和相关事业单位，林业生产建设得到极大的发展。但由于1958年的“大跃进”、1962年的浮夸风和“文化大革命”十年动乱的影响，山林权属不落实，乱砍滥伐现象时有发生，山林火灾不断，森林病虫害缺乏防治，森林资源遭到几次破坏。

三、湿地面积锐减

“大跃进”时期的大规模“围湖造田”运动使得原本脆弱的湖泊湿地雪上加霜，面积锐减。据调查，昆明市在官渡区福

---

[1] 《大跃进等“左”倾运动和产权不明晰是干扰和破坏林业建设的主要元凶》，载人民网，http://bbs1.people.com.cn/postDetail.do?id=2803752，最后访问时间：2013年3月15日。

海乡濒临的滇池内湖“草海”大搞“围湖造田”运动，4月填土造田，5月栽柳插秧。围湖造田大会战历时8个月，内湖排水造田1.2万亩，严重破坏了昆明地区生态环境，减少滇池水资源，加速了湖底老化过程。以“围湖造田”带动全市“农业大跃进”的计划，由于领导者决策失误导致失败。云南省在滇池进行大规模的“围湖造田”运动，向湖泊要粮食，大搞人造小平原，提出“移山填湖，战天斗地，向滇池进军，向滇池要粮，实现‘农业大跃进’”的口号。沿滇池的官渡、西山、呈贡、晋宁等县（区），开始规模不同的围湖造田工程，共计缩减滇池水面3.5万余亩，其中外湖1.5万亩、草海2万亩。“大跃进时期”湖南省洞庭湖地区的“围湖造田”运动进入高峰期，大批农民迁移而来围湖造田，建坝堵水，使得历史上著名的“八百里洞庭”锐减为“三百里洞庭”。

四、水污染现象严重

20世纪60年代末70年代初，中国已经开始面临严重的“三废”污染问题。随着工业生产和建设的飞跃发展，工业废水的水量也愈多，水质也愈复杂，而且多数工业废水都含有毒性。这些有毒的工业废水，如果不加处理，任其排入江、河、湖、海，就会污染地面水体和地下水源，对于人民健康、鱼类繁殖以及工农业生产都造成很大危害。由于渤海湾每天有600多万吨废水的排入而导致涨潮时出现一片黑水，退潮时出现一片黑滩的景象，给沿海养殖造成巨大损失。在南京，长江水质因工业污水排放也受到严重污染，江中鲥鱼产量比十年前的580吨减产85%，下降为83吨。在兰州，几十里黄河水均呈黑褐色，河水含油量猛增，最高值时超过卫生标准的52倍。黑龙江省内松花江、牡丹江、嫩江沿岸工业比较集中城市江水的有毒物质含量严重超标，导致鱼类死亡很多。广东染料化工厂也因为对污染治理不利，设备被群众贴上封条，不准生产。此外，废水还对地下水和饮用水源造成不同程度的污染。吉林市的8处水源中有7处受到污染；苏州、杭州等地由于河道污染，方圆十里内都找不到合适的饮用水源。❶ 山东省淄博市张店农药厂和新华制药厂的工业废水污染了河水，造成下游八十里的沿河居民发生过近百人的中毒事件。北满钢厂下游红火屯的居民，也因为饮用了污染的江水发现有极性中毒症状。工业废水的处理利用是一件重要的事情。1971年冬到1972年年初，人们发现北京市场出售的官厅水库的淡水鱼有异味，吃了这些鱼的人还出现了中毒症状，在水库下游还发现有大量鱼类死亡。经有关部门调查，主要是官厅水库受到上游河流附近工厂工业废水污染所致。❷ 1972年大连湾污染告急：涨潮一片黑水，退潮一片黑滩，因污染荒废的贝类滩涂5000多亩，年损失海参1万多公斤，贝类10多万公斤，港口淤塞，堤坝腐蚀损坏。类似的情形在其他沿海城市也有发生。更为严重的是，有些地方的地层中的重金属随着矿产品进入物质生产领域，作为“废渣”等固体废弃物污染土地、河流和湖泊，进而混入食物链，严重破坏了生态平衡，影响了居民的身体健康。诸如此类的环境恶化事件演化成为公害，成为新中国成立后的第一次全国性生态环境恶化事件。

上述状况，尤其是官厅水库水污染的严重情况，引起了周恩来总理等有关领导同志和相关部门的重视，他指示成立官厅水库水源保护领导小组。国务院、国家计委、卫生部等有关部

---

❶ 曲格平、彭近新：《环境觉醒：人类环境会议和中国第一次环境保护会议》，中国环境科学出版社2010年版，第313~315页。

❷ 曲格平、彭近新：《环境觉醒：人类环境会议和中国第一次环境保护会议》，中国环境科学出版社2010年版，第317、445页。

门开始着手调查，提出一些解决方案，开始了中国第一个有计划地进行水域污染的治理。随后，又相继成立了保护黄河流域、淮河流域、长江流域、松花江流域、珠江流域、太湖水系等水域的环境保护领导小组。多部门、跨地域的环境调查随即展开，并取得了有影响的成果，如《关于工业废水污染富春江引起鱼类大量死亡的调查报告》是1971年8月由卫生部、农林部、燃化部、冶金部四部委组成的联合调查小组会同浙江省有关部门调查后上报的。同时，通过治污实践的摸索并不断总结经验和教训，环境管理手段中的主体工程与“三废”治理项目“同时设计、同时建设、同时投产”的“三同时”原则开始在官厅水库治理、南京梅山炼铁基地建设中被提出和运用。“污染点源的限期治理”作为一种环境管理手段也开始在官厅水库污染治理中出现。诸如此类的环境保护的实践为1972年第一次全国环境保护会议的召开提供了理论和实践的依据。[1]截至1975年，全国共有70多个重点污染源得到有效治理，官厅水库的水源污染也基本得到控制。

五、大气质量日益恶化

由于大跃进期间的工业布局几乎冲破一切规章制度和禁忌，随心所欲，不顾环境保护的要求，任意布点，没有控制污染的工程措施，管理混乱，工业“三废”任意排放，许多地方出现了烟雾弥漫、污水横流、渣滓遍地的局面。在“大办快上”的冲击下，对矿产资源滥挖滥采，不仅造成了惊人的浪费，更为严重的是使生物资源遭到破坏。同时，调查发现，一些污染企业长期疏于治理，给当地居民的生产生活带来严重影响，引起

---

[1] 翟亚柳：《中国环境保护事业的初创》，载《中共党史研究》2012年第8期，第86页。

群众的强烈不满。例如吉林市永红制药厂排放氢氰酸废气，经常熏得周围居民头晕、呕吐、昏迷，并对居民多次要求处理的意见置之不理，结果愤怒的居民把该厂正在新建的烟囱推倒。[1]在“三线建设”中实行了“靠山、分散、进洞”的错误方针。在这种方针指导下，把许多排放大量有害物质的工厂摆在了深山峡谷之中，由于扩散稀释条件太差，形成了严重的大气和水质污染。在分散的工业布局条件下，又难以形成一定规模的工业区，因此，就难以建设区域性的防治污染的工程措施。这种错误的工业布局给环境污染的防治造成了极为困难的局面。[2]

国家在一个很长的时期内，能源政策忽视对环境保护的关注，这对大气环境特别是城市大气环境带来了严重后果。按照世界上通常的做法，工业应该用劣质煤，因为企业有能力采取净化措施；市民应该用优质煤，因为他们都是分散的小户，无法采取净化措施。然而在中国，在“先生产，后生活”的政策指引下，优质煤炭（指低灰分、低硫分的煤）首先供工业生产用，劣质煤炭（高灰分、高硫分的煤）供民用，而且不经任何净化处理的原煤供城市直接使用。城市是人口高度集中的地方，对煤炭质量和燃烧方式应有比较严格的要求，城市理应不准燃用原煤，必须经洗选和适当加工方可使用。但是，50多年了中国一直没有这样做。是因经济能力做不到吗？不是，是技术高不可攀吗？也不是。一个典型事例可证实这个结论。从20世纪50年代起一些城市就在使用“型煤”（把煤粉碎后添加黏土和石灰，做成易于燃用的各种形状），设备简单，加工简便，投入很少，却能大幅度降低烟尘和二氧化硫的排放量，并显著提高

---

[1] 曲格平、彭近新：《环境觉醒：人类环境会议和中国第一次环境保护会议》，中国环境科学出版社2010年版，第317页。

[2] 曲格平：《中国的环境管理》，中国环境科学出版社1989年版，第319页。

能效。即使这样简易的煤炭清洁措施也没有做出强制推行的决定。为什么？因为当时改善大气污染状况摆不上政府的工作日程。

总体而言，新中国成立头30年中国生态破坏以盲目开发、围湖造田、毁林开荒造成的草原植被破坏和森林资源的毁灭为主，环境污染方面则以工业生产中的“废水、废气、废渣”为主的“三废”污染为主要特征，废水主要是重工业用水，虽然城市居民生活用水污染占一定的比例，但是，由于这一时期城市总体规模不大，并且受计划经济、户籍制度等方面的严格限制，没有出现大规模的人口流动现象，所以，水污染中以工业用水污染为主。而且，最为关键的因素在于，民众并没有任何环境意识，由于当时人口相对较少，生产规模不大，所产生的环境问题主要是局部性的。也就是说，早在新中国成立初期中国的环境问题就已经开始凸显出来了。

同时，我们还应该注意到为了提高粮食产量，由于新中国成立后中国先后开展了“爱国卫生运动”和“除四害（老鼠、麻雀、苍蝇、蚊子）”运动，在全国取得了很好的效果。使得不少地区对于野生动物的认识出现偏差，把天空中飞的、地上跑的大部分飞禽走兽都列为有害无益、加以消灭的对象，偏重猎取，不注意保护，甚至把许多不应该列为害鸟害兽的而加以消灭，致使野生动物资源遭到了严重的破坏。因此，一些大型肉用动物和经济价值高的鸟兽，不仅数量上大大减少，分布区域也在逐渐缩小。为了迅速改变这种严重情况，把野生动物资源的保护和合理利用工作全面开展起来，国务院特别发出这个重要指示，及时改正了过犹不及的做法。

第三节　生态环境保护事业的艰难起步

中国生态环境保护事业的起步艰难，但是却有良好的思想基础，这主要体现在中央领导集体对环境保护问题的重视，并受到世界环境与发展大会的积极推动。起步艰难主要是因为新中国成立初期急于从多年战争留下的废墟中恢复国民经济建设，加之以对环境问题缺乏足够认识的束缚。特别是在极“左”和僵化思想的影响下，把环境问题看成是资本主义的特有产物，认为社会主义不存在环境污染问题，因而采取了一种隔岸观火，自我陶醉的消极态度。结果丧失了时机，铸成了积重难返的环境污染被动局面。

一、晚认识、快起步的环保思想

与西方工业国家比较，中国对环境问题的认识是迟缓的。在1972年以前对已经出现和发展起来的环境问题还未引起广泛警觉，对环境问题的关注只是个别领导人物的高瞻远瞩和敏锐的警觉。

环境保护是中国的一项基本国策，它关系到中国现代化建设的全局和未来的长远发展，是造福当代、惠及子孙、利国利民的事业，具有重要的战略地位。然而新中国成立后直到1972年这20多年间，“环境保护”这一概念对国人来说相当陌生。笔者以“环境保护”为检索词，检索1949年10月1日至1972年6月1日间的《人民日报》标题或正文含有该词的文献，没有符合检索条件的文献。检索到1973年8月5日间，符合条件的目标文献也仅有寥寥的8篇。然而，现实中的环境问题却随着废水、废气、废渣等“三废”污染而日益严峻起来，并引起中央领导的高度重视。加之以在1962年美国生物学家蕾切尔·卡逊的《寂静的春天》一书的直接推动下，1972年第一次世界环境与发展大会在瑞典的斯德哥尔摩胜利召开。中国也正是借着这次国际性会议的影响，揭开了中国生态环境建设的新篇章。1973年8月5日，第一次全国环境保护会议在北京召开，会议把环境保护问题提到国家政策层面，让环境保护走进普通大众的视野。

（一）中央领导集体对环境保护问题的重视

新中国成立后，虽然还没有正式的“环境保护”的概念，但广泛开展了群众性爱国卫生运动和植树造林、绿化祖国活动，并在防止水土流失、加强土壤改造、兴修水利、积极搞好老城市改造等方面做了大量工作。在1956年出台了《绿化规格（草案）》、1957年出台了《中华人民共和国水土保持暂行纲要》等一些保护自然资源和生态环境的规章与制度，并逐步形成了一些环境管理的方法和经验。人民群众的生活环境、卫生条件得到了较大的改善与提高。

在这些方面以毛泽东、周恩来为代表的中央领导集体的智慧功不可没。毛泽东等中央领导集体关于生态环境的思想，主要集中在植树造林、加强林业建设、绿化祖国、修复生态、消灭荒地荒山、改变自然面貌、调控资源、防治病虫害等工作方面，并在此方面做了大量工作。❶

新中国成立后，第一代中央领导集体面临的一项紧迫任务

---

❶ 曾正德：《历代中央领导集体对建设中国特色社会主义生态文明的探索》，载《南京林业大学学报》（人文社会科学版）2007年第4期，第18页。

是争取最短时间内完成因长期战争对生态环境造成的严重破坏的改造工作。毛泽东同志曾指出："天上的空气，地上的森林，地下的宝藏，都是建设社会主义所需要的重要因素。"❶ 在环境保护远没有成为全民共识的时候，周恩来就敏锐地注意到生态环境问题的严重性，提出并推动环境保护工作的开展。

在林业建设方面，中央领导集体深刻认识道：林业是一个大事业，每年都为国家创造财富，为国家做出很大贡献。❷ 一定"要发展林业，……林业将变成根本问题之一，林业以后才是牧业、渔业，蚕桑、大豆要加上。林业是化学工业、建筑工业的基础"❸。在《关于加强山林保护管理、制止破坏山林、树木的通知》的批语中，毛泽东对森林资源给予了高度评价："森林是社会主义建设的重要资源，又是农业生产的一种保障。积极发展和保护森林资源，对于促进中国工、农业生产具有重要意义"❹。关于如何正确处理林业与其他行业方面的关系方面，毛泽东提出："在发展农业的同时，必须发展林业、牧业、副业、渔业，做到五业并举，全面发展。"❺

在绿化祖国方面，毛泽东提出："在十二年内，基本上消灭荒地荒山，在一切宅旁、村旁、路旁、水旁，以及荒地上荒山

---

❶ 《毛泽东选集》第5卷，人民出版社1977年版，第277页。

❷ 中共中央文献研究室，国家林业局：《毛泽东论林业》，中央文献出版社2003年版，第41页。

❸ 中共中央文献研究室，国家林业局：《毛泽东论林业》，中央文献出版社2003年版，第57页。

❹ 中共中央文献研究室，国家林业局：《毛泽东论林业》，中央文献出版社2003年版，第78页。

❺ 中共中央文献研究室，国家林业局：《毛泽东论林业》，中央文献出版社2003年版，第71页。

上，即在一切可能的地方，均要按规格种起树来，实行绿化”❶。“绿化祖国”的号召是1956年毛泽东同志在《中共中央致五省（自治区）青年造林大会的贺电》中向全国人民发出的，而后他又提出了“实行大地园林化”❷的任务。针对1958年“大跃进”对生态环境，尤其是对森林造成的破坏问题，他又提出“要使我们祖国的河山全部绿化起来，要达到园林化，到处都很美丽，自然面貌要改变过来”❸，“一切能够植树造林的地方都要努力植树造林，逐步绿化我们的国家，美化中国人民劳动、工作、学习和生活的环境”❹目标和任务。

在水土保持方面，毛泽东在《征询对农业十七条的意见》中要求“同流域规划相结合，大量地兴修小型水利，保证在七年之内基本消灭普通的水灾旱灾”❺。之后，将“兴修水利，保持水土”❻上升为全党意志，1957年《中华人民共和国水土保持暂行纲要》号召全党重点“把黄河的事情办好”❼。对于垦荒工作，毛泽东同志要求全民在垦荒的时候，“必须注意水土保持

---

❶ 中共中央文献研究室，国家林业局：《毛泽东论林业》，中央文献出版社2003年版，第262页。

❷ 中共中央文献研究室，国家林业局：《毛泽东论林业》，中央文献出版社2003年版，第67页。

❸ 中共中央文献研究室，国家林业局：《毛泽东论林业》，中央文献出版社2003年版，第51页。

❹ 中共中央文献研究室，国家林业局：《毛泽东论林业》，中央文献出版社2003年版，第77页。

❺《毛泽东选集》第5卷，人民出版社1977年版，第262页。

❻ 国务院法制局，中华人民共和国法规汇编编辑委员会：《中华人民共和国法规汇编（1956年）卷》，法律出版社1956年版，第56页。

❼ 游黎：《1952年毛泽东主席号召——要把黄河的事情办好》，载《新华网》2006年10月25日。

工作，决不可以因为开荒造成下游地区的水灾”❶，尤其要避免水土流失。

第一代中央领导集体强调生态环境资源由国家统一调控和管理。《中国人民政治协商会议共同纲领》规定，重要生态环境资源归国家所有，国家兴修水利、防洪防旱，保护土壤资源，保护森林、发展林业，保护沿海渔场、发展水产业，保护野生动植物，防治病虫害。❷ 1954年宪法和1975年宪法也做了把重要自然资源和环境资源规定为国家所有的相关规定：“矿藏、水流，由法律规定为国有的森林、荒地和其他资源，都属于全民所有”。1978年宪法将“其他资源”修改为“其他海陆资源”。1982年宪法规定更加明确，“矿藏、水流、森林、山岭、草原、荒地、滩涂等自然资源，都属于国家所有”。

在公害防治方面，早在20世纪50年代中期，周恩来就已经谈到防治污染，特别是工业污染的问题和其他当时被称为公害的生态环境问题了（相关研究成果可参阅：刘春秀的《周恩来对环境保护工作的重大贡献》；杨文利的《周恩来与中国环境保护工作的起步》等文章）。根据熊向晖所说，在1969年1月下旬，周恩来注意到尼克松总统的就职演说中所提的“保护环境”一词。❸ 70年代初，周恩来总理敏锐地觉察到环境问题的严重性。1970年8月，周总理指出：“要消灭废水、废气对城市的危害，并使其变为有利的东西。”❹ 另据曲格平介绍：1970年12月，周恩来会见日本客人时，了解到随行人员中有一位专门报

---

❶ 中共中央文献研究室，国家林业局：《毛泽东论林业》，中央文献出版社2003年版，第38页。

❷ 中共中央文献研究室：《建国以来重要文献选编》第1册，中央文献出版社1992年版，第79页。

❸ 熊向晖：《我的情报与外交生涯》，中共党史出版社2006年版，第500页。

❹ 刘少康：《环境与环境保护导论》，清华大学出版社2002年版，第17页。

道公害问题的电视台记者，就特地向其详细了解了日本公害的情况及对策。会谈后还邀请这位记者举行报告会，并要求有关技术人员和国家机关的负责人及各个部委的负责人出席并进行分组讨论。❶ 关于公害问题，周恩来认为："发达的资本主义国家公害很严重，我们要认识到经济发展中会遇到这个问题，采取措施解决。"1971 年 2 月，周总理在接见全国计划会议部分代表时指出："资本主义国家解决不了工业污染的公害，是因为他们的私有制，生产无政府主义和追逐最大利润。我们一定能够解决工业污染，因为我们是社会主义计划经济，是为人民服务的。我们在搞经济建设的同时，就应该抓紧解决这个问题，绝对不做贻害子孙后代的事"❷。关于"治理'三废'""综合利用"等问题从 1971 年开始，几乎每年的全国计划会议上，周恩来都会在讲话中提到，并向全国各地主要领导干部灌输环境保护的思想和提出防治环境污染的要求。

由于新中国成立之初至"三大改造"完成期间中国的生产力和工业化水平不高，生态环境问题表现得不是十分突出，但由于"大跃进""人民公社化运动"和"文化大革命"期间的工业化步伐加快，导致 1958—1972 年间环境污染问题日益恶化。第一代中央领导集体敏锐地察觉并采取了有效措施，使得污染状况得以缓解。周恩来曾在 1970—1974 年间就环境保护问题先后做过 31 次讲话。❸ 他说："把环境搞好了，人民健康了，就是保护了最大的生产力，是最大的财富"。❹

---

❶ 中央文献研究室编：《话说周恩来：知情者访谈录》，中央文献出版社 2000 年版，第 121~122 页。

❷ 曲格平：《周恩来是新中国环境保护事业的开创者和奠基人》，载中央文献研究室编：《话说周恩来：知情者访谈录》，中央文献出版社 2000 年版，第 121~122 页。

❸ 曲格平、晓杨：《中国环保启动之谜》，载《北京青年报》2001 年 7 月 3 日。

❹ 孟浪：《环境保护事典》，湖南大学出版社 1999 年版，第 531 页。

国务院于1973年专门召开了第一次全国环境保护会议，审议通过了中国第一个环境保护文件《关于保护和改善环境的若干规定》。时任国务院副总理的李先念十分重视环境保护工作，他对环保问题也做了大量批示，并反复强调加强治理环境污染的重要性。1972年他在卫生部《关于工业“三废”污染情况和建议的报告》中批示：建议印发计划会议并发政治局、军委办公会议和国务院业务组各同志。❶ 在国家计委《关于大力解决北京地下水污染问题》的报告上批示：必须大力解决，否则到了非解决不可时，还是要解决。迟解决不如早解决，被动解决不如主动解决。❷ 李先念在第一次全国环境会议上的讲话中指出消除污染保护环境，要提高到路线上来看。在他看来环境保护问题在当时还没有引起大多数同志特别是广大领导干部的重视。他指出：“环境问题是个重大问题，全世界都在讨论。今天开这么一个大会，就是要造个声势，把它摆到议事日程上来。”❸ 为此，他明确提出了三个解决办法：首先，各地企业要自力更生，挖掘内部潜力，对“三废”进行综合治理；其次，新建企业要把“三废”治理工作安排好，和主体工程同时设计，同时施工，同时投产，否则不准开工，不准投产；最后，要讲工农关系，不准随意圈占农村土地和耕地。❹

华国锋在第一次全国环境保护会议上的发言中指出：工业

❶ 《李先念传》编写组：《李先念年谱（1970—1978）》第5卷，中央文献出版社2011年版，第166页。

❷ 《李先念传》编写组：《李先念年谱（1970—1978）》第5卷，中央文献出版社2011年版，第167页。

❸ 《李先念传》编写组：《李先念年谱（1970—1978）》第5卷，中央文献出版社2011年版，第313页。

❹ 曲格平、彭近新：《环境觉醒：人类环境会议和中国第一次环境保护会议》，中国环境科学出版社2010年版，第244页。

的发展已暴露出严重的污染问题，必须注意防止污染。必须重视自然资源的综合利用，这样既能充分利用资源，又能减轻环境污染。他要求各级领导干部会后要认真传达会议精神，要求各个城市、所有工业企业都要到把生态环境保护工作牢记于心。他还指出做好“三废”治理不仅是这一代的事，而且还关系到子孙后代的发展，不能叫子孙后代骂我们。❶

（二）世界环境与发展大会的积极推动

中国的环境保护事业在20世纪五六十年代开始孕育，70年代，中国的环保事业在艰难中起步，开始走上全面发展的道路。周恩来等中央领导同志着力推动中国环保工作的一个重要决策，就是推动中国组团参加1972年在瑞典斯德哥尔摩召开的联合国人类环境会议。由于这次会议是在中国开始走出封闭状态逐步与国际社会加强交流的国际环境下召开的，所以周恩来对此次会议的期望是：“通过这次会议，了解世界环境状况和各国环境问题对经济、社会发展的重大影响，并以此作为镜子，认识中国的环境问题。”❷ 1972年6月联合国人类环境会议在斯德哥尔摩召开。这是联合国于20世纪60年代，在西方工业化国家环境公害事件频繁发生，引起国际社会广泛关注的情况下召开的第一次关于环境的会议。会议审议并通过了《联合国人类环境宣言》，并提出关于建立国际环境机构和基金以及行动计划等建议，环境保护开始摆上国家议事日程。会议期间还组织了一些有关环境技术的交流。这次会议对全世界加强环境保护工作起到了重要推动作用，促使发展中国家对环境问题的意识觉醒，使其认识到不能走西方国家“先污染，后治疗”的老路。中国

---

❶ 曲格平、彭近新：《环境觉醒：人类环境会议和中国第一次环境保护会议》，中国环境科学出版社2010年版，第245页。

❷ 《周恩来年谱（1949—1976）》下卷，中央文献出版社1997年版，第528页。

政府派出了由20多名重要部级领导干部组成的出席本次联合国环境会议规模最大的代表团参加会议。1972年联合国人类环境会议不仅是世界环境保护的里程碑，也成为中国环境保护事业的转折点，中国政府开始着手制定国家的环境保护方针与政策。这次会议使与会人员了解到世界环境的状况及其环境问题对社会经济发展的重大影响。与会人员在会场内外的所见所闻，给他们更直观的环境污染对人类造成的恶果的感受，开始认识到环境保护对国家发展的广泛影响，有了“环境保护”概念。本次会议确如周恩来希望其所发挥的“镜子”作用，中国高层决策者开始认识到中国也存在严重的环境问题。正如曲格平所说的那样：“像找到一面镜子，通过对照分析，使我猛然间看到了中国环境问题的严重性，中国城市和江河污染的程度并不亚于西方国家，而自然生态破坏和程度却远在西方国家之上”❶

1972年的斯德哥尔摩人类环境会议对中国的环境保护事业起了促进作用。从1972年6月中国政府派团参加联合国人类环境会议起到1983年12月国务院召开第二次环境保护会议并首次把“环境保护”确定为中国的一项基本国策止，是中国环境保护事业获得起步的关键时期。在此期间，中国的环境保护工作实现了思想认识上的巨大转变；开始探索有中国特色的环境保护道路；大力开展了以调整工业布局和技术改造为核心、以工业污染防治为重点的环境污染防治工作。

二、初期的环保政策与措施

鉴于生态环境日益恶化的状况，我们党和政府领导集体对这些问题有充分的认识。在进行开发资源、保护环境、建设城

---

❶ 曲格平、彭近新：《环境觉醒：人类环境会议和中国第一次环境保护会议》，中国环境科学出版社2010年版，第2页。

乡、整治山河等活动中，政府制定了一系列有关合理开发、利用和保护、改善环境与资源的政策、法规或规范性文件，并相继在全国设立了各级环境保护部门和机构，建立生态自然保护区。

（一）机构设置日益健全

在恢复前期污染防治举措的同时，为大力推进“综合利用工业废物”，北京、天津、上海、黑龙江和新疆等少数省级行政单位以及工业比较集中的鞍山、武汉、哈尔滨、南京等城市成立了“三废”治理利用办公室等环保机构。

第一次环境保护会议取得的另一项重要成果就是明确了环境保护的机构，成立了国务院环境领导小组及其办公室和省市环保机构，在全国开始“三废”治理和环境教育。国务院在批转会议情况报告的文件中明确规定：“各地区、各有关部门要设立精干的环境保护机构，给他们以监督、检查的职权”。此后从中央到地方，普遍建立环境保护管理机构。虽然这些机构大多是临时性的环境保护领导小组办公室，但自此中国的环境保护事业有了国家体制基础。

在国家计委的积极建议下，1974 年国务院正式成立了环境保护领导小组，这是新中国历史上第一个由中央政府组建的国家环境保护机构。小组成员由计划、交通、水利、工业、卫生等部委领导人组成，下设办公室负责日常事务性工作，其主要职责是审定国家环境保护规划，制定环境保护方针政策，组织协调和监督检查各地区和各有关部门的环境保护工作。该小组曾先后于 1974 年、1975 年、1976 年先后下发了《环境保护规划要点》《关于环境保护的 10 年规划意见》《关于编制环境保护长远规划的通知》，并在全国范围内开展了大量卓有成效的“三废”治理和综合利用工作。国务院环境保护领导小组的成立，标志着中国环境保护机构建设的起步。紧接着各地也比照中央政府的模式，相继成立了地方环境保护领导机构。1974年12月26日，北京市决定将北京市革命委员会三废治理办公室自1975年1月1日起，更名为北京市革命委员会环境保护办公室[1]。同时，各地继续加强对一些污染严重的工业企业、城市和江河进行治理。北京市革委会1973年决定将农药二厂、化工五厂、制药三分厂、红旗化肥厂、稀有金属提炼厂和厂桥装订厂的砷化镓车间迁至通县张辛庄工业区。[2]

1978年宣告"文化大革命"结束，中国社会政治生活发生了巨大变化。政治让位于经济发展，经济发展是中国最大的政治，伴随着改革开放政策的实施，中国的社会面貌发生了根本性的变革。清算了极"左"路线对经济行为的消极影响。政府主管部门和学术界又开展了深入研究中国生态环境恶化事件与自然资源保护和合理利用问题。正是这些研究才促进了国家立法，制定和实施了一系列保护自然资源与生态环境的法律、法规、政策和措施。环境问题作为直接影响中国经济社会发展的重要因素，在中国的政治、经济领域中的地位不断得到加强。

（二）政策、法规或规范性文件逐步完善

在"大跃进""人民公社化"和"文化大革命"时期虽然由于全民动员发展生产，大搞运动，忽视了对环境重要性的认识。但是，随着环境恶化事件的不断增多，政府在相关环境保护方面相继出台了一系列政策措施，并取得了一定的成效。

1950年5月16日，政务院发出的《关于全国林业工作的指

---

[1] 中共北京市委党史研究室编：《中国共产党历史大事记（1949—1978）》，北京出版社2001年版，第323页。

[2] 中共北京市委党史研究室编：《中国共产党历史大事记（1949—1978）》，北京出版社2001年版，第304页。

示》中指出林业工作的方针和任务是“以普遍护林为主，严格禁止一切破坏森林的行为”；1951 年 4 月 18 日公布实施的《中华人民共和国矿业暂行条例》中规定矿产资源属国家所有，探矿、采矿均需申请，发给执照后方能经营，不得随意开采，并首次明确了安全方面的法律规定；1953 年 9 月 30 日公布的《政务院关于发动群众开展造林、育林、护林工作的指示》；1953 年 12 月《国家建设征用土地办法》；1956 年 5 月《国务院关于新工业区和新工业城市建设工作几项问题的决定》；1956 年 10《狩猎管理办法（草案）》；1957 年 4 月《水产资源繁殖保护条例（草案）》；1956 年国家卫生部、国家建委联合颁发的《工业企业设计暂时卫生标准》；1957 年 6 月《关于注意处理工矿企业排出有毒废水、废气问题的通知》；1957 年国务院颁发的《中华人民共和国水土保持纲要》等，提出了一些涉及环境保护的要求，提出了搞好城市基础设施、植树造林、防治水土流失、兴修水利、废物利用、搞好环境卫生、提高全民族健康水平等任务。在当时的历史条件下解决这些问题往往是以运动、大会战的形式开展的，并没有成为规范、日常性的事务。

1960 年 1 月，国务院颁发了《放射性工作卫生防护暂行规定》，随后卫生部、国家科委制定了《电离辐射的最大容许浓度》等 3 项标准，并于 1964 年颁布了《放射性同位素工作卫生防护管理办法》，从而奠定了中国放射卫生法制管理的基础。1960 年 3 月中共中央批转了《关于工业废水危害情况和加强处理利用的报告》。1962 年 9 月《国务院关于积极保护合理利用野生动物资源的指示》。为了保护森林，防止火灾、滥伐和防治病虫害，以促进林业生产，1963 年 5 月 27 日国务院颁布了《森林保护条例》，这是新中国成立以后中国制定的第一个有关森林保护工作的最全面的法规，明确提出了保护稀有珍贵林木和狩猎区的森林以及自然保护区的森林。1964年，国务院批发了《水产资源保护条例》，提出了建立禁渔区对珍惜水生动植物加以保护，并规定了水域环境的保护要求。1965年，地矿部根据新的情况，专门制定了《矿产资源保护试行条例》，经国务院批准颁布。条例中明确提出，矿产资源的保护和合理利用，在社会主义建设中具有战略意义，是国家一项重要的经济技术政策；对地质勘查、资源评价、矿山设计和开采、选冶、矿产品加工利用、地下水资源管理、环境保护等提出了要求，同时还提出了奖惩原则。“文化大革命”开始后，实际没有实施。1973年第一次全国环境会议明确了中国关于环境保护的32字方针是“全面规划，合理布局，综合利用，化害为利，依靠群众，大家动手，保护环境，造福人民”。会议结束后，国家计划委员会、国家建设委员会和卫生部颁发了中国第一个《工业“三废”排放试行标准》，明确提出了新建、改建、扩建项目的防治污染和其他公害的设施必须与主体工程同时设计、同时施工、同时投产的“三同时”要求，并提出对污染严重的企业要采取限期治理的措施。1978年2月，五届人大一次会议通过了《中华人民共和国宪法》，这部宪法明确指出：“国家保护环境和自然资源，防治污染和其他公害”。这是新中国历史上第一次在宪法中对环境保护做出明确规定，这为中国的环境法制建设和环境保护事业的开展奠定了坚实的基础。

（三）自然保护区范围逐渐扩大

这期间，最为重要的一项成果就是开始建立自然保护区。自然保护区是人类为对付自身的环境破坏行为而采取的一种行之有效的补救措施。1956年9月第一届全国人大第三次会议上，秉志、钱崇澎等科学家提出《请政府在全国各省（区）划定天然林禁伐区，保护自然植被以供科学研究的需要》的提案。同年10月，林业部第七次全国林业会议上又批发了《天然森林禁伐区（自然保护区）划定草案》和《狩猎管理办法（草案）》。这两个草案明确指出："有必要根据森林、草原分布的地带性，在各地天然林和草原内划定禁伐区（自然保护区）。"这样，1956年在广东省肇庆市建立了中国第一个自然保护区——鼎湖山自然保护区，以保护南亚热带季雨林。1957年又在福建省建瓯市建立了万木林自然保护区，以保护中亚热带常绿阔叶林。1958年在动植物最丰富的云南省西双版纳建立了小勐养、勐仑和勐腊3个自然保护区，对热带雨林、季雨林生态系统以及珍稀动物野象、野牛、犀鸟等进行保护。与此同时，东北地区的黑龙江省伊春市建立了以保护珍贵植物红松树林为主的丰林自然保护区。1961年分别在吉林省建立了以保护温带生态系统为主的长白山自然保护区，在广西壮族自治区龙胜各族自治县与临桂县的交界地区，建立了以保护珍稀孑遗植物银杉为主的花坪自然保护区等。截至1965年，中国正式建立自然保护区共19处，面积为648874公顷。与世界上一些自然保护事业发达的国家相比，我们是落后的，但我们毕竟从无到有，为自然保护事业的进一步发展奠定了基础。"文革"期间，自然保护区建设发展缓慢，直到1973年，由于国际上对环境保护问题日益重视，有关部门提出了中国《自然保护区暂行条例（草案）》，但因多种原因未能正式发布。1975年3月，国务院的第45号文件对自然保护区的建设、管理与保护做出了明文规定，对当时中国自然保护区建设起到了积极的作用，一些省区相继建立了新的保护区，到1978年，全国共建自然保护区34个，面积达126.5万公顷。此后，国家为加强自然资源和生态环境的保护，先后颁布了《森林法》《草原法》《环境保护法》《森林和野生动物类型自然保护区管理办法》《野生动物保护法》，促进了自然保护区事业逐步走向正轨。到1993年年底，中国已在全国各地建立自然保护区763个，总面积6618.4万公顷，占国土面积的6.8%。

三、认识不统一、效果不明显

但从总体上看，环境问题在尚处于“文化大革命”动乱时期的中国并没有引起普遍重视。从国际上来说，由于发达国家环境污染问题日趋严重，全世界对环境保护问题也才开始有所警觉，而绝大多数发展中国家限于社会生产力和经济发展水平，尚未注意到这一问题，更何况处在相对封闭环境中的中国。可以说，人们对于环境问题是很陌生的，甚至连“环境保护”这个词都没怎么听说，认为环境保护就是打扫卫生、垃圾处理这类事。[1] 从国内的实际来说，在人们的观念中，认为公害是资本主义的产物，社会主义国家不会产生环境污染。在“文化大革命”时期，谁要说有污染，有公害，谁就是给社会主义抹黑。此外由于认识上的不到位，许多人对环境保护问题不以为然：“哪个烟囱不冒烟，哪个工厂不排水，不排渣?”

总之，从1949年到1972年，中国既没有专门的环境保护与资源管理机构，也没有明确的环境保护目标和任务，更没有一个以环境保护为主题的法律。虽然在实际工作中也采取了一些保护环境的措施，如疏浚京杭大运河、兴建大中型水库、新建和改造市政公用设施等。但是由于忽视环境保护，缺少污染防治措施，加之工业布局不合理，有些城镇的生活居住区、水源保护区、风景游览区被污染，不少名胜古迹及自然保护区受

[1] 冯建华：《走有中国特色的环保之路——专访国家环保局首任局长曲格平》，载求是理论网，http://www.qstheory.cn/st/zyhj/200911/t20091118_15538.htm，最后访问时间：2013年3月30日。

到破坏。这个时期，由于人们的科学文化素质不高，对生态环境问题的认识能力不足，对环境问题基本没有任何科学性的研究，因而，根本没有意识到环境问题对中国社会产生的重要影响。决策失误导致的毁林开荒、乱砍滥伐、过度开采地下水资源，使生态环境日益恶化，许多污染治理欠账就是从那时开始的。

第四节　“政治理想”变革下的生态环境灾难

1949 年新中国成立后，随着经济特别是工业的不断发展，环境污染问题也日趋发展起来，尤其是大中型城市更加突出，成为一个重大的社会问题。[1]

这一时期，中国社会在“政治理想”变革下实现了“双重剥夺”，即实现了对地主的土地剥夺和对资本家的资本剥夺，在此基础上由于“意识形态狂热”而出现了对生态环境无情破坏和自然资源大肆剥夺的“大跃进”“人民公社化运动”和“文化大革命”。辛亥革命、北伐战争、军阀混战、八年抗战、三年内战等一系列的漫长战乱曾使中国的局部生态环境遭到严重破坏。1958 年开始的“大跃进”使中国的生态环境第一次遭受大面积破坏，森林植被的大量丧失、低效率重污染的工业纷纷上马、违背自然规律的“围湖造田”、毁林开荒等行为使得很多地

[1] 曲格平：《曲之求索——中国生态环境保护方略》，中国环境科学出版社 2010 年版，第 24 页。

区出现了与世界八大公害[1]一样严重的生态环境问题。1972年，联合国召开了第一次人类环境会议，并通过了《联合国人类环境会议宣言》（简称《人类环境宣言》）和《行动计划》，由此宣告了人类对生态环境传统观念的终结。会议还达成了“只有一个地球”、人类与生态环境是不可分割的“共同体”的共识。1973年，中国第一次环境会议在北京召开，从此环境保护工作逐渐发展成为中国政府工作的一个重要组成部分，但是，由于生存和发展的需要，处于饥饿和贫困的人首先解决温饱问题，环境保护在这一阶段更多地体现在口号上，环境保护工作对普通百姓来说仍很遥远。

1978年后，改革开放又焕发了一场建设高潮，二十年经济快速增长的代价是全国大部分地区的环境遭受了一次缓慢而持续的破坏。现在，世界十大污染城市有一半以上在中国[2]，中国不得不紧锣密鼓地开始进行城市环境定量考核达标工作，而从全国来看，污染留下的问题不得不被列入了跨世纪的三江（淮河、海河、辽河）、三湖（巢湖、太湖、填池）、两控（酸雨控

[1] 西方发达国家既是工业文明的先行者，又是最大的环境破坏者。工业革命对于人类财富的积累是一次巨大的进步，但对于人类的生存环境却是一次灾难。英国于19世纪60年代，美国、法国于20世纪初期，德国于20世纪30年代，苏联和日本于20世纪70年代，先后完成了传统工业化，又都经历了资源高消耗、环境高污染的过程。自20世纪初期开始，工业化国家环境重污染的“公害事件”层出不穷。特别是轰动一时的世界八大公害事件：比利时马斯河谷污染事件、美国多诺拉污染事件、英国伦敦烟雾事件、美国洛杉矶光化学烟雾事件、日本的水俣病事件、米糠油事件以及富山、四日等地的有害气体与毒物公害事件。

[2] 2013年1月14日，亚洲开发银行和清华大学发布一份名为《迈向环境可持续的未来中华人民共和国国家环境分析》中文版报告提出，尽管中国政府一直在积极地运用财政和行政手段治理大气污染，但世界上污染最严重的10个城市之中，仍有7个位于中国。中国500个大型城市中，只有不到1%达到世界卫生组织空气质量标准。报告揭示，全球10大空气污染城市分别是：太原、米兰、北京、乌鲁木齐、墨西哥城、兰州、重庆、济南、石家庄、德黑兰。

制区和煤烟控制区)、一海(渤海)治理工程。此外，水灾、赤潮等自然灾害的频频发生和日益严重的水土流失给人们敲响了警钟。之后，又推出天然林保护与退耕还林(草)工程。由此，长江上游与黄河中上游封山育林工程开始大规模实施。这些举措有可能在21世纪中叶，中国人口稳定在16亿并达到中等发达国家水平后，使环境状况基本好转。

通过上述回顾，我们可以清楚地看到，经济发展战略将直接影响生态环境的保护工作，稳定协调的发展战略不仅推动经济的快速发展，而且在很大程度上还能切实改善人民群众的生活，生态环境也会得到一定程度的保护；反之，盲目冒进的发展战略不仅阻碍甚至倒退经济的发展，而且还会损害人民群众的生产生活，生态环境也将遭受到巨大的冲击和严重的破坏。经济发展战略不但对经济发展具有决定性意义，而且对环境保护也具有决定性作用。

第四章 Chapter four

改革开放以来巨大的政治社会变革与生态环境的危机（1978—现今）

1978年12月，中共中央召开了十一届三中全会，实现了当代中国伟大的历史转折。在这次大会上，确立了实事求是的思想路线，做出了把工作重点转移到社会主义现代化建设上来的伟大战略决策，并对国民经济进行了卓有成效的调整。“摸着石头过河”，改革的方向和措施在实践中不断调整，中国共产党带领全国各族人民一起进入改革开放的新时代。1979年到1984年是经济体制改革的起步阶段，初期的改革主要体现在理论的争鸣、思想的转变和实践的探索上，为了经济的发展、生活的改善，改革从农村起步，逐步向城市转移。

中共十一届三中全会揭开了党和国家历史的新篇章，中国从此进入了社会主义事业发展的新时期。2008年12月18日，胡锦涛在纪念中共十一届三中全会召开30周年大会上指出：“这次会议，实现了新中国成立以来我们党历史上具有深远意义的伟大转折，开启了中国改革开放历史新时期。从此，党领导全国各族人民在新的历史条件下开始了新的伟大革命。”[1]

改革开放新形势下中国政治社会经历了前所未有的新变革。

---

[1] 胡锦涛：《在纪念党的十一届三中全会召开30周年大会上的讲话》，载《人民日报》2008年12月19日。

家庭联产承包责任制的确立，全方位、多层次、宽领域的对外开放格局的初步形成，多种所有制共同发展的经济体制的完善，社会主义市场经济的逐步确立以及思想文化领域的大变革等全面而深刻地揭示了改革的广度和深度。

第一节　中国政治社会前所未有的新变革

1978 年党的十一届三中全会打开了中国改革和开放大门，中国社会经历前所未有的广泛而深刻的社会变革，经济制度、所有制结构、思想观念以及对外政策上的改革举步维艰，如履薄冰。“纵观改革开放，1992 年邓小平的南方谈话和中共十四大是一个里程碑。此前的十四年，中国的改革开放发动与起步、逐步全面展开，在实践中探索，‘摸着石头过河’；此后十年是‘很不寻常’和‘很不平凡’的十年，由于明确了建立社会主义市场经济体制的改革目标，中国经受住了各种困难和风险的考验，国民经济持续快速健康发展，社会主义市场经济体制初步建立。形势逼人，不进则退。”[1] 党的十七大做出了新的重要论断：改革开放是党在新的时代条件下带领人民进行的新的伟大革命。革命的主要内容是：“从高度集中的计划经济体制到充满活力的社会主义市场经济体制、从封闭半封闭到全方位开放的伟大历史转折。”

一、家庭联产承包责任制的伟大变革

中共十一届三中全会的召开迎来了改革开放的春天，从

[1] 《中国共产党第十七次全国代表大会文件汇编》，人民出版社 2002 年版，第 1~2 页。

1979年开始，中国迈出了经济体制改革的步伐。国家的重心开始了从发展向改革转移，努力通过调整来促进经济的发展。

中国的经济体制进行改革发端于农村。对此，邓小平曾解释说："为什么要从农村开始呢？因为农村人口占中国人口的百分之八十，农村不稳定，整个政治局势就不稳定，农民没有摆脱贫困，就是中国没有摆脱贫困……进行农村改革，给农民自主权，给基层自主权，这样一下子就把农民的积极性调动起来了，把基层的积极性调动起来了，面貌就改变了。"❶ 长期以来中国农业生产基础薄弱，产量低且没有保障，特别是受"左"的指导思想影响，农村经济体制成为严重束缚生产力发展的障碍。从1958年建立起"政社合一"的人民公社后，农村经济体制和经营管理体制高度集中，统一经营、统一分配，农民毫无自主权和积极性，农业生产发展缓慢，大部分农民生活的温饱问题没有解决。农村经济体制改革总的发展方向是打破原有的束缚农民生产积极性的"三级所有，队为基础"的人民公社集体经济体制，实行"包产到户"的家庭联产承包责任制。在人民公社体制下，农民没有经营管理自主权，分配上的平均主义严重挫伤了农民的生产积极性，侵犯农民的根本利益。这项改革本身是农民的伟大创造，为了有饭吃，"坐牢杀头也甘心"❷的思想鼓舞下，农村经济才有了"包产到户""包干到户"所带来的欣欣向荣。家庭联产承包责任制被认为是中国改革的破

---

❶ 中共中央文献编辑委员会编辑：《邓小平文选》第3卷，人民出版社1993年版，第237~238页。

❷ 搞"包产到户"为什么这样困难？为什么小岗村的农民要冒着坐牢甚至杀头的风险签名写下保证书？按照孙健的说法，这是因为过去是不允许搞"包产到户"的。早在1955年农业合作化时，当时的中共中央农村工作部部长邓子恢，就因为主张搞合作化时不要一哄而起，也可以搞点包产到组、包产到户什么的，立即受到毛泽东的批评，说邓子恢"像一个小脚女人"走路，而且提出邓子恢的主张是

冰之举，的安徽省凤阳县小岗村二十几户农民的一份秘密协定钻开了公社化盛行时代“包产到户”的大门。在不管“黄猫、黑猫，只要捉住老鼠就是好猫”的时代背景下，❶改革的火种在农民的实践中产生并以其强大的生命力和适应力对抗着体制的束缚，再次形成了“农村包围城市”的局面。❷ 1983 年《当前农村经济政策的若干问题》文件中明确要求全面推广家庭联产承包责任制。随后，家庭联产承包为主的责任制被迅速推向全国，使农民获得了生产和经营的自主权，生产积极性大大提高，多年来被压抑的生产力得到彻底解放。据统计，从 1979 年到 1984 年，中国粮食总产量由 33212 万吨上升到 40731 万吨，增长了 22.6%；农业总产值从 1979 年的 1697.6 亿元迅速攀升到 1984 年的 3214.13 亿元，❸ 如图 4-1 所示。同时，这一破冰之举也促使政社合一的人民公社制度于 1985 年宣告彻底退出历史舞台。1987 年 6 月邓小平接见外宾谈到农村改革时说：“农村改革见效非常快，这是我们原来没有预想到的。当然，开始的时候，

（接上注）

“右倾机会主义”的方针。60 年代，因天灾人祸导致农村饿死大量人口，这时包产到户作为救急措施得到刘少奇、邓小平、田家英等人的支持，结果仍然受到毛泽东的批评。他说：“包产到户是方向问题”，并由此而提出“千万不要忘记阶级斗争”。“文化大革命”中，刘少奇、田家英遭难，邓小平被打倒，都与此有关。刘少奇的罪名之一，就是提倡“三自一包”，“一包”就是“包产到户”。粉碎“四人帮”以后，华国锋仍然坚持“两个凡是”。1978 年秋，当时任安徽省委书记的万里向中央主席华国锋痛陈农民贫困绝望，提出把土地划给农民建立责任田，华国锋不同意，认为只有人民公社精神才能振兴农村。（彭明、孙健：《20 世纪的中国——走向现代化的历程》，人民出版社 2010 年版，第 351 页。）

❶《邓小平文选》第 1 卷，人民出版社 1994 年版，第 323 页。

❷ 邹东涛、欧阳日辉：《新中国经济发展 60 年》，人民出版社 2009 年版，第 272 页。

❸ 国家统计局编：《中国统计年鉴（1993）》，中国统计出版社 1993 年版，第 335、364 页。

并不是所有的人都赞成改革。有两个省带头，一个是四川省，那是我的家乡；一个是安徽省……我们就是根据这两个省积累的经验，制定了关于改革的方针政策。”❶

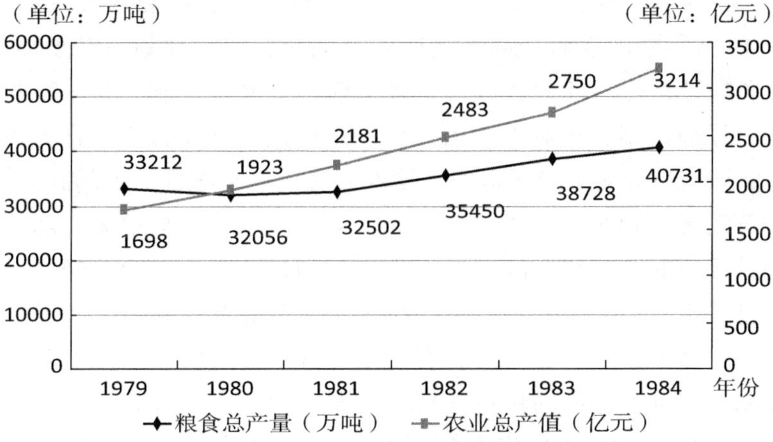

图 4-1　1979—1984 年农业总产值和粮食总产值

资料来源：国家统计局编：《中国统计年鉴-1993》，中国统计出版社 1993 年，第 50、364 页。

家庭联产承包责任制作为当前农村的一种基本制度，它适应中国现阶段农业生产力的发展状况，能有力地促进农业产力的发展。它实行土地等基本生产资料社会主义公有制与农户自筹资金经营相结合，农民享有经营自主权，实现了劳动收入和农户自投资金收益相结合，有利于提高农业劳动生产率，推动农业生产的发展，避免了分配上的平均主义，有力地调动农户的积极性。家庭联产承包责任制打破了中国农业生产长期停滞不前的状态，促进农业从自给半自给经济向着较大规模的商品

❶ 中共中央文献编辑委员会编辑：《邓小平文选》第 3 卷，人民出版社 1993 年版，第 238 页。

生产转化，从传统农业向现代农业转化。

二、对外开放格局的初步形成

改革和开放是推动中国社会主义现代化建设的两大车轮。在1978年中国政府全面推进改革的同时，即有计划、有步骤、分阶段地推行对外开放政策。改革前的旧经济体制，是一种封闭的经济体制。在对外关系方面，片面强调独立自主、自力更生，忽视发展对外经济合作和技术交流，结果把自己封闭起来，经济发展受到很大的影响。同时，第二次世界大战以来，随着商品经济的发展和经济全球化步伐的加快，各国之间的经济往来已经十分密切，世界各国纷纷把实行对外开放政策作为发展经济的基本战略，美国由于实行对外开放，大力发展国际经济关系，促进了经济的快速发展。美国生产的大型波音747客机是由6个国家的1500家大企业和1.5万家中小企业协作生产的。作为战败国的日本、联邦德国也由于实行了对外开放的政策，经济迅速获得了恢复和发展，在20世纪70年代实现了经济的腾飞，并一跃而迈入世界经济强国的行列。日本1950年到1970年的20年间，靠引进和推行技术专利的费用为日本经济的腾飞大大缩短了时间和节省了数十倍的经济费用。新加坡、韩国、中国香港和中国台湾等一些发展中国家和地区，充分利用国际上的有利条件，大力推动国际经济技术交流与合作，也迅速地发展了本国和本地区的经济，并实现了“亚洲四小龙”的经济发展奇迹。

为此，以邓小平为代表的党的第二代领导集体审时度势，高瞻远瞩，在党的十一届三中全会上明确提出，实行对外开放政策，把对外开放作为一项基本国策，发展中国的对外经济关系。“在自力更生的基础上积极发展同世界各国平等互利的经济合作，努力采用世界先进技术和先进设备”。[1] 从此，开创了中国对外开放的新局面。按照李景鹏的说法，改革开放的根本动因在于新中国成立后头三十年中国社会整体性的利益结构使得“国家运用经济的、行政的和意识形态的力量和手段对个人利益进行压制，从而使社会处于失去动力的状态”[2]，再加上“文革”的破坏，便使国民经济衰落到崩溃的边缘。

1978年十一届三中全会确定了对外开放的基本国策后，经过三十年的发展，逐步形成了包括经济特区、沿海开放城市和经济技术开发区等在内的全方位、多层次、宽领域的对外开放格局。“全方位”是指中国的对外开放是对世界所有类型的国家开放，不仅对发达国家开放，而且也对发展中国家开放，但开放的重点还是发达国家；“多层次”是指中国的对外开放根据各地区的实际和特点，通过经济特区、经济技术开发区、沿海开放城市、沿海经济开放区、开放沿边和沿江地区以及内陆省区等不同开放程度的各种形式，形成全国范围内的对外开放。目前，中国已经建立了包括359个市、县，3亿多人口，50多万平方公里的对外开放地区，“多层次”的对外开放格局已经颇具规模；“宽领域”是指中国的对外开放不仅在经济领域开放，而且包括教育、医疗、体育、科技、环保等在内的多领域开放。

回顾中国30多年的对外开放历程，主要经历了以下阶段：

第一，从1980年起，中国先后在广东、福建和海南实行特殊政策和灵活措施，建立了深圳、珠海、汕头、厦门和海南5

---

[1] 中共中央文献研究室编：《十一届三中全会以来重要文献选编》上，人民出版社1982年版，第6页。

[2] 李景鹏：《改革开放与中国社会变迁》，载《光明观察》，http://guancha.gmw.cn/2002-06/2002-06-10/20020610-02.htm，最后访问时间：2013年3月20日。

个经济特区。

第二，1984 年中国进一步开放了上海、天津、广州、大连、秦皇岛、烟台、青岛、连云港、南通、宁波、温州、福州、湛江、北海等 14 个沿海城市。

第三，1985 年后又陆续将长江三角洲、珠江三角洲、闽南三角地区，从而形成了包括上海、苏州、无锡、常州、南通、杭州、宁波、绍兴、嘉兴、湖州、合肥、芜湖、广州、佛山、江门、深圳、珠海、厦门、漳州、泉州在内的沿海经济开放带。

第四，1990 年开发和开放上海浦东新区，并进一步开放一批长江沿岸城市，以浦东为龙头的长江开放带。

第五，1992 年以来，对外开放了一批边疆城市和内陆所有的省会、自治区首府城市，还在一些大中城市建立了 15 个保税区、49 个国家级经济技术开发区和 53 个高新技术产业开发区。

随着全方位、多层次、宽领域的对外开放格局的逐步形成和不断完善，中国的对外开放在实践中日益向更广更深的领域拓展，2001 年 12 月 11 日，历经近 15 年的艰苦谈判，中国正式加入世界贸易组织（WTO），这标志着中国对外开放进入新阶段。

改革开放 40 年来，在邓小平对外开放理论的指导下，中国对外经济贸易发展取得了巨大成就，如图 4-2 和图 4-3 所示。2006 年世界银行公布的数据表明，中国加入世贸组织 5 年来，经济增长对世界经济增长的平均贡献率达到 13%。中国经济发展和对外贸易的高速增长为世界提供了诸多商业机会和巨大的商业利润，让全世界都感受到了无处不在的“中国机会”。[1]

[1] 姜波、何振红、万建民：《中国全方位对外开放格局基本形成》，载《中国经济网》，http://intl. ce. cn/zhuanti/dwkf/yi/200803/10/t20080310_14782301_2. shtml，最后访问时间：2013 年 3 月 1 日。

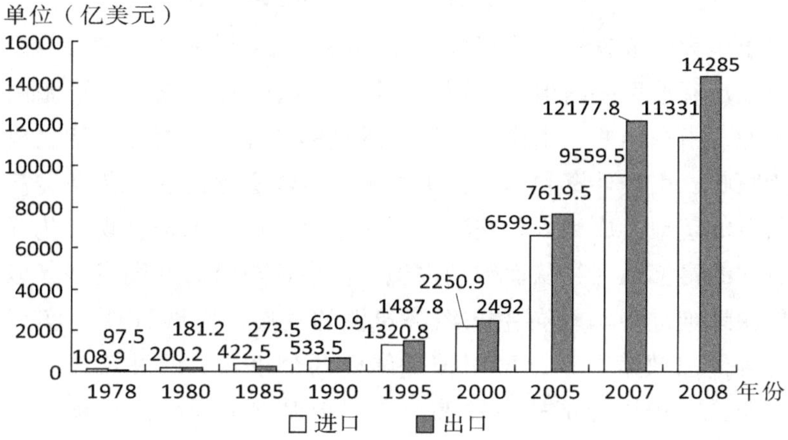

图 4-2　1978—2008 年进口和出口总额

资料来源：《中国经济年鉴（2008）》，中国统计出版社 2008 年版，第 708 页。

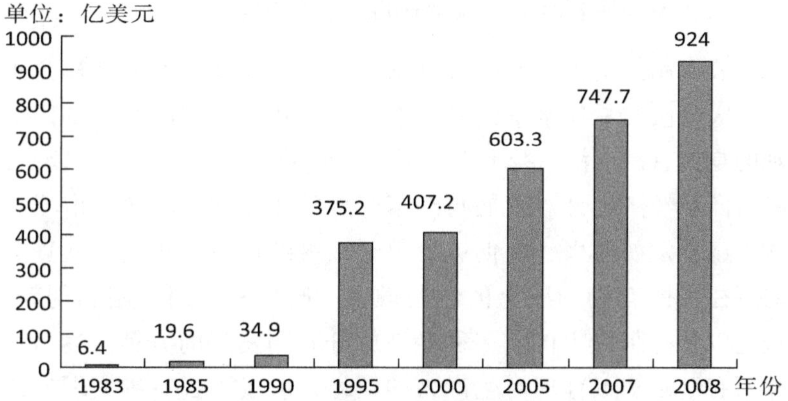

图 4-3　1983—2008 年实际使用外商直接投资

资料来源：《中国经济年鉴（1990）》，中国统计出版社 1990 年版，第 653 页；《中国经济年鉴-2008》，中国统计出版社 2008 年版，第 729 页。

总之，十一届三中全会以来，中国实行对外开放政策，取得了很大的成就。初步形成了“经济特区—沿海开放城市—沿海经济开放区—内地”，这样一个有层次、有重点，由沿海向内地、由东向西、由南向北逐步推进的地域开放格局，使之成为吸收、引进外资和国外先进技术、科学管理经验，传递经济信息的基地，成为内外交流、工农结合、城乡渗透、现代化开放式的富庶地区，从而带动内地，使内地与沿海共同发展，以更快地推进中国社会主义经济建设的发展。实践证明，实行对外开放政策，充分利用国际国内两个市场、两种资源，有利于推动中国经济社会发展，有利于促进中国科技进步和创新，有利于提高中国国际竞争力和影响力，有利于为中国发展营造有利的国际环境，是推进中国社会主义现代化建设的必经之路。

三、多种所有制共同发展制度的日渐完善

公有制为主体、多种所有制经济共同发展，是中国社会主义初级阶段的一项基本经济制度。改革开放前中国经济结构呈现的是公有制经济一统天下的局面。党的十一届三中全会以来，随着商品经济的日益发展与改革开放的逐步深入，各类市场主体也逐步发展起来，并促进改革开放继续进行。我们党认真总结以往在所有制问题上的经验教训，通过一系列改制和创新，制定以公有制为主体、多种经济成分共同发展的方针，逐步消除所有制结构不合理对生产力的羁绊，形成了公有制实现形式多样化和多种经济成分共同发展的局面，出现了多种所有制经济结构之间互相竞争、互相参股的良性互动局面，国有、集体和非公有制经济（包括个体、私营、港澳台资和外资等）三分天下的格局初步形成。在坚持公有制经济占主导地位不动摇的

同时，非公有制经济出现快速增长的势头。继续调整和完善所有制结构，进一步解放和发展生产力是经济体制改革的重大任务。当前，国有企业改革进入攻坚阶段，私有经济适应社会发展的需要，通过适当的政策鼓励和法律保障获得了良好的发展机遇，非公有制企业以 1/3 的社会资源创造了 2/3 的社会财富，成为整个经济结构中不可或缺的重要力量。

公有制经济的含义我们要全面加以理解，1997 年党的十五大胜利召开，在所有制结构方面明确：公有制经济不仅包括国有经济和集体经济，还包括混合所有制经济中的国有成分和集体成分。公有制的主体地位主要体现在：公有资产在社会总资产中占优势；国有经济控制国民经济命脉，对经济发展起主导作用。公有资产占优势，要有量的优势，更要注重质的提高。国有经济起主导作用，主要体现在控制力上。集体所有制经济是公有制经济的重要组成部分。集体经济可以体现共同致富原则，可以广泛吸收社会分散资金，缓解就业压力，增加公共积累和国家税收。要支持、鼓励和帮助城乡多种形式集体经济的发展。这对发挥公有制经济的主体作用意义重大。公有制实现形式可以而且应当多样化。一切反映社会化生产规律的经营方式和组织形式都可以大胆利用。要努力寻找能够极大地促进生产力发展的公有制实现形式。

非公有制经济是中国社会主义市场经济的重要组成部分。对个体、私营等非公有制经济要继续鼓励、引导，使之健康发展。改革开放以来从个体户中脱颖而出的私营企业的发展经历了从“改造、消灭”到“不要急于取缔”到“允许存在”再到“有益补充”到“重要组成部分”的飞跃，并在 1999 年全国人民代表大会的宪法修正案中写道：“在法律规定范围内的个体经济、私营经济等非公有制经济，是社会主义市场经济的重要组成部分。”❶ 1997 年，党的十五大对社会主义初级阶段的所有制理论进行了创新和发展，第一次系统阐述了公有制实现形式多样化的理论，将非公有制经济第一次明确纳入社会主义基本经济制度之内，肯定非公有制经济是社会主义市场经济的重要组成部分，给非公有制经济以极大的鼓舞和鞭策。党的十六大以来，非公有制经济是社会主义市场经济的重要组成部分，成为构建和谐社会的重要力量，如表 4-1 所示。

表 4-1　全国个体私营经济发展基本情况

年份	户数（万户）		人数（万人）		注册资金（万亿元）	
	个体工商	私营企业	个体工商	私营企业	个体工商	私营企业
1992	1533.9	13.90	2467.7	231.9	0.0601	0.02
1997	2850.9	96.10	5441.9	1349.3	0.2574	0.51
2002	2377.5	263.83	4742.9	3247.5	0.3782	2.48
2003	2353.2	328.72	4299.1	4299.1	0.4187	3.53
2004	2350.5	402.41	4587.1	5017.3	0.5058	4.79
2005	2463.9	471.95	4900.5	5824.1	0.5810	6.13
2006	2595.6	544.14	5159.7	6586.3	0.6469	7.60
2007	2741.5	603.05	5496.2	7253.1	0.7351	9.39
2008	2917.3	657.42	5776.4	7904.0	0.9006	11.74

资料来源：黄孟复主编：《中国民营经济发展报告 No.6（2008—2009）》，社会科学文献出版社 2009 年，第 3、4、12 页；黄孟复主编：《中国民营经济发展报告 No.4（2006—2007）》，社会科学文献出版社 2007 年版，第 73、77 页。

❶ 张厚义：《面临发展新机遇的中国私营企业》，中国社会蓝皮书，2000 年。

四、社会主义市场经济体制的逐步确立

邓小平曾语重心长地告诫我们："要发展生产力，经济体制改革是必由之路。"[1] 中国确定什么样的经济体制事关社会主义现代化建设的全局。

在高度集中的计划经济一统天下的时代构建社会主义市场经济体制是对传统的计划经济体制的根本性变革，是中国经济体制的根本性创新，是实现社会主义现代化的根本途径。新中国成立以后，高度集中的计划经济体制排斥多种经济形式和经营方式，使得所有制形式日趋单一化，经济管理的决策权高度集中在国家手中，市场调节的作用非常小甚或没有市场的调节存在；分配形式上搞"平均主义""大锅饭"等，严重阻碍了社会主义社会生产力的发展和人民生活水平的提高。在这样的背景下，经济体制改革势在必行。

早在20世纪50年代中期中国就提出过进行经济体制改革并进行过多次尝试，但由于仅仅是管理权的"放"和"收"，没有抓住经济体制本身的症结，因此未能进行本质的、有效的改革。真正的、大规模的、比较彻底的经济体制改革，是从1978年党的十一届三中全会开始的。党的十一届三中全会，明确提出了对国民经济体制进行改革的基本思想。1982年9月，党的"十二大"明确提出"计划经济为主，市场调节为辅"的原则，认为这是经济体制改革中的一个根本性问题。"十二大"提出中国在公有制基础上实行计划经济。1984年10月，党的十二届三中全会通过的《中共中央关于经济体制改革的决定》明确提出："社会主义计划经济必须自觉依据和运用价值规律，是在公有制

[1] 《邓小平文选》第3卷，人民出版社1993年版，第138页。

基础上的有计划的商品经济。商品经济的充分发展，是社会经济发展的不可逾越的阶段，是实现中国经济现代化的必要条件。”从理论上突破了把计划经济同商品经济对立起来的传统观念，为中国经济体制的改革指明了方向，为全面改革提供了新的理论依据，从而表明认为社会主义经济只能是计划经济、否认商品经济的价值和作用、限制商品经济发展的观念和政策是错误的。1992 年，邓小平在南方谈话中旗帜鲜明地提出：“计划多一点还是市场多一点，不是社会主义与资本主义的本质区别。计划经济不等于社会主义，资本主义也有计划；市场经济不等于资本主义，社会主义也有市场。计划和市场都是经济手段。”❶1992 年 10 月，江泽民在党的十四大报告中郑重宣告：“中国经济体制改革的目标模式是建立社会主义市场经济体制。要使市场在社会主义国家宏观调控下对资源配置起基础性作用，使经济活动遵循价值规律的要求，适应供求关系的变化；通过价格杠杆和竞争机制的功能，把资源配置到效益较好的环节中去，并给企业以压力和动力，实现优胜劣汰；运用市场对各种经济信号反应比较灵敏的优点，促进生产和需求的及时协调。同时也要看到市场有其自身的弱点和消极方面，必须加强和改善国家对经济的宏观调控。我们要大力发展全国的统一市场，进一步扩大市场的作用，并依据客观规律的要求，运用好经济政策、经济法规、计划指导和必要的行政管理，引导市场健康发展。”❷到 2000 年年底，经过不断的实践探索和理论创新，已经初步确立社会主义市场经济体制作为中国的基本经济制度，这是中国改革历史上前所未有的伟大成就。

---

❶《邓小平文选》第 3 卷，人民出版社 1993 年版，第 373 页。

❷ 中共中央文献研究室编：《十四大以来重要文献选编》上，人民出版社 1996 年版，第 19 页。

在党的历史上，十四大第一次明确提出了建立社会主义市场经济体制的目标模式。把社会主义基本制度和市场经济结合起来，建立社会主义市场经济体制，正确认识和处理了计划与市场的关系。社会主义市场经济体制目标模式的确立是实践的证明和启迪，是理论探索和认识深化的结晶，是深化改革、扩大开放的客观要求，是前无古人的伟大创举。总之，形势的发展客观上要求建立社会主义市场经济体制，以推动生产力的进一步解放和发展。

五、思想文化领域的巨大变化

党的十一届三中全会上确立“解放思想、实事求是”的思想路线，这一指导思想的确立否定了“两个凡是”，终止了“以阶级斗争为纲”，提出了“改革开放”，振奋了“思想解放”，实现了“拨乱反正”，结束了新中国成立后30年间“意识形态”下的政治理想对个人生活的控制，开启了科学思考与务实创新的新篇章。

党的十一届三中全会是党和人民面临的决定当代中国命运的关键抉择，开启了改革开放的历史新时期。改革开放三十来中国的思想文化包括社会制度文化发生了剧变，推动着历史进步的车轮滚滚向前，把封闭、僵化的思想观念逐步转变为求真务实、勇于创新的思想观念。邓小平南方谈话廓清了“姓资姓社”的迷雾，把思想解放之轮不断推进，指明了中国特色社会主义发展方向。新时期，思想观念不断与时俱进，“以人为本、科学发展观理念”的提出则不断加深人们思想观念的转变，实现了从封闭、僵化到开放、创新的历史性跨越，个性追求获得解放，民主、法制与人权意识显著提高。随着改革开放的深入发展和市场经济的逐步完善，人们的价值观念逐步由一元转向多元，市场的趋利性和人性的自私性日渐扩张，科学、文明、生态等理念逐渐成为社会的主流价值观念。科学与文明的观念成为共识，文明的理念、行为和生活方式逐步扎根于人民群众的思想之中。“人定胜天”的人与自然关系发展成“人与自然和谐相处”的科学发展观，再到“建设生态文明”的发展战略，从而使生态、绿色、环保、人与自然和谐相处的现代人与自然关系的理念逐渐深入人心。泛政治化、排斥否定外来文化（尤其是西方文化）的文化意识向开放、包容、自信转变。源远流长的五千年中华传统文化倍受社会重视，文化多样性、文化凝聚力、文化软实力等新的文化价值观得到广泛的认同。

同时，我们也应该深刻地认识到，由于对外开放政策和经济全球化的盛行，国人的思想观念也发生了深刻的西方化转变，在我们为进步的思想观念喝彩的同时，应该为生活方式和消费方式的西方化忧虑。

第二节　中国的“四化”建设对生态环境的影响

改革开放以来中国社会发生了翻天覆地的变化，其中最为明显的特征是蓬勃发展的“四化”建设。本书中的“四化”指的是包括迅猛发展的“工业化”、日益加快的“城市化”、日趋繁荣的“市场化”和更加开放的“全球化”。“四化”建设又给尚未恢复的生态环境问题带来严重的影响。

一、迅猛发展的工业化

1978 年，党的十一届三中全会做出把工作重点转移到现代化建设上来的战略决策，启动了中国经济体制改革和对外开放的进程，促进了中国工业化道路的转型，为全面推进工业化进程和现代化事业，创造了更加宽松有利的环境与条件。

（一）改革开放以来中国工业化的发展进程

农村经济体制改革允许广大农民进入非农产业，以乡镇企业为代表的农村工业得到了快速发展，并成为中国特色工业化进程的重要推动力量；农村经济体制改革也解放了生产力，使农民能够冲破计划经济体制下国家对工商业经营的垄断和限制，在农业经营之外大力发展非农产业（乡镇企业），并逐步向城镇和沿海地区流动，成为推进中国工业化的重要力量和农村工业化的主导力量。伴随着中国对外开放的不断深化、外资进入中国工业领域的规模不断扩大，推动中国外向型经济尤其是国际贸易的快速发展，成为推进中国工业化尤其是形成“世界制造加工中心”的促进力量。通过参与国际分工，中国成为“世界工厂”，为世界大量出口劳动密集型产品。

当前，中国的工业化目标还未完全实现，农业现代化和农村城镇化水平较低，农业劳动力和农村人口在全社会劳动力和总人口中比重较高，产业结构层次水平低，竞争能力不强，制造业的技术水平整体不高，服务业的比重和水平同发达国家相比还有很大差距。整体看来，中国的工业化水平还处于工业化发展的中期阶段。纵观世界发展史，任何一个国家的工业化进程都与时代紧密相关，成功的工业化都是吸收和应用当时最先进技术的结果。当今世界主要发达国家的工业化之路都是靠殖民掠夺、大量消耗能源和原材料、严重破坏环境实现的，对自然界和社会造成的负面影响长期难以医治，给后人留下了极为深刻的教训。中国共产党十六大报告中首次提出“新型工业化”的概念。重点突出坚持以信息化带动工业化，以工业化促进信息化，坚持走科技含量高、经济效益好、资源消耗低、环境污染少、人力资源优势得到充分发挥的新型工业化道路。

从中国工业化的历程可以看出，改革开放以来，中国工业持续高速增长，极大地提高了中国工业的整体实力，是中国工业化速度最快、成效最明显的时期。不论从产值还是从主要工业产品产量看，中国已经成为世界工业生产大国之一，成为世界制造业的中心或者说正在形成的“世界工厂”。工业化的快速推进，是这一时期中国经济增长和人均 GDP 增长的最主要因素。统计资料显示，1990—2005 年，工业增加值占 GDP 的比重最低为 39.7%，最高年份超过 60%；工业对 GDP 增长的拉动作用从 1.5 个百分点达到 8.3 个百分点。工业是对 GDP 增长贡献最大的部门，如表 4-2 所示。

表 4-2　工业对国民经济增长的贡献率和拉动作用　　单位:%

年份	贡献率	拉动作用	
	工业占国民生产总值的比率	国民生产总值增长率	工业对国民生产总值增长的拉动率
1990	39.7	3.8	1.5
1991	58.0	9.2	5.3
1992	57.6	14.2	8.2
1993	59.1	14.0	8.3
1994	62.6	13.1	8.2
1995	58.5	10.9	6.4
1996	58.5	10.0	5.9
1997	58.3	9.3	5.4
1998	55.4	7.8	4.3
1999	55.0	7.6	4.2

续表

年份	贡献率	拉动作用	
	工业占国民生产总值的比率	国民生产总值增长率	工业对国民生产总值增长的拉动率
2000	57.6	8.4	4.9
2001	42.1	8.3	3.5
2002	44.4	9.1	4.0
2003	51.9	10.0	5.2
2004	47.7	10.1	4.8
2005	48.4	10.4	4.8
2006	48.9	11.1	4.4
2007	49.2	11.4	4.3

资料来源：《中国统计年鉴》，中国统计出版社2006年版，第26页；《中华人民共和国2007年国民经济和社会发展统计公报》。

（二）乡镇企业的异军突起

党的十一届三中全会以来，中国的工业化强国之路是在社会主义市场经济体制探索、建立和完善的背景下进行的。乡镇企业的异军突起是这一时期的显著特色，乡镇企业的巨大发展推动了中国工业化的整体进程。1987年邓小平在与外国友人的谈话中用“异军突起”一词来形容乡镇企业的崛起，他高兴地说：“农村改革中，我们完全没有预料到的最大的收获，就是乡镇企业发展起来了，突然冒出搞多种行业，搞商品经济，搞各种小型企业，异军突起。”❶ 乡镇企业的发展壮大，不仅发展了农村经济，提高了农民的物质文化生活水平，开拓了一条农村

❶ 中共中央文献编辑委员会编辑：《邓小平文选》第3卷，人民出版社1993年版，第238页。

现代化道路，而且还对全国经济的发展起了很大的促进作用。

1. 乡镇企业的概念

根据《中国乡镇企业统计年鉴》的定义，乡镇企业是指由农民举办的集体、合作、个体企业。乡镇企业门类齐全，形式多样，有农业企业、工业企业、建筑业、交通运输业、商业饮食业、服务业及其他企业的类型，有乡办企业、村办企业、联户办企业及个体办企业。乡镇企业原来叫社队企业，在经济体制改革前很不发达。它是农村经济体制改革中出现的新的经济形式，与农村经济的发展密切相关。随着经济体制改革的发展，它与城市工业之间的联系更加密切，并逐渐成为整个工业发展中的一个重要组成部分。

2. 乡镇企业的发展

大体而言，中国乡镇企业的发展经历了四个非常曲折、漫长的发展阶段，即 1949—1958 年为农村副业阶段；1958—1978 年为农村“五小企业”的社队企业阶段；1979—1990 年为改革开放以后的大发展阶段；20 世纪 90 年代以来为战略推进阶段。在 1997 年年初国务院召开的全国乡镇企业工作会议上，对乡镇企业过去十几年来的发展予以了充分肯定，并明确提出：“乡镇企业是党中央、国务院根据中国国情所做的重大决策，是一项更有战略意义的任务，也是全党和全社会的共同事业。今后要坚定不移地发展乡镇企业。”❶ 乡镇企业是在农村副业的基础上发展起来的，至今已有 60 多年的历史。

改革开放以来，乡镇企业获得更迅速的发展。从 1978 年到 1990 年的 12 年间，全国乡镇企业个数有 152. 4 万个增长到 1850. 4 万个，年均增长 23. 1%；乡镇企业职工人数有 2826. 6 万

❶ 《坚定不移地发展乡镇企业》，载《人民日报》1997 年 1 月 16 日。

人增至 9264. 8 万人，年均增长 10. 4%；乡镇企业总产值由 493. 1 亿元增至 8461. 6 亿元，年均增长 26. 7%。进入 90 年代后，乡镇企业整体素质进一步提高，进入持续高速增长的新时期，经济总量和经济效益全面提高。从产值来看，从 1990 年到 1995 年的 5 年间，全国乡镇企业总产值由 8461. 6 亿元猛增至 68915. 2 亿元，年均增长 52. 1%，其中工业总产值由 6050. 2 亿元增至 51259. 2 亿元，年均增长 53. 3%。从经济效益来看，每百元固定资产原值实现利润由 10. 6 元上升到 19. 46 元，上升了 83. 6%；每百元资金实现利润由 5. 9 元上升到 8. 84 元，上升了 49. 8%；每百元资金实现利润税金由 13 元上升到 14. 07 元，上升了 8. 2%；每百元营业收入实现利润由 4. 5 元上升到 5. 52 元，上升幅度为 22. 7%。

在乡镇企业迅猛发展中，有两支突起的异军：一支是江苏南部的乡镇企业（苏南模式）；一支是浙江南部的家庭工业（温州模式）。苏南地区利用长江三角洲雄厚的工业基础和经济、技术力量，大力发展乡镇工业，其中无锡市、江阴市、张家港市、常熟市和武进区是典型代表，被称为“苏南五虎”。仅无锡市所辖的一个郊区三个县，一年产值就超过 50 亿元。浙南地区则是发扬历史上形成的手工业和商业传统，走出了一条以家庭工业及在家庭工业基础上发展起来的雇工经营和合股经营的扩大经营形式，以专业市场为纽带的发展商品经济的新路子。特别是温州市的试验，开创了一条农村工业化的新途径。此外，全国各地，如闽南、广东等地也都兴起了一大批各具特色的乡镇企业。[1]

---

[1] 彭明、孙健：《20 世纪的中国——走向现代化的历程》，人民出版社 2010 年版，第 367 页。

3. 发展乡镇企业的作用

经过40多年的发展，中国乡镇企业异军突起，已成为中国农村经济的重要支柱，国民经济的重要组成部分。乡镇企业特别是乡镇工业在国民经济中已占有举足轻重的地位，成为中国国民经济最有活力的增长点；乡镇企业的发展为增强广大农村的集体经济实力做出了重要贡献；乡镇企业的发展为农村大批剩余劳动力提供了广阔的就业机会，改变了农村劳动力结构；乡镇企业的发展增加了地方财政收入，有力地支持了县（市）经济的发展；乡镇企业的发展大大提高了农民收入，成为农民致富奔小康的重要途径；乡镇企业的发展有力地支持了农村各项事业的进步，为农村经济建设和社会发展做出了重要贡献；乡镇企业极大地丰富了城市和农村市场；乡镇企业根据互惠互利、优势互补的原则，充分利用自身优势，大力发展为国有大中型企业配套的产品，并为国有大中型企业、技术、设备等的有效利用提供了广阔的前景，乡镇企业的发展有力地支持了国有大中型企业。1978年前，中国乡镇企业的增长速度很慢，20世纪80年代中国农村改革的成功解放了生产力，乡镇企业迅速发展。30多年来，中国乡镇工业以平均每年20%以上的速度增长，乡镇工业在“七五”期间已经是“三分天下有其一”；在“八五”期间，一跃成为中国经济的“半壁江山”；“九五”期间，成为确保国民经济发展的重要增长点。目前，乡镇企业贡献了1/4国内生产总值、1/2工业增加值、1/4财政收入和3/5农村社会增加值，并成为农村经济的核心和国民经济中最具活力的增长点。❶

---

❶ 周昭、刘湘勤：《乡镇工业环境保护中的地方政府行为博弈分析》，载《经济问题探索》2008年第7期，第175~176页。

（三）工业化及乡镇企业对生态环境的影响

与所有的工业化国家一样，中国的环境污染问题是与工业化相伴而生的。20世纪50年代前，中国的工业化刚刚起步，工业基础薄弱，环境污染问题尚不突出。50年代后，随着工业化的大规模展开，重工业的迅猛发展，环境污染问题初步显露。但这时候污染范围仍局限于城市地区，污染的危害程度也较低。到了80年代，随着改革开放和经济的高速发展，中国的环境污染渐呈加剧之势。特别是乡镇企业的异军突起，使环境污染向农村急剧蔓延，同时，生态破坏的范围也在扩大。时至如今，环境问题与人口问题一样，成为中国经济和社会发展的两大难题。

由于中国正处于迅速推进工业化和城市化的发展阶段，对自然资源的开发强度不断加大，加之粗放型的经济增长方式，技术水平和管理水平比较落后，污染物的排放量不断增加。从全国总的情况来看，中国环境污染仍在加剧，生态恶化积重难返，环境形势不容乐观。

1. 工业化对生态环境的影响

早在“工业革命”高歌猛进，“科学主义”和“理性主义”所向披靡的时候，一些思想家先知先觉，开始对人类肆意掠夺自然界的行为进行严厉的谴责。20世纪中叶以来，大规模的环境污染和自然资源的掠夺性开发造成了生态环境恶果，引起了他们的高度警觉。一批思想家开始对人类根深蒂固的传统实践方式和价值观念进行了深刻、不断的反省。

丹尼尔·贝尔认为：工业革命归根结底是一种用技术秩序取代自然秩序的努力，是一种用功能和理性的技术概念置换资源和气候的任意生态分布的努力。[1]

维纳认为：新工业革命是一把双刃刀，它可以用来为人类造福，但是，仅当人类生存的时间足够长时，我们才有可能进入这个为人类造福的时期。新工业革命也可以毁灭人类，如果我们不去理智地利用它，它就有可能很快发展到这个地步的。然而，目前已经呈现出一些有希望的迹象。[2]

安东尼·吉登斯认为：在现代性条件下，工业主义构成了人类与自然之间相互发生作用的主轴线。由科学与技术的联盟所构筑起来的现代工业，却以过去世世代代所不能想象的方式改变着自然界。在全球的工业化地区，并且逐渐在全球别的地方，人类开始生活在一种人化环境之中，这当然也是一种物质性的活动环境，但是它再也不仅仅是自然的了。不仅是建造起来的城市区域，而且绝大多数其他地区也都成了人类调整或控制的对象。[3]

迪德里齐认为：工业化不是国家发展的唯一方式。这个世界的非工业化国家并不是欠发达，而只是与工业化国家发展的方式不同。因此，今天，它们的技术贡献较小。但它们因此也较少与大自然分割，就是说，更接近于那种完整的自然状态，使它们在克服分割状态后具有更高的更新世界的能力。今天世界各国人民以其拥有的一切手段企图实现的工业化，从长期来说，是以世界市场剥夺了工业化国家的生存基础。从生态角度看，这是不可理喻的，在许多国家是不必要的。如果没有工业化，它们的生存也能得到保障。这从世界的高度看是可以接受

---

[1] ［美］丹尼尔·贝尔：《资本主义文化矛盾》，赵一凡等译，生活·读书·新知三联书店1989年版，第68页。

[2] ［美］N. 维纳：《人有人的用处》，陈步译，商务印书馆1989年版，第132页。

[3] ［英］安东尼·吉登斯：《现代性的后果》，田禾译，黄平校，译林出版社2000年版，第53页。

的。这样，就可以在已经不再相互竞争的国家之间进行自然的劳动分工。❶

改革开放以来，中国经济进入了快速发展期。东南沿海地区轻工业生产快速增长，工业“三废”排放量大量增加，重化工、能源等行业的发展使得各种电厂、化工厂等纷纷在此投资建厂。受经济利益的驱使和政府监管不力等因素的影响，非法高污染的小型企业相继出现，造成了国内自然环境急剧恶化。近年来，由于工业化而造成的严重污染事件屡见不鲜。典型的是太湖污染、松花江水污染等严重的环境污染事件。2012 年 12 月 31 日山西天脊煤化工集团有限公司苯胺泄漏事故经调查被认定是一起由企业安全生产责任事故引发的重大环境污染事件，共有 8.7 吨苯胺泄漏，随浊漳河水流入河南、河北两省，给河水流经之处的居民日常饮水带来严重危害，并造成浊漳河严重水污染。

2013 年伊始，中国东北、西北、华北和江南大部分城市出现雾霾天气，PM2.5 等空气污染指数连破纪录，引发全国甚至是全世界关注的目光。据 2013 年 1 月 15 日中央电视台《新闻 1+1》报道，中国中东部的大部分地区被雾霾笼罩。截至 14 日零时，在全国 74 个监测城市中，有 33 个城市的部分监测站点，检测数据都超过了 300，这意味着这些城市的空气质量已经达到了严重污染。雾霾天气导致道路管制、企业停工、机场关闭、港口停运，并使得市民的工作生活受到了很大影响。不仅如此，在多地的医院，患上呼吸道疾病的病人在大幅增加，北京部分

❶ ［德］海因兹·迪德里齐等：《全球资本主义的终结：新的历史蓝图》，徐文渊译，人民文学出版社 2001 年版，第 34~35 页。

中小学的体育课甚至改在了室内进行。❶

来自《新华网》援引2013年1月15日《钱江晚报》的一篇题为《全球紧盯中国雾霾》的文章甚至表达出“震惊”。文章指出：中国持续数天的雾霾天气已经引发全球关注。美国《纽约时报》13日的报道将北京城形容为“机场里的吸烟区”，德国《明镜》周刊更直指“北京是世界上最脏的城市之一”。文章还援引英国、澳大利亚、俄罗斯、德国和加拿大的评论文章来表达“恐怖雾霾让全球震惊”。❷

雾霾的形成原因比较复杂，主要有自然原因、工业污染、汽车尾气、取暖供热等因素。文章分析造成本次雾霾的原因时指出“邻近北京的河北省有大量工厂，北京的汽车保有量近年来以令人吃惊的节奏激增”等因素。美联社则将本次空气污染归咎于“中国快速的工业化、汽车保有量的爆炸性增长、对煤炭能源的依赖及对环境保护法律缺乏尊重等”。雾霾的产生，根源在于工业化和城镇化。我国快速工业化、城镇化过程中所积累的环境问题凸显，高耗能、高排放、重污染、产能过剩、布局不合理、能源消耗过大和以煤为主的能源结构持续强化，城市机动车保有量的快速增长，污染排放量的大幅增加，建筑工地遍地开花，污染控制力度不够，主要大气污染排放总量远远超过了环境容量等多种原因造成一些大中城市的雾霾不断发生。目前，中国消费了世界约45%的钢铁和约60%的水泥，节能和清洁措施的推广还需要时间并考虑成本，因此从总体上中国工

❶ 《雾霾中国》，载南方周末，2013年1月15日，http://www.infzm.com/content/85163，最后访问时间：2013年3月25日。

❷ 《全球紧盯中国雾霾》，载新华网，2013年1月15日，http://news.xinhuanet.com/world/2013-01/15/c_ 124230259.htm，最后访问日期：2013年2月25日。

业排放仍是空气污染的重要来源。❶ 因此，破解雾霾天气要靠新型工业化、城镇化解决问题。

2013 年 3 月 20 日，中国环境保护部公开发布的《化学品环境风险防控“十二五”规划》显示，中国化学品污染防治形势十分严峻。中国有 3000 余种化学物质对人体健康和生态环境危害严重，个别地区甚至出现“癌症村”等严重的健康和社会问题。

2. 乡镇企业对生态环境的影响

乡镇企业遍地开花，产值已占工业总产值的“半壁江山”。在引导农民走向富裕和安置大量就业人员中，乡镇企业发挥了突出作用。作为中国所独有的一种工业化方式，乡镇企业是中国工业化的重要组成部分，在推动中国工业化进程中功不可没。但由于其经营粗放、技术和管理水平落后，能源和原材料消耗多，加之布局分散、治污能力低下，用于控制污染的投入有限，所排放的主要污染物已占工业企业的一半左右，对中国的生态环境造成巨大危害。特别是有些乡镇企业采用原始的、极为落后的工艺进行生产，如小炼硫、小炼砒、小炼焦等，往往把一片生物繁茂的地区，变成“死亡地带”。乡镇企业的污染正在蔓延，甚至将乡镇的环境污染与城市的环境污染连成一片。同时，长期以来，乡镇企业生产者的有限理性，对环境还没有足够的科学认识，片面追求产值的增长而忽视了对资源、环境的保护等主观方面的原因，使得乡镇企业在快速发展的同时，也带来了严重的环境问题。主要表现为对自然资源的浪费和破坏以及因“三废”排放造成的环境污染。

（1）资源的浪费和破坏。由于生产工艺落后、设备简陋、

❶ 孙力舟：《工业化进程中的“雾霾”》，载《社会观察》2013 年第 2 期，第 49 页。

管理不善等原因，乡镇企业往往造成资源、能源、原材料的大量浪费，一些资源密集型行业如小土焦、小冶炼、小硫黄等对资源的浪费和破坏尤为突出。这些行业多集中在中、西部资源较丰富而经济落后的地区，由于采用落后甚至原始的开采方式和生产方式，资源利用率低下，大量资源未被利用而以“三废”形式排到环境中去，既浪费了资源，又污染了环境。乡镇矿冶企业开采多用简单落后的采矿法、干式作业，矿石回采率一般低于国有矿山。特别是一些个体开采者采富弃贫，对矿产资源进行掠夺式开采，资源破坏现象非常严重。表 4-3 是几个矿产区开采回收率的乡镇企业和国有企业对比情况。

表 4-3　乡镇企业和国有企业矿区开采回收率情况表

矿山种类	回收率（%）		国有/乡镇
	国　有	乡　镇	
煤矿	50	10	5
铝土矿	80	10	8
锰矿	50	35	1.43
铁矿	40	35	1.14
锑矿	31	24	1.29
硫铁矿	25	23	1.08
铅矿	85	38	2.24
汞矿	90	50	1.8

资料来源：王健民等，《全国乡镇工业环境污染对策研究》，江苏人民出版社 1993 年版。

同时，乡镇工业土法生产工艺的资源浪费现象极为严重。表 4-4 是炼硫黄、炼汞、炼铅锌、炼焦等行业土法生产工艺同先进生产工艺的冶炼回收率和资源利用率对比情况。

表 4-4　不同生产工艺的资源利用率对比　　单位：%

行业	乡镇企业土法生产工艺		国有企业先进生产工艺	
	冶炼回收率	资源总利用率	冶炼回收率	资源总利用率
炼硫黄	45	18	85	68
炼汞	30	22	95	82
炼铅锌	30	28	75	57
炼焦	52	52	78	78

资料来源：王健民等，《全国乡镇工业环境污染对策研究》，江苏人民出版社 1993 年版。

乡镇企业的能耗、水耗和其他物耗一般要比城市国有工业大，表 4-5 为乡镇小造纸厂与国有造纸厂的能耗、物耗对比情况。

表 4-5　造纸厂能耗、物耗对比情况

产品	能耗（千克/吨纸）			水耗（千克/吨纸）			稻麦草（吨/吨纸）		
	乡镇	国有	乡镇/国有	乡镇	国有	乡镇/国有	乡镇	国有	乡镇/国有
板纸等本色色纸	1132	454	2.49	545	200	2.72	1.55	/	/
漂白纸	1800	1016	1.77	778	500	1.56	2.93	2.67	1.1

资料来源：王健民等，《全国乡镇工业环境污染对策研究》，江苏人民出版社 1993 年版。

乡镇企业对农村耕地的占用和破坏也日益严重。随着乡镇企业的不断发展，农村耕地面积逐年下降，据统计，中国乡镇企业最发达的江苏省，每年耕地减少的速度为 0.7%～0.8%，其中苏州、无锡等地耕地年递减率达 10%左右。

（2）环境污染。乡镇企业在蓬勃发展的同时，乡镇企业的

“三废”排放对农村和城镇环境造成严重的污染，快速发展的乡镇企业与生态环境不断恶化之间的矛盾日益突出。乡镇企业为了实现经济增长，在生产过程中大量向周边环境排放有害物质，造成了严重的水体污染、空气污染等问题，不仅挑战着当地环境的承载极限，更对人体健康造成了现实的或潜在的危害，给人们的生产生活带来了巨大压力。

二、日益加快的城市化

城市化与工业化的关系问题一直是中国城乡关系的核心问题。中国城乡关系的不协调主要表现为“工业化超前、城市化滞后”。问题的根源在于隔离城乡的体制和过度扭曲的资源配置机制。世界银行在《2002年的中国》中开宗明义：“当前的中国正经历两个转变，即从指令性经济向市场经济转变，从农村、农业社会向城市、工业社会的转变。”❶ 伴随着经济体制的改革和社会主义新农村建设的推进，中国社会正在实现由传统的农村社会向现代城市社会的转变。

张鸿雁先生在他所著的《侵入与接替》一书中指出：“在当代中国特定的社会经济形态转型与城市社会结构变迁的过程中，中国社会变迁主潮集中体现在城市化和城市现代化的进程之中。事实已经证明：只有使亿万‘乡村人’转化为‘城市人’，才能使中国在完全意义上实现现代化。”“中国的现代化必须走改变农村社会结构和农业结构的道路，即创造与城市社会结构变迁及城市化进程相适应的、与现代化市场经济关系适应的‘城市性结构农业经济’的模式。”❷

❶ 黄晋太：《二元：城市化与工业化》，中国经济出版社2006年版，第165页。

❷ 张鸿雁：《侵入与接替：城市社会结构变迁新论》，东南大学出版社2000年版，第69页。

（一）改革开放以来中国城市化发展历程

城市化进程在中国经济增长过程中扮演着十分重要的角色。在中国典型的二元经济结构中，城市化进程会聚集物质资本、人力资本和知识资本等要素，城乡明显的收入差距促使农村剩余劳动力向城市流动，以此来推动服务产业的增长，加速产业结构的升级，从而促进中国经济增长（沈坤荣等，2007；郭文杰，2007）。

新中国成立后，特别是在改革开放和市场经济体制确立后，中国的城市化进程出现了前所未有的高速发展阶段。宁克平通过对城市和人口的研究，总结了新中国成立以来中国城市化的历史进程大致可以分为如下四个发展时期：❶

首先，1949—1957 年为第一个时期。这一时期由于工业化发展战略，中国农村人口向城市迁移，造成城市人口大增。据有关资料显示，1949 年，中国 132 个城市中，人口为 2700 多万人，城市化水平为 5%。❷ 随着中国工业建设的发展和布局的调整，到 1957 年年末，中国的 177 个城市中的人口占全国总人口比重上升到 15%。

其次，1958—1978 年为第二个时期。这一时期，由于 1958 年户籍管理制度的出现，中国城市化曾一度出现了严重的波折乃至停滞状态。严格的户籍管理制度严重阻碍了城乡人口的流动。加之以知识青年“上山下乡”等“反城市化”的出现和“三线”战备建设等，使中国的城市化进程失去了整体良性发展契机。

再次，1979—1991 年为第三个时期。这一时期，中国大地

❶ 宁克平：《城市与人》，人民出版社 2009 年版，第 59~64 页。

❷ 纪晓岚：《论城市本质》，中国社会科学出版社 2002 年版，第 267 页。

吹响了改革开放的号角，社会主义建设进入新的历史时期，中国城市化发生了历史性转折。由于经济体制改革的有力推动，鼓励小城市成长及发展农村集镇的新政策，大力扶持乡镇企业的发展等措施，特别是经济特区、沿海开放城市的设立，使得个体私营经济和引进外资等获得巨大发展，开放了农产品市场，加强了流通领域投资，加快了城市住房建设，为中国城市化高潮的到来营造了必要的社会经济环境，同时使得中国人口流动的自由度获得了空前的提高，农村及贫困地区人口向城镇及富裕地区的大流动，构成了中国历史上前所未有的“民工潮”的壮观景象。据统计，这一时期中国城镇人口年平均增长率达到 11%。[1] 城市化率从 1979 年的 17.92%上升至 1991 年的 26.94%。[2]

最后，1992 年至今为第四个时期。这一时期，随着市场经济体制的建立和进一步发展，中国城市化进程彻底摆脱了计划经济的束缚进入了飞跃发展阶段。1992 年邓小平南方谈话有力地推动了中国改革开放向纵深发展，开始向市场经济全面推进。1994 年前后，中国“民工大潮”开始汹涌澎湃，在广州、深圳、北京、上海等大城市，出现了数以百万计的民工队伍，在全国则已有上亿流动人口大军。自改革开放以来，深圳从人口仅有 33.29 万的小渔村变为人口达 1400 万的超级大都市，且城市化程度已接近 100%。其中户籍人口 200 余万，流动人口达到 1200 余万。[3]“到 1996 年中国城市化水平已由 1978 年的 17%上

---

❶ 胡伟略：《中国人口城市化挺进新世纪》，载《中国人口报》1998 年 8 月 9 日。

❷ 国家统计局编：《中国统计年鉴 2007》，中国统计出版社 2007 年版。

❸ 关于深圳市到底有多少人口，人口结构组成又如何，由于拥有大量的流动人口，深圳的人口总数一直无法确切地掌握。本研究在此提供相关文献，供读者自行判断。(1) 深圳市统计局曾于 2006 年 4 月 27 日公布，至 2005 年 11 月 1 日零时，全市常住人口为 826.94 万人。请参阅深圳市 2005 年全国 1%人口抽样调查主要数据公报（第一号），http://www.sztj.com/pub/sztjpublic/tjgb/pcgb/rkpcgb/t20060518_ 6044.html，

升到30%左右，而实际城市化水平据专家估计已达到35%至38%”。❷ 随着社会主义市场经济的纵深发展、产业结构的优化组合以及农民工源源不断地涌向城市，中国城市化水平逐年上升，已颇具规模。中国1978年的城市化率为17.92%，经过近30年的发展，到2006年年底城市化率为43.90%，年平均增长率为5%左右，城镇人口也从1978年的1.72亿人上升到2006年年底的5.77亿人❸，如表4-6所示。

表4-6　1978—2006年全国人口总数、构成及比例表

年份	年末总人数（万人）	按性别分				按城乡分			
		男		女		城镇		乡村	
		人口数（万人）	比重（%）	人口数（万人）	比重（%）	人口数（万人）	比重（%）	人口数（万人）	比重（%）
1978	96259	49567	51.49	46692	48.51	17245	17.92	79014	82.08

（接上注）
深圳市统计局。(2) 根据深圳市公安局和深圳市出租屋管理办公室截至2006年7月10日的联合清查数字，加上统计缺口部分，深圳居住在出租屋的外来人口有892万9157人，居住在单位宿舍的外来人口有168万4438人，居住在自购房屋的外来人口133万6800人，居住在工地现场、地头、临时建筑内、桥下、其他厂所及居住在户籍人口家中的家政人员273260人，共计外来人口12223655人，加上182万户籍人口，总人口数达1404万人。请参阅查振祥，“深圳市人口现状、问题和对策研究，”载《特区经济》2006年第10期，第12页。(3) 然而，从各区人口计划生育局提供的资料显示，至2007年深圳人口已经超过1400万，外来人口超过1200万。这也是深圳市副市长李铭，在2007年9月20日深圳市流动人口计划生育管理和服务暨“两无”活动经验交流会上透露的数字。请参阅：《深圳人口突破1400万，外来人口超1200万》，载搜狐新闻，http://news.sohu.com/20070920/n252258730.shtml，最后访问时间：2013年4月5日。

❷ 陆学艺等：《中国改革中期的制度创新与面临的挑战》，载《社会学研究》1997年第1期，第9页。

❸ 国家统计局编：《中国统计年鉴2007》，中国统计出版社2007年版。

续表

年份	年末总人数（万人）	按性别分				按城乡分			
		男		女		城镇		乡村	
		人口数（万人）	比重（%）	人口数（万人）	比重（%）	人口数（万人）	比重（%）	人口数（万人）	比重（%）
1980	98705	50785	51. 45	47920	48. 55	19140	19. 39	79565	80. 86
1985	105851	54725	51. 70	51126	48. 30	25094	23. 71	80757	76. 29
1990	114333	58904	51. 52	55429	48. 48	330195	26. 41	84138	73. 59
1991	115823	59466	51. 34	56357	48. 66	31203	26. 94	84620	73. 06
1992	117171	59811	51. 05	57360	48. 95	32175	27. 46	84996	72. 54
1993	118517	60472	51. 02	58045	48. 98	33173	27. 99	85344	72. 01
1994	119850	61246	51. 10	58604	48. 90	34169	28. 51	85681	71. 49
1995	121121	61808	51. 03	59313	48. 97	35174	29. 04	85947	70. 96
1996	122389	62200	50. 82	60189	49. 18	37304	30. 48	85085	69. 52
1997	123626	63131	51. 07	60495	48. 93	39449	31. 91	84177	68. 09
1998	12476	63940	51. 25	60821	48. 75	41608	33. 35	83153	66. 65
1999	125786	64692	51. 43	61094	48. 57	43748	34. 78	82038	65. 22
2000	126743	65437	51. 63	61306	48. 37	45906	36. 22	80837	63. 78
2001	127627	65672	51. 46	61955	48. 54	48064	37. 66	79563	62. 34
2002	128453	66115	51. 47	62338	48. 53	50212	39. 09	78241	60. 91
2003	129227	66556	51. 50	62671	48. 50	52376	40. 53	76851	59. 47
2004	129988	66976	51. 52	63012	48. 48	54238	41. 76	75705	58. 24
2005	130756	67375	51. 53	63381	48. 47	56212	42. 99	74544	57. 01
2006	131448	67728	51. 52	63720	48. 48	57706	43. 90	73743	56. 10

注：1. 1982年以前数据为户籍统计数；1982—1989年数据根据1990年人口普查数据有所调整；1990—2000年数据根据2000年人口普查数据进行了调整；2001—2004年和2006年数据为人口变动情况抽样调查推算数；2005年数据根据全国1%人口抽样调查数据推算。

2. 总人口和按性别分人口中包括中国人民解放军现役军人，按城乡分人口中现役军人计入城镇人口。

3. 本表各年人口未包括香港、澳门特别行政区和台湾省的人口数据。

资料来源：国家统计局：《中国统计年鉴 2007》，中国统计出版社 2007 年版。转引自：宁克平：《城市与人》，人民出版社 2009 年版，第 65 页。

如果用“诺瑟姆城市化发展的 S 形曲线”[1] 表达中国城市化进程的话，如图 4-4 所示。

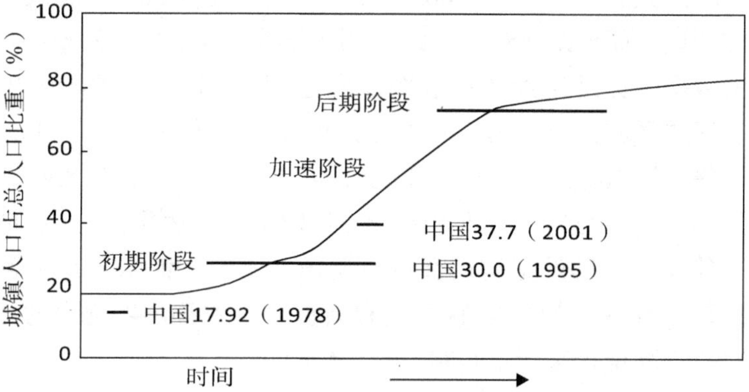

图 4-4　城镇化过程曲线

资料来源：上图根据本研究自行设计。

---

[1] 美国著名学者诺瑟姆通过对英美等国近一二百年城市发展历史进行研究发现，如果把城镇人口数占总人口数量比重数量关系连成一条线的话，其总体变化过程大致可以看成是一条稍被拉平的 S 形曲线，从这条曲线中可以明显地看出城市化过程的三个阶段性特征，即初期阶段表现为城市水平较低、发展较慢，中期加速阶段表现为人口向城市迅速聚集、后期阶段表现为进入高度城市化以后城镇人口比重的增长又趋缓慢甚至停滞。初始阶段：城市化水平达到 10% 就表明城市化进程开始启动，该阶段城市人口占区域总人口的比重低于 25%，城市发展缓慢，经历的时间长，区域处于传统农业社会状态；加速阶段：城市人口占区域总人口的 30% 以上，农村人口开始大量进入城市，城市人口快速增加，城市规模扩大，数量增多，城市人口占区域总人口的比重达到 60%～70%，工业在区域经济和社会生活中占主导地位；稳定阶段：城市人口占区域总人口的 60% 以上后，城市人口增长速度下降，城市人口增长处于稳定的发展时期。

然而，陆大道通过对中国城市化的研究发现，由于受中国城市间 GDP 等竞争因素的影响，中国城市化进程出现了“土地城市化”过快等冒进式城市化现象，城市发展严重失控（陆大道，2007），占用了大量优质土地资源。如北京 1996 年的建成区面积为 476 平方公里，到 2006 年年底增加为 1254 平方公里；深圳建成区自 1979 年的 2.81 平方公里，增加到 2000 年的 467.3 平方公里，[1] 增长 160 多倍。2005 年建成区面积达到 551 平方公里，而根据 2007 年第二届中国建设工程质量论坛中所公布的数据，更是达到 710 余平方公里。[2] 杭州市、西安市 1996 年的建成区面积分别为 148 平方公里和 102 平方公里，到 2006 年年底分别增长到 261 平方公里和 347 平方公里，大多数城市在短短的十年之间建成区面积激增 3～4 倍。[3] 这种城市土地的扩张和伴随的基础设施建设会侵占良田、林地、水域、湿地等生态用地，改变生物环境的组成和结构，导致环境容量的减小，并对生态环境带来严重影响。

（二）主导中国城市化进程的因素分析

关于是什么推动了中国城市化进程的探讨，学术界进行了

[1] 王爱民、刘加林、尹向东：《深圳市土地供给与经济增长关系研究》，载《热带地理》2005 年第 1 期，第 20 页。

[2] 深圳建成区面积由于近年快速增加，每年数据落差极大，由于资料更新问题，本研究提供几组不同数据供读者参考：(1) 中国城市统计年鉴，2005 年，中国国家统计局，2005 年。《中国主要城市建成区面积排名》，载年轻人中文网，http://www.cnyouths.com/yuanming/news_ view.asp?newsid=3132，最后访问时间：2013 年 2 月 15 日。(2) 另有数据指出，2007 年深圳市建成区面积达 710 余平方公里。《深圳 18 层以上高楼 4300 余栋，建成区 710 多平方公里》，载珠三角地产网，http://news.zsjdc.com/2007/11-23/1117010135.html，最后访问时间：2012 年 12 月 20 日。(3) 杨小毛、秦华鹏、傅丽、赖梅东、胡嘉东，《净化深圳水环境——水环境治理对策和管理对策调查报告》，载《深圳特区科技创业月刊》2005 年第 1 期，第 11～12 页。

[3] 数据来源：历年《中国统计年鉴》和《中国城市年鉴》。

多方面的思考和论证。吴忠民关于城市化的原因和动力机制问题给出了三种解释：经济动力、比较利益驱动和制度变迁的促进。[1] 笔者认为这三个方面的确反映了主导中国城市化过程的因素，很有见地。吴忠民认为："经济动力" 主要体现在农业的 "推力" 和工业的 "拉力" 方面，即由于农业生产力的提高，出现大量剩余农业劳动力为城市工业和第二产业的发展提供了后备劳动力大军；工业的发展带动了第三产业的发展，为农业剩余劳动力提供了新的就业机会。正是在这 "一推一拉" 的综合作用下出现了农村人口向城市的流动，城市地域不断扩展，数量日益增多，从而形成城市化。同时，市场化的优胜劣汰及其对资金、人才、技术、物资等资源的配置、调节作用，也是推动城市发展的强大动力；"比较利益驱动" 则是指农业由于受到市场和自然因素的双重限制，相对于第二、第三产业而言，是一个比较利益较低的弱质产业。因此，农业内部的资本、劳动力等生产要素必然要在非农部门外在拉力和农业部门内在推力的双重作用下流向非农部门。同时城乡之间居民收入方面的差异、基础设施和社会保障方面的差异、公共卫生服务体系和教育系统的差异等，导致乡村人口在空间上向城市地区流动或乡村地区向城市社区的演变；在制度变迁的促进方面，吴忠民先生通过列举 "户籍制度" "劳动就业制度" "粮食供应制度" "住房医疗" 以及其他福利制度等制度性因素来阐明农村城市化与制度安排及其变迁密切相关。随着国家制度方面的改革推动中国城市化的发展。

徐和平则更多地从政府角色转换的视角分析了中国城市化

[1] 吴忠民：《社会学理论研究》，中共中央党校出版社 2004 年版，第 129~130 页。

进程中的动力因素。[1] 他认为随着中国社会发展进程的变化，政府的角色也发生了根本性的转变。整个20世纪50年代，政府角色不仅是规划师，而且肩负起制造业厂商及销售商的责任。在城市安排了大量的工业项目，新创造了大量的就业岗位，大规模地推动城市化的进程。50年代后期城市化过速发展带来了一些严重的问题，政府政策也发生了很大的变化。60年代由于“三线”备战、“知青下乡”等因素，中国城市化发生了逆转，人口由大城市聚集转向小城镇及农村分散。1978年后，政府调整政策“下乡知青”“下放”干部及其家属纷纷返回城市，高校毕业生、退伍军人大量涌入城市，城市人口增长较为迅速，城市化出现加快的步伐。农村及小城镇人口也开始大规模涌入城市打工、经商及开办企业，他们中不少人在城市定居下来。中国城市化水平迅速提高，2009年达到46%。80年代之后，城市化快速推进时，政府角色发生了变化，政府非常重视制造商及市场的作用，地方政府建筑工程师角色逐渐加强。90年代之后，政府运用政策手段通过土地运作来提供城市发展的资金，城市化驱动力由制造业逐渐向政府与房地产双重驱动演化。

本研究则更多地从政府和市场两个主体方面来考察中国城市化动力机制问题。影响城市化进程的因素还可以列举出很多，但是，综合起来，从主体角度来说，政府是最大的推动力量，政府通过制度创新和公共政策供给来推动着人口的自由而有序的流动，主导着城市化的整体进程；而市场则是通过产业结构转化、聚集经济效应、生产要素流动和经济全球化等力量共同主导着城市的产业空间聚集，并以此彰显市场机制在城市化中的关键动力因素。同时，市场化作为关键动力其最大化功效的

---

[1] 徐和平：《经济发展中的大国城市化模式比较研究》，人民出版社2011年版，第286~288页。

发挥主要依靠四种力量综合作用，即产业结构转化作为核心动力、聚集经济效应作为内生动力、生产要素流动作为直接动力和经济全球化作为加速动力。总之，中国的城市化进程就是在政府和市场这两大主导因素的综合作用下共同推动人口的有序流动和产业的空间聚集来实现的，在此引用景春梅的研究图示说明，如图 4-5 所示。

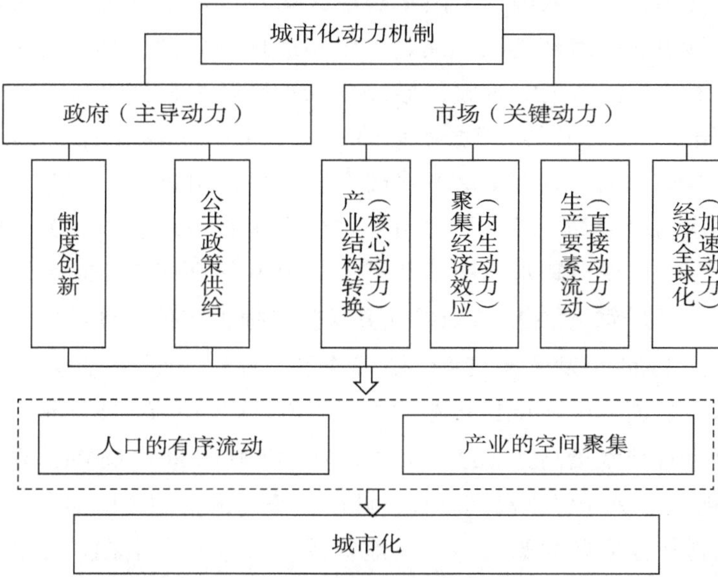

图 4-5　中国城市化动力机制

资料来源：景春梅：《城市化、动力机制及其制度创新——基于政府行为的视角》，社会科学文献出版社 2010 年版。

（三）中国城市化发展带来的生态环境问题

随着城市化的推进，大批劳动力涌入城市，城市经济快速增长。尽管城市化进程对中国经济存在诸多促进作用，其对环境质量影响的分析却不容忽略。随着城市空间的日益扩展，城市水土资源需求急剧增加，带来一系列资源短缺和生态破坏问题；城市生产、生活排出大量废弃物，常常超出城市生态系统的自然净化能力，造成一系列环境污染问题。❶

1. 资源短缺

城市化地区人口密集、经济发达、自然资源短缺、生态环境脆弱，城市发展和城市化常常引起水资源短缺、土地资源短缺和能源资源短缺等。中国水资源人均占有量少且主要分布在人口稀少的西南部地区，加之以中国的地理条件、经济飞速发展及其水资源污染等因素，导致西北干旱区和东部沿海区水资源短缺严重。同时由于城市化的发展所带来的城市工业发展、城市人口增加、城市生活方式改变以及城市附近农田和蔬菜灌溉用水的增加等，导致了城市对水的需求日益增加。有关资料显示，中国城市缺水范围不断扩大。1979 年全国有 154 个城市缺水，平均每天缺水 88×10^5 立方米，年损失产值总计约 320 亿元，至 1984 年发展到 188 个城市缺水，日缺水量达 120×10^5 立方米。目前，中国 661 个城市中，有 400 多个城市供水不足，全国城市日缺水量高达 160×10^5 立方米，年缺水量约 60×10^8 立方米。❷ 对于处于经济高速增长、城市化快速进程的中国而言，土地资源短缺问题尤为明显。土地资源短缺主要发生在东部沿海的一些大城市和特大城市。城市经济的高速发展进一步带动了人口向这些城市的空间集聚，城市的工业用地和居住用地需求空前膨胀，使得大多数城市均呈现出摊大饼式的空间扩张趋势，土地资源压力巨大，如北京、广州、深圳等城市。最为严重的

❶ 方创琳、鲍超、乔标等：《城市化过程与生态环境效应》，科学出版社 2008 年版，第 47 页。

❷ 刘耀彬：《城市化与资源环境相互关系的理论与实证研究》，中国财政经济出版社 2007 年版，第 174 页。

是，由于现代城市建筑结构特征，土地资源的城市利用方式一般不可逆转。徐小黎认为导致中国城市化过程中耕地不断减少的原因主要有两个方面：一方面，城镇化导致建设用地、开发区等对耕地的侵占；另一方面，随着耕地的减少，在现有耕地上越来越密集、过度的垦荒、耕作，导致严重的生态退耕。❶ 在城市地区，城市制造业和工业更加密集，城市基础设施需要更多的能源以满足高密度人口的正常运作，城市家庭也拥有越来越多的电器，城市居民的出行也越来越依靠能源密集型的交通工具。这些变化导致城市比农村的能源需求更加旺盛。对于北京和上海这类大城市而言，其主要能源利用类型是石油和电力。而对于一些中小城市和电力能源缺乏的城市，则以燃烧更多的生物燃料为能源补充，如中国北方农牧区交错带的一些县城等。巨大的能源消耗量对环境都造成了极其严重的影响，是能源产出地面临资源枯竭、地面沉降等生态环境恶化的问题，也使能源消耗地面临空气污染等问题。从某种程度上说，2013 年伊始中国北方和中东部持续的雾霾天气与工业燃煤和家庭取暖燃煤有很大的关系。

2. 生态破坏

城市化引起的生态破坏效应主要体现在三个方面：一是在快速城市化开发或基础设施建设中，忽视城市的生态环境保护工作，导致城市周边大量农田、草地、林地、湖泊被水泥建筑物和柏油路面所取代，生态植被遭受大量破坏，生物多样性逐渐丧失，同时过度的地表扰动，破坏地貌和植被引起严重的水土流失。如北京、天津、武汉等城市；二是城市化过程中过度开采地下水导致地面沉降和塌陷、地裂缝、海水入侵、熔岩塌

❶ 刘耀彬：《城市化与资源环境相互关系的理论与实证研究》，中国财政经济出版社 2007 年版，第 176 页。

陷等一系列环境地质问题近年来时有发生，有些地区表现得相当严重。如上海、济南等城市；三是环渤海周边的河北、天津、大连等地以及长江三角洲的江浙沿海城市进行大规模的“围填湖”“围填海”造城运动，也严重破坏了沿海城市的地貌，使很多湿地成片消失，给防洪蓄洪工作带来极大困难。据相关统计数据显示，“与20世纪50年代相比，中国累计丧失57%的滨海湿地，2/3以上海岸遭受侵蚀，沙质海岸侵蚀岸线已逾2500公里。”❶

3. 环境污染

改革开放以后，由于经济粗放式增长使中国城市空气质量逐步恶化，在20世纪末，全国“黑烟城市”比比皆是。随着高污染工业企业外迁的“蓝天计划”的推行，中国城市空气质量恶化的趋势有所减缓，但整体污染水平仍较高。根据世界银行等机构提供的数据，在全球污染最重的20个城市中，有16个城市位于中国，其中前10位中，中国占7个。和农村相比，城市地区的排放对环境的影响巨大，具体说来，城市发展和城市化造成的环境污染主要包括大气环境污染、水环境污染、固体废弃物污染等环境污染。大气环境和水环境在城市化过程中最容易受到污染。这主要是城市地区人口密集，消费水平高，排放了大量废物，加之以城市化条件下的经济增长和工业化带来的工业污染排放增加造成的。

（1）工业SO_2、TSP、氮氧化物是最主要的大气环境污染物质。据环保部2010年《全国环境统计公报》显示，2010年，全国废气中二氧化硫排放量2185.1万吨，其中，工业二氧化硫排

❶ 《围填海生态影响调查（下）：围填海三问》，载中华人民共和国环境保护部网站，http://www.zhb.gov.cn/zh××/hjyw/201206/t20120629_ 232590. htm，最后访问时间：2013年1月12日。

放量 1864.4 万吨，占二氧化硫排放总量的 85.3%。烟尘排放量 829.1 万吨，其中，工业烟尘排放量 603.2 万吨，占烟尘排放总量的 72.8%。[1] 工业 SO_2 主要来源于城市工业生产、生活取暖等排放的污染物；TSP 主要来源于一些大型工厂、空气浮尘等；氮氧化物的污染主要发生在交通干道沿线，特别是在交通路口，由于受机动车辆排气的影响，氮氧化物的浓度较高。随着城市规模的扩大，人们对机动车，特别是对汽车的需求增加，而汽车废气排放已使中国城市大气污染成分发生改变。发生于 2013 年年初的困扰北京、天津、河北、河南、山东、江苏、安徽、湖北、湖南等地区持续多日的雾霾天气与城市机动车尾气排放有很大关系。据报道，此次全国灰霾总面积达 143 万平方公里，最严重的是京津地区，北京市部分路段能见度降到 500 米以下，全市空气质量达到“严重污染”程度。近日中科院公布了一项最新研究结果，此次京津冀强雾霾空气中检出大量含氮有机颗粒物，研究人员称这是洛杉矶 20 世纪光化学烟雾的主要成分之一，是个非常危险的信号。研究表明，强雾霾事件是“人为粗放式排放和自然生态被破坏的直接后果”，“在北京地区，城市 PM2.5 的最大来源的机动车尾气排放约为 1/4；燃煤和外来输送各占 1/5。”[2]

（2）水环境污染物质主要来自城市工业生产排放的废水和生活污水。相关研究表明，全国每年废污水排放量达 380 多亿吨，其中大部分是由城市所排放，这些废水未经处理直接流入

[1] 《全国环境统计公报（2010）》，载中华人民共和国环境保护部，http://zls.mep.gov.cn/hjtj/qghjtjgb/201201/t20120118_ 222703.htm，最后访问时间：2013 年 1 月 10 日。

[2] 《京津雾霾检出危险物，人类污染物排放是内因》，载大众网·潍坊，http://weifang.dzwww.com/mshshh/201302/t20130218_ 8032214.htm，最后访问时间：2013 年 3 月 21 日。

江、河、湖、海，使地表水、地下水受到了严重的污染。❶ 据环保部2010年《全国环境统计公报》显示，“2010年，全国废水排放总量617.3亿吨，比上年增加4.7%。其中，工业废水排放量237.5亿吨，占废水排放总量的38.5%，比上年增长1.3%；城镇生活污水排放量379.8亿吨，占废水排放总量的61.5%，比上年增加6.9%。”❷

随着中国城市化速度的加快，水污染问题日趋严重，工业发达城镇附近水域污染更为突出。目前，中国的江河湖库普遍受到不同程度的污染，全国七大水系中一半以上的河流受到污染。据环境部门监测统计，全国城镇每天至少有1×10^8吨污水未经处理直接排入水体。90%的城市水域污染严重，50%的城镇水源不符合饮用水标准，40%的水源已不能饮用，南方城市总缺水量的60%~70%是水源污染造成的。30%的重点城市饮用水源地水质达不到Ⅲ类标准，流经城市90%的河段受到不同程度的污染。有50个城市的水环境功能区水质达标率低于50%。太湖、巢湖、滇池多次出现大面积藻类污染；武汉东湖、杭州西湖、南京玄武湖、济南大明湖，湖水水质都为劣Ⅴ类，总氮或总磷污染严重。❸ 一些地区因水污染加剧了水资源危机，一些地区因水污染使农田生态环境恶化，一些地区因饮用劣质水导致地方病增加而使得居民健康受损。由于水污染，取水成本几倍乃至几十倍的增加；由于水污染，许多地域的水失去应有的功

---

❶ 李秉成：《中国城市生态环境问题及可持续发展》，载《干旱区资源与环境》2006年第2期，第1~6页。

❷ 《全国环境统计公报（2010）》，载中华人民共和国环境保护部，http://zls.mep.gov.cn/hjtj/qghjtjgb/201201/t20120118_ 222703.htm，最后访问时间：2013年1月10日。

❸ 载中国环评吧，http://www.eia8.com/news/china/200810/29~450_ 3.html，最后访问时间：2013年2月20日。

能。据统计，中国每年因水污染造成的损失约340亿元。水污染大大加剧了中国水资源的危机，成为水资源持续利用的一大突出问题。相对于工业污水，世界上大多数的生活污水未经处理就直接排放。WRI 1997年的报告显示，在发展中国家，90%或更多的污水未经任何处理就被排放到水体内。生活污水中含有大量氮和磷，是富营养化的主因。水体富营养化会影响水质及水体内鱼虾等的生存，造成水体生态的严重破坏，人畜长期饮用这些物质含量超标的水也会出现中毒或致病。同时，城市化导致城市人口密度增大、土地利用性质改变、建筑物增加，对水的需求量增大，废污水相应增多，从而对水的时空分布、水循环及水的理化性质、水环境产生了各种各样的影响，如图4–6所示。2012年发生在北京地区的“7·21”特大暴雨暴露了城市化过快增长所带来的严重城市水安全隐患。

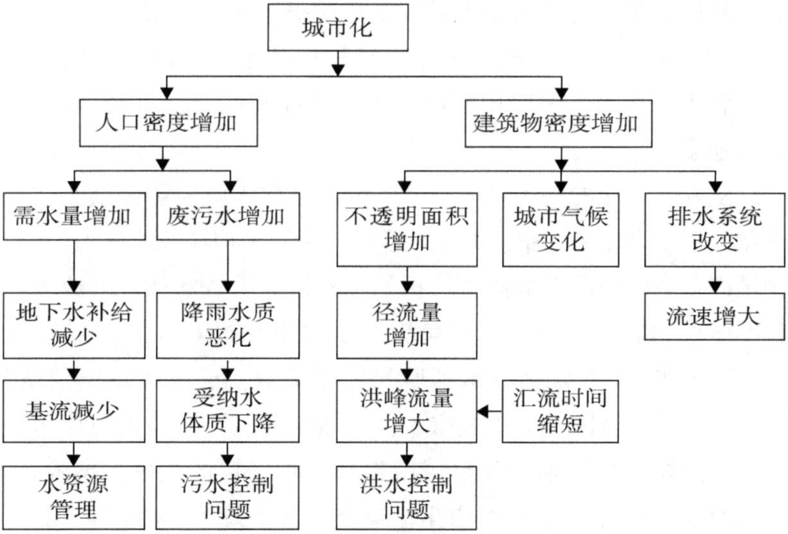

图4–6　城市化水文效应示意图

资料来源：杨士弘：《城市生态环境学》，科学出版社2000年版。

上述种种情况，仅是谈及地表水污染问题。然而，近年来，地下水污染，尤其是浅层地下水污染问题也日益严重。2013年2月24日《新京报》的一篇文章《失守的中国地下水》把城市污水排放、农田化肥农药、企业渗坑渗井（尤其值得指出的是某些严重污染型企业偷偷往深层地下排污）等污染源造成的地下水严重污染问题再一次推上风口浪尖。文章指出，2000—2002年国土资源部进行了全国地下水资源评价，按照《地下水质量标准》，37%已是不能饮用的Ⅳ类、Ⅴ类水。2011年全国共200个城市开展了地下水质监测，其中“较差—极差”水质监测点比例为55%。[1] 另外，近期一份由公益人士制作的“中国癌症村地图”正在互联网上被疯传转载，并引起广泛关注，地图中被标注的村子数量超过200个，把造成污染的矛头直指地下水污染日益严重的状况。由于地下水污染而导致的癌症高发病率甚或是牛羊等牲畜绝育的报道也屡见诸各大报端。

（3）城市化导致城市固体废弃物污染也相当严重。以工业垃圾和生活垃圾，一般排放量较大，可处理性差，可利用性小，且占地多。

随着城市化的快速发展，城市垃圾正成为政府和公众关注的热点。近十余年来，中国城市垃圾排放量年平均增长速度为10%。全国许多城市周围也都散布堆积如山的垃圾堆放场所，形成垃圾包围城市的态势。中国历年垃圾堆积存量超过60×10^8吨，占地4.4万公顷，大量垃圾被运到城郊裸露堆放，形成“垃圾围城”现象。目前，全国661座城市中，有200多座城市陷入垃圾包围之中，固体废物的堆放正给城市带来各种各样的危害。据统计，截至2005年年底，中国城市生活垃圾年产生量约2×10^8吨，其中

---

[1] 刘一丁：《失守的中国地下水》，载《新京报》2013年2月24日。

设市城市约为 1.56×10^8 吨，县城约为 0.44×10^8 吨，而相对应的是全国只有 479 座垃圾无害化处理设施，城市生活垃圾集中处理率仅为 52%，无害化处理能力为每日 25.7×10^4 吨，无害化处理率在 35%左右，县城无害化处理率不足 5%。以北京市为例，年产垃圾 500 万吨，散布在城郊 50 平方米以上的各类新旧垃圾填埋场有 4000 余处。杜吴鹏等 2006 年对中国城市生活垃圾排放现状研究，统计结果显示，城市生活垃圾产生的原因主要有：非农业人口数量、国民经济发展水平、城市建成区面积以及城市人口数量和城市数量等。并且发现中国城市生活垃圾成分呈现南方城市和大城市的有机物与可回收物含量高于北方城市和中小城市的时空分布特征。有机物含量随时间基本呈上升趋势，无机物含量则呈下降趋势，但近些年有机物和无机物含量均逐渐趋于平稳，变化不是很大。研究还发现，大城市的灰土、砖瓦陶瓷等无机物含量明显低于中小城市，而植物、塑料橡胶、纸类等有机物和可回收物明显高于中小城市，如表 4-7 所示。

表 4-7　2000 年不同地域城市生活垃圾成分统计结果

地区/城市	城市数/座	可回收物					有机物			无机物		
		纸类	塑料橡胶	织物	玻璃	金属	木竹	植物	动物	灰土	砖瓦陶瓷	其他
南方	41	6.88	13.76	2.13	2.37	0.80	3.01	48.15	2.29	12.73	3.42	4.26
北方	32	6.22	7.40	2.38	2.25	1.50	2.62	28.25	3.08	28.51	7.19	10.60
大城市	13	7.87	12.07	1.99	3.29	0.83	3.19	53.17	1.51	11.42	2.65	2.01
中小城市	54	4.29	7.88	2.33	2.40	1.46	2.11	33.40	4.14	28.86	8.62	4.51

资料来源：杜吴鹏、高庆先、张恩琛等：《中国城市生活垃圾排放现状及成分分析》，载《环境科学研究》2006 年第 5 期，第 85~90 页。

另外，需要引起关注的是农村生态环境的污染问题。在农业结构变化和农村工业化、城镇化进程中，农民的生产和消费方式不断改变，城市工业污染源向农村扩散和转移，各种农用化学品的使用量居高难下，大量未经处理的畜禽粪便和生活垃圾直接排入河道，一些农业废弃物已由过去的肥料变成新的污染物。这些问题使得部分农村的环境恶化。

三、日趋繁荣的市场化

（一）改革开放以来中国市场化过程

中国经济的市场化改革实质上是一场深刻的制度革命。新中国成立初期，为了适应国家发展战略，模仿“苏联模式”建立了社会主义计划经济体制，以计划手段配置社会资源。这种高度集中的计划经济体制是一种优劣互见、长短结合的体制，有利于处于国民经济恢复阶段或者处于战时紧急状态的国家更好地实现发展目标。但是这种体制由于存在信息不完整、产权不清晰、计划制定者自身能力有限等缺陷，导致经济管理成本过大，体制运行僵化。在经历了“文化大革命”后，国民经济几乎到了崩溃的边缘，不得不进行改革。中国经济的市场化改革，不同于一般的市场改良或形式变革，是从传统的计划配置资源的经济体制向市场配置资源的经济体制的转轨，因此，市场化过程实质上是一种制度变迁过程，是一场深刻的制度革命。

在高度集中的计划经济体制下，中国迅速恢复国民经济并实现了稳定增长。20 世纪 50 年代中期，就有人提出要使“市场”在经济发展中发挥更多作用。毛泽东也意识到这一体制的“权力过分集中于中央”的弊端，并做出了“行政性分权”思想指导下的“经济管理体制改革”。但是，从 1958 年到 1978 年，中国近 20 年的“体制下放”始终是以“一放就乱，一乱就管，一管就死”的结局收场。直至1979年，逐步确立了增量改革战略，力图通过变通的制度安排使民营经济得以发展，成为新的经济增长点。与此同时，一部分经济学家认识到并提出：改革应当建立社会主义的商品经济，实质上也就是社会主义市场经济。“文化大革命”后中国经济社会发展需要新的契机。经历了十年“文化大革命”的浩劫，中国社会普遍对“全面专政”制度失去信心，迫切需要通过改革实现经济社会发展的新突破，重新树立人民群众对社会主义制度的信心。

“文化大革命”几乎使中国经济停滞了十年，给我们以惨痛的教训，也正因为教训的惨痛才更让我们认识到改革开放的重要性。下定决心，解放思想，寻求具有中国特色的改革开放之路，开拓中国特色社会主义的市场经济。

当代中国经济的市场化始于1978年，经过了40年的发展，取得了显著的效果。改革开放以来，中国经历了40多年市场化取向的经济体制改革，取得了巨大成功。随着社会主义市场经济体制的建立和完善，基本取消了过去由政府下达计划、管理生产、制定价格、配置资源等一系列计划经济体制的特征，走上了市场经济体制的轨道。市场机制已经在多数经济领域起着主导作用或者重要作用。

根据杨素青对中国市场化改革的研究，作者把中国市场化改革过程分为三个主要阶段[1]。

（1）1978—1984年为市场化的起始阶段。随着农村联产承包责任制的推进，国家逐步放开和发展了集市贸易，放开了个体经营，消费品市场最先得到较快发展，并带动了生产资料市场的萌芽和产生。这一阶段的市场化改革基本上是在原有计划

---

[1] 杨素青：《市场化转型中的中国经济》，中国时代经济出版社2010年版，第8页。

经济体制框架下进行的，计划经济占主导地位，市场机制刚刚萌芽，计划经济为主，市场调节为辅，是这个阶段的基本特征。

（2）1985—1991年为市场化快速发展阶段。1984年10月《中共中央关于经济体制改革的决定》提出“有计划的商品经济”，首次将社会主义的经济形态定性为商品经济，这在理论上是一个重大突破。在此基础上，国家调整了生产资料购销政策，生产资料开始作为商品进入市场，工业生产资料价格开始实行“双轨制”，生产资料市场逐步建立和发展起来。尤其是1987年9月党的十三大提出“社会主义市场体系”概念和“国家调节市场，市场引导企业”模式后，生产要素市场开始启动，资本、土地、劳动力、技术、信息等要素市场相继起步和迅速发展。

（3）1992年以来为市场化日趋成熟阶段。1992年邓小平南方谈话以及党的十四大确立了社会主义市场经济体制的改革目标后，市场化进程驶入“快车道”。要素市场发展明显加快，资本市场和劳动力市场得到社会的普遍承认；全面放开了对价格的管制，市场价格成为基本价格形式；放松对一些自然垄断行业的管制；政府对国有企业的财政性补贴基本取消；企业市场化由以前的“放权让利”进入深层次的“制度创新”，股份制改革大面积推广，资产重组、资本运营、结构调整浪潮涌现，民营经济登上经济舞台；政府适应市场的程度增强，宏观调控方式开始由直接调控向间接调控转变，同时政府退出微观经济活动的步伐加快；国际贸易不断扩大，市场化的对外开放程度扩大，尤其是加入WTO后，与国内外市场接轨的速度加快。2005年国务院发布了中央政府文件《关于鼓励支持和引导个体私营等非公有制经济发展的若干意见》，这被认为是新中国成立以来的首部鼓励非公有制经济发展文件，该文件中共有36条意见，因而该文件通常被简称为“非公36条”。

1978年以来中国的市场化改革已经历了40年的曲折历程，使中国经济快速发展，经济实力和综合国力显著增强，人民生活水平大幅度提高，实现了从贫穷到温饱再到总体小康的历史性跨越，国际影响力大大提升。2006年，中国GDP比1978年增长12.3倍，年均增速达9.67%，比同期全球经济平均增速3.5%、发达国家平均增速3%高一倍半到两倍，人均GDP已达2000美元。最新数据显示，2017年中国国内生产总值比上年增长6.9%，经济总量达到82.71万亿元，按2017年平均汇率折算超过12.73万亿美元，相当于2016年澳大利亚的经济总量，稳居世界第二。

在新的历史起点上，如何在实践中向纵深推进市场化改革是中国市场经济发展过程中需要研究的重大课题。市场化改革自身面临着诸多问题与挑战，已成了公众广泛关注的话题。如何破除既得利益的阻碍实现收入分配体制改革的问题亟待深化，如何实现经济发展方式的转变加快市场化改革进程的问题还需要我们坚定不移地“解放思想”。如何在市场经济大潮中实现人与生态环境的和谐可持续发展已成为政府和公众所广为关注的核心议题。

总之，中国的市场化进程无论在广度上还是在深度上都是前所未有的，市场机制在经济体制中占据了绝对优势，市场化进入了纵深推进阶段，正向着成熟阶段迈进。

（二）市场化条件下的生态环境问题

毋庸置疑，改革开放给中国的发展带来了翻天覆地的变化。但是，由其所引发的社会急剧变迁导致了人与生态环境关系的非理性因素的存在也是非常明显的，如果不能从社会层面进行事先的干预和调控，保持社会变迁中目的与价值的理性化取向，就可能会对中国经济及社会发展产生障碍。这种人与生态环境关系的非理性因素主要体现在以下方面。

改革开放以来所形成的市场经济体制化发展带来了强竞争和高效率，同时让广大居民逐渐适应市场经济体制下以利益为导向的生存机制。在贫富差距加大、城乡差别加大的现实情况下，人们的社会需求逐渐发生了变化，人人都有对财富的追求欲望，并且在整个社会教育水平与经济水平不相匹配的情况下，在制度的制定与社会发展的速度存在差距的情况下，这种对财富的追求在一部分人和组织中被无限放大，导致人性中自私、贪婪的弱点彰显。市场经济价值观带来的巨大冲击给社会造成的非均衡发展。40 年的改革开放，不仅带来了市场经济的行为方式，也使得西方国家的消极价值观念不可避免地进入了我们的社会意识形态。享乐主义、消费主义、拜金主义等社会价值观，促成了人们追求物质、崇尚享乐、金钱至上、超前消费的社会行为，人性弱点不断彰显，对资源的占有和浪费无度。一部分人在这种物质利益至上的价值观引导下，利用政策及制度的不完善，抢先占用了资源和并向自然环境排放了日益沉重的污染物。

同时，经济和社会发展的价值观等道德基础如果出了问题，将会使一个社会和一个民族退化到人类文明的底线以下。在道德的供求上，市场机制存在与生俱来的失灵，市场价格反映的经济价值与道德价值并没有必然的联系，市场信息不能代替社会人的道德思考与努力。改革开放 40 年来，在快速转变的价值观冲击下，社会道德环境出现了让人忧心的状况，社会伦理趋于紧张，环境污染的“公地悲剧”问题成为不可回避的社会诟病。

公有制经济与私营经济并存下的计划经济与市场经济“双轨制”运行使得“寻租”现象日益严重。中国实施改革开放政策，是在基本维持国有经济现有体制的条件下，容许私有经济的发展并引入市场经济的机制，这就使得中国出现计划经济与市场经济双轨并存的状态。这种经济体制双轨制最集中的表现是生产资料供应和价格的“双轨制”。❶ 尤其值得关注的是，国有企业在制度的保护下得到了资源的优势，当优势资源集中在权力控制者手中，“双轨制”下的寻租环境就是腐败滋生的温床。❷

在市场经济中，市场主体企业自主经营原则是短期收益最大化，而环境生态建设投入所获得的产出，首先是社会和生态效益，在许多场合下，甚至在一定时期内根本无经济效益可言。依靠当前中国的市场机制来解决环境生态问题就相当困难，尤其是在当前市场恶性竞争激烈的压力下，导致环境破坏的日益严重。市场经济体制不是无所不能的。在社会环境意识不高的条件下，环境污染和生态破坏现象因其具有潜在性、累积性、后发性等特点不易引起人们的关注，加之以市场经济的利益追求的本性，导致生态环境保护工作容易成为市场经济“失效的盲区”。市场运行机制中的供求、价格、竞争等基本要素，以及作为市场主体的企业的追逐自身收益最大化的行为都和环境保护和生态建设背道而驰，造成市场在生态环境资源配置中的“失灵”。

经济市场化与生态环境相互作用的内在机制表明，二者之间存在着既相互联系又相互制约的矛盾，构成一个有机整体。适度的市场化有助于经济与生态协调发展，实现经济效益和生

❶ 林春霞：《收入分配改革如何找准“抓手”？——劳动者报酬在初次分配当中占比偏低，居民“没钱花”“不敢花”导致内需不足》，载《人民日报（海外版）》2010年9月22日。

❷ 吴珏、范士陈：《中国社会变迁的非理性趋向及诱因》，载《人民论坛》2011年第14期，第137页。

态效益和谐健康发展；无序的市场化则对自然资源构成掠夺式的破坏作用。现今，中国正处在计划经济体制向市场经济体制过渡时期，计划经济体制下落后的生产模式和管理方式以及市场经济初期负效应等因素的共同作用使得中国的生态环境问题呈现出更加复杂的特殊性。不断增长的市场化经济行为导致对自然的需求无限扩张，这导致了与生态资源供给的有限性间的矛盾。市场经济体制下，由于市场经济比较注重眼前利益而生态环境的变化则表现为长期性，因而市场经济与生态环境之间的矛盾又表现为生态利益的长期性与短期化之间的矛盾，使得长远利益与当前利益相互冲突。另外，市场经济体制下生态环境宏观管理的整体性又与生产主体微观治理的局部性之间存在着不一致，表现为计划调控与市场手段相互脱节，由此导致环境管理上总体性与局部性的矛盾。

在经济市场化与生态环境相互作用的内在机制中：社会生产模式是导致经济发展与生态环境相互协调或者相互阻碍的关键性因素。社会生产模式指的是生产力的一种发展方式，指人的经济活动干预生态环境的方式，然而，不管哪种生产模式的影响，根本还在于人的调控作用。资源、环境保护型的活动干预生态环境的方式，然而，不管哪种生产模式的影响，根本还在于人的调控作用。资源、环境保护型的生产模式有利于生态与经济的和谐发展，表明人的调控适当。资源、环境破坏生产模式则会阻碍生态环境与经济发展内在机制的正常运行，表明人的调控失误，唐左在《当前中国市场经济体制与生态环境关系问题探讨》一文中进行了讨论，如图 4-7 所示。

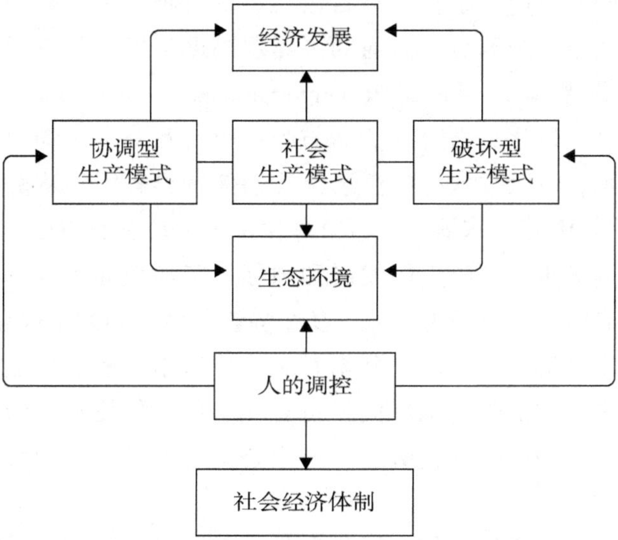

图 4-7　市场经济发展与生态环境相互作用内在运行机制图

资料来源：自唐左：《当前中国市场经济体制与生态环境关系问题探讨》，载《环境保护》1996 年第 7 期，第 32 页。

在曲格平看来，随着市场化改革与高速工业化、城市化进程，中国的消费结构、产业结构、外贸结构、就业结构均在发生重大转变，特别是随着高耗能、高污染的重化工业超常发展，工业结构中重化工业比重明显增大，加剧了资源和能源的供求矛盾，加大了对环境的压力与冲击。❶

四、更加开放的全球化

经济全球化是世界经济发展到一定阶段的表现，是一个科技和生产力达到更高水平，各国经济相互依赖，相互渗透大大

❶　曲格平：《曲之求索：中国生态环境保护方略》，中国环境科学出版社 2010 年版，第 202 页。

加强，阻碍生产要素在全球自由流动的各种壁垒不断削减，规范生产要素在全球自由流通的国际规则逐步形成并不断完善的历史过程。[1] 国际货币组织（International Monetary Fund，IMF）认为经济全球化是指跨国商品与服务贸易及资本流动规模和形式的增加，以及技术的广泛迅速传播使世界各国经济的相互依赖性增强。[2] 综合来看，经济全球化是一个动态的历史过程，是在科技的进步、生产力的发展和国际分工加强的条件下形成的超越国界的、以市场为纽带、以经济竞争为轴心的全球化趋势。具体表现为世界贸易的迅猛增长和多边贸易体系的形成、金融全球化进程的加快、国际间投资规模空前、科技资源的全球配置、生产活动的国际化分工、跨国公司对世界经济的影响日益加强等方面。

本书将主要从贸易全球化和生活方式西方化两个方面探讨全球化的生态环境负效应。

（一）全球化的生态环境负效应

全球化，特别是经济的全球化对中国产生的影响前所未有，规模空前，涉及社会生活的方方面面，其中既有积极的影响，也有消极的后果。其中国际贸易对中国生态环境的影响尤其需要关注。一位美国学者希拉里·弗伦奇曾经表达了全球化时代生态环境状况的担忧，他写道：“隐藏在当前史无前例的生物种群灭绝现象背后的是全球化这股巨大的推动力。木材、矿产和其他一些自然商品的贸易量逐年攀升。现在世界上许多生物形

---

❶ 王广信、赵丽娜：《当代世界经济》，人民出版社2002年版，第17页。

❷ IMF在1997年5月发表的《世界经济展望》，原文为：“growing economic interdependence of countries worldwide through increasing volume and variety of cross-border transactions…Free international capital flows, and more rapid and widespread diffusion of technology”。

态极其多样化的地区都面临着威胁，而威胁主要来自大量涌入的用来采掘这些资源的国际投资。然而，全球经济的新规则却对地球上生物种群所处的悲惨境地视而不见，似乎对扭转这一局面的重要性毫无兴趣。但是，如果我们想要避免在新世纪早期就对极其重要的环境设施造成破坏的话，那么我们就必须在生态系统的岌岌可危和经济发展的如火如荼这两个不和谐的现象之间架起一座沟通的桥梁。”❶

改革开放40年间，中国逐步扩大了对外开放的广度和深度，经济从封闭走向开放，融入国际分工体系，成为经济全球化进程的主动参与者。世界银行认为中国是经济全球化进程中少数几个最大的赢家之一。改革开放以来，中国与世界经济更加融合，经济全球化已成为政府、企业、社会的共识。而经济全球化是一把“双刃剑”，它在为广大发展中国家带来机遇的同时，又不可避免地对发展中国家的经济安全提出了新的挑战，产生了许多负面的影响，中国资源和环境面临严峻挑战。虽然不能把资源和环境的恶化责任全部推到经济全球化的头上，但是经济全球化的发展确实在一定程度上使得我们“家园问题”变得越来越严重。

1. 外国直接投资给中国生态环境带来的负效应

在经济全球化竞争中，中国吸引外国直接投资（FDI）金额仅次于美国，已经稳居发展中国家之首。外商直接投资在拉动中国经济发展的同时也造成了国内资源的浪费和生态失衡的加剧。丰富的自然资源是中国吸引外商的重要因素，且外商投资中国的制造业多为加工型企业，因此，从某种意义上说，中国的外资经济的发展是以本国资源的浪费和环境的破坏为代价而

❶ ［美］希拉里·弗伦奇，《消失的边界：全球化时代如何保护我们的地球》，李丹译，上海译文出版社2002年版，第18页。

获得的。

潘家华等在《全球化背景下中国的环境与发展》一文中论述了国际贸易和外商直接投资对中国环境与发展的环境改善效应和环境负效应。通过进口原材料和能源，缓解了中国资源短缺和能源供求失衡的矛盾；通过进口废弃物资源，减少了直接进口的资源数量；通过对外贸易引进国外先进技术和设备，提高了国内资源利用效率，提高了环境治理水平；通过引进先进的生产技术和污染治理技术，可以使中国获得更加环保的产品，采用更有效率的生产方式，更便利地获得国外先进的管理经验，减少污染物排放。环境负效应体现在由于目前中国对贸易收支的统计主要以价值量来度量，忽略了货物贸易背后隐藏的资源消耗与环境污染成本，结果造成随着中国对世界贸易增长的贡献越来越大，近年来中国废弃物资源进口总量不断增长，特别是非法废弃物进口屡禁不止，造成了严重的环境问题；全世界数量惊人的电子垃圾中，有80%出口亚洲，其中又有90%进入中国。[1] 资料表明，外商投资企业正在向资源消耗型、污染密集型产业集中。1995年投资于污染密集产业的外商占外商投资企业数的30%左右，到2005年，这上升为84.19%，其中，化工、石化、皮革、印染、电镀、杀虫剂、造纸、采矿和冶金、橡胶、塑料、建筑材料和制药等高污染行业和高耗能行业都成为外商投资的重要方向。与此相比，外资对环境保护能够发挥更为直接作用的环保产业的投资额却不到1亿美元，所占比例不到0.20%。[2] 另据绿色和平组织的报告，发达国家以每年5000万

---

[1] 潘家华、郑艳、伞锋：《全球化背景下中国的环境与发展》，转引自中国社会科学院经济学部编：《生态环境与经济发展》2008年版，第200页。

[2] 潘家华、郑艳、伞锋：《全球化背景下中国的环境与发展》，转引自中国社会科学院经济学部编：《生态环境与经济发展》2008年版，第199页。

吨的规模向发展中国家转移有毒或有害垃圾，一些发展中国家已经成为发达国家的“垃圾场”。与此同时，市场化中的资源过度消耗与扩张，城市化的不协调发展，全球化进程中财富的不合理分配，以及富国的过度消费及其消费模式的“传染”与“普及”效应，也是中国生态环境恶化的重要原因之一。

经济全球化意味着世界产业分工和布局的大转移，发达国家把污染重、附加值低的产业通过各种途径向发展中国家转移，自己专注于高附加值非污染的高新技术产业。经济全球化使发达国家加快、加大对中国的投资力度，使中国劳动和资源密集型产业得到较大发展，但发达国家在转移劳动和资源密集型产业的同时，将一些高能耗、污染严重的产业转移过来，在中国成为“世界工厂”的背后是资源的严重浪费和突出的环境问题。目前，中国的能源利用率为30%，而发达国家一般为40%~80%。中国单位国民生产总值的能耗为日本的7.2倍、美国的3.52倍、印度的1.18倍、全球的3.28倍。[1] 12种主要原材料的物耗比发达国家高5~10倍以上。2006年中国GDP总量占到世界总量的5.5%左右，但是中国为此消耗的标准煤、钢材、水泥，分别约占全世界消耗量的15%、30%、54%。高耗能、高污染的粗放型增长方式使中国的能源和生态环境受到严重破坏，自然灾害频发，影响中国经济社会的可持续发展。[2]

随着经济全球化的不断深化和中国引入FDI规模的不断扩大，FDI对中国资源和环境造成的负面影响在增大。资料表明，外商投资企业正在向资源消耗型、污染密集型产业集中。1995

---

[1] 陈卫东、王家强：《未来两年中国经济将与全球同步放缓》，载《中国证券报》2008年1月15日。

[2] 邹东涛、欧阳日辉：《新中国经济发展60年》，人民出版社2009年版，第513页。

年投资于污染密集产业的外商占外商投资企业数的30%左右，到2005年，这一数字上升为84.19%，其中，化工、石化、皮革、印染、电镀、杀虫剂、造纸、采矿和冶金、橡胶、塑料、建筑材料和制药等高污染行业和高耗能行业都成为外商投资的重要方向。与此相比，外资对环境保护能够发挥更为直接作用的环保产业的投资额却不到1亿美元，所占比例不到0.2%。由于东部地区环境标准逐渐提高，受到中西部开发战略的推动，外资很可能在西部发展采掘业和制造业，并转移东部地区落后的、被淘汰的行业，最终结果可能是向中西部地区进行变相的“污染转移”。

2. 外贸进出口给中国生态环境带来的负效应

自从20世纪80年代初实行改革开放以来，中国的对外开放程度不断提高。以2001年中国加入WTO为标志，中国经济与世界经济进一步融合。截至2012年，中国已经连续三年成为全球第一大货物贸易出口国和第二大贸易进口国，贸易总量全球第一，不仅成为全球制造业产品的一个主要供给者，而且是许多国家产品的重要市场。国际贸易对中国环境与发展的影响较为复杂，环境负效应主要体现在随着生产量的增加，资源与环境的压力明显提高。

中国在向全球输出大量制造业产品，成为全球重要加工基地的同时，全球资源消耗越来越向中国集中，环境污染也呈进一步加剧的趋势。通过一些高耗能、高污染、资源密集型产品的出口，进一步加剧了中国环境和资源的压力，加速了一些地区不可再生资源的过度消耗和生态环境的退化；同时，对于加工出口的外贸企业来说，其产品通过消耗国内资源的方式形成了资源的外流效应，这不但减少了中国居民和企业对资源的利用机会，而且便利了进口国的发展，浪费的同时又构造了经济发展的竞争威胁。

近年来，中国对外贸易总量巨大且持续多年出现顺差。过大的贸易顺差不仅造成国际收支严重失衡，引发贸易争端，而且中国为此付出了巨大的资源和环境代价。首先，由于中国国内资源税和资源补偿费过低，以及环境污染物没有真正计入企业成本，导致资源性产品过度供给，刺激了下游重化工业的过度投资，并且导致高能耗、高污染、资源密集型产品大量出口，这种加工出口能源密集型产品大量消耗了国内的原材料，对国内能源和环境影响较大。这相当于用中国的资源和原材料去补贴国外消费者，同时把大量污染物留在国内，造成中国居民福利的净损失。例如，通过对1999—2004年中国纺织行业出口商品的环境影响评估发现，纺织行业出口规模扩大的同时，污染物总量和能源消耗也呈增加趋势。再者，通过对废弃物贸易的研究发现，许多进口废物在中国处理后，提炼的一些可回收金属，通过中间商又运回到一些发达国家，没有起到补充国内资源需求不足的目的，而仅仅是以污染环境、消耗能源和资源来赚取微薄利润。中国在国际贸易中作为“世界工厂”的独特地位的环境影响，揭示了近年来中国能源消耗、主要污染物和CO_2排放的快速增长，不仅是国内投资和消费需求膨胀的结果，而且也是国外市场的消费需求拉动所导致的货物出口迅速增加的结果。[1]

（二）生活方式西方化的环境负效应

经济发展只是构成了消费的物质基础，价值观念以及生活方式等因素将会直接影响消费者的消费行为。由于全球化所带

---

[1] 潘家华、郑艳、伞锋：《全球化背景下中国的环境与发展》，转引自中国社会科学院经济学部编：《生态环境与经济发展》2008年版，第200页。

来的生活方式和消费方式的西方化也给中国生态环境带来了严重的负面后果。近年来，中国进口产品中有许多奢侈品，例如进口大排量豪华轿车等奢侈消费品，会带来三个方面的负面效应：首先，耗油量大，消耗资源多，污染严重；其次，耗资大，需要耗费大量资金购买，机会成本高，使得投入环境改善的资金减少；最后，进口奢侈品的消费诱导促成社会对奢侈消费方式的仿效，客观上加大了国内环境压力。

1. 物质消费大行其道

美国经济学家罗斯托把经济发展划分为六个阶段：传统社会阶段；起飞酝酿阶段；起飞阶段；成熟阶段；大众化高度消费阶段；追求生活质量阶段。他的理论为我们提供了一种新的视角。回顾改革开放的历史可以看到，随着国门的打开，西方发达国家的生活方式和消费方式点燃了中国人追逐财富的热情，人们的购买能力不断增强，大众消费品的需求迅猛增加，这个转变的过程对于自然资源和环境的压力是巨大的。

伴随着全球化的蔓延和经济的发展而产生了一种盛行的社会新形式——消费社会，这也成为造成当今中国生态环境持续恶化不可忽视的重要因素之一，这一点正在被很多学者所认识。当今中国，特别是在市场经济逐步确立的过程中，奢侈消费之风挥之而去。“花钱有理，奢侈无罪”“有钱就要表现出来”“钱可以从周围朋友那里买来尊重和羡慕”“奢侈让我们受到世界更多的重视”等话语正在成为奢侈消费、过度消费和炫耀性消费的托辞。消费社会和生活方式西方化的盛行必将产生自然资源的大量消耗、生态环境的巨大破坏、人的价值观念的深层扭曲以及道德伦理观念的日渐沦丧等一系列社会危机。

2. 过度消费备受推崇

过度消费或异化消费指满足人的基本生活需要以外的超过

自然生产能力的消费，虽然盛行于西方发达国家，也存在于发展中国家，甚至存在于贫困国家的暴发户、政治群体中。过度消费造成自然资源的浪费，破坏了自然环境，导致了生态危机。西方国家这种过度消费的价值观，正被越来越多的发展中国家富裕起来的人们所崇尚。人们信奉物质主义的生活方式，竞相购买各种高档消费品，消费水平被看作拥有较高社会地位的象征。人们羡慕那些一掷千金的富翁，他们的生活方式成为普通人生活的目标。如今，在某种意义上来说，过度消费正在引领着消费潮流，已经成为环境问题的核心，正在威胁着地球支持生命的能力。正如《西方社会病》一书的作者柏言忠所说的："社会正面临着一个深刻的精神问题，……一种仅仅以物质感官享乐为中心的生活最终会导致毁灭主义"。[1]

第三节　生态环境"破""建"并存的时代

改革开放以来，中国的生态环境在"四化"建设大潮的冲击下受到严重破坏，特别是乡镇企业异军突起所带来的工业化潮流、政府主导下如火如荼的城市化建设、经济体制改革下波涛汹涌的市场化和对外开放驱动下的蜂拥而至的全球化给原本深受"大跃进""人民公社化"和"文化大革命"等运动破坏而满目疮痍的生态环境带来巨大的灾难，市场经济的利益驱动、GDP 的片面追求、发展观念的严重偏离科技观的支配等非理性因素是造成生态环境日益恶化的思想根源。然而，令人欣慰的

---

[1] 柏言忠：《西方社会病》，三联书店出版社 1983 年版，第 583 页。

是，随着理性程度的上升和科学方法的支撑，中国的生态环境建设也走过了一条“破”“建”并存的曲折之路。领导集体的智慧和生态文明理念的确立、环境的积极外交和可持续发展理念的适时引入、政策的及时出台和法律的合理制定、先进科技手段的支撑和生态环境教育的广泛开展、学界的积极探索和环保 NGO 的热情投入、人口的理性认识等因素的共同作用，是中国的生态环境建设走向健康、良好发展道路的关键。

一、生态环境破坏的非理性因素

改革开放以来，中国的经济和社会发展发生了巨大的变化，同时也出现人性弱点的彰显、诚信体制的缺失、社会结构的失衡等一系列社会变迁的非理性趋向。这主要与信息的日益膨胀下的信息不对称、市场经济价值观下的社会非均衡化发展、“双轨制”经济下的权力“寻租”等现象有关。[1] 破坏生态环境的非理性因素主要体现在以下三个方面。

（一）发展观念的严重偏离

环境问题不仅是技术问题，更是经济问题。新中国成立以来中国发生的“大跃进”和“文化大革命”两次严重失误导致了严重的环境问题。乡镇企业的崛起刺激生产高消耗和生活高消费，忽视了资源利用效率和环境方面的损失。当前环境问题已威胁人类生存，制约了中国的发展，我们取得的经济成果难以对付随之而来的环境问题。通过追溯历史，我们发现中国推进工业化的时间晚，发展起点低，同时还面临赶超发达国家的繁重任务，结果导致资本高投入资源高消费、环境高代价的急

---

[1] 吴珏、范士陈：《中国社会变迁的非理性趋向及诱因》，载《人民论坛》2011 年第 14 期，第 136 页。

功近利行的经济发展方式，重视经济，忽视生态，短期性经济行为后果严重，这对中国生态环境产生了恶劣影响。

“发展道路的西方化”的经济粗放发展模式使中国的发展观念出现了偏离，这是导致中国环境持续恶化不可否认的现实性因素。当今世界两极分化相当严重，富裕的西方发达国家和广大贫穷的发展中国家并存。西方国家凭借在历史上率先进入资本主义的优势，在大量掠夺殖民地财富的基础上，迅速完成了原始资本积累，并借助历史上的三次科技革命和产业革命建立了完整的工业体系，促进了经济的增长和人民生活的提高。广大发展中国家由于历史和现实的原因，与发达国家的发展差距越来越大。发展中国家有着强烈的发展欲望，希望尽快摆脱落后状态，甚至希望赶超发达国家，都走上了西方化的发展道路。在中国主要表现为新中国成立之初的“超英赶美”等战略的以及后来的“不管黑猫白猫抓住耗子就是好猫”的片面理解，某种程度上助长了以经济快速增长为主，高投入、高消耗、高污染的发展道路。

同时，传统发展战略偏重工业，偏废农业，导致农村生态建设滞后，生态环境受到严重冲击，土壤肥力下降，水土流失面积扩大，森林植被被过度采伐等；在工业发展方面，片面追求产量和产值的增长，忽视经济效益的提高，因此，造成了能源与资源的巨大耗费。长时期内，中国单位产值能源消耗系数居高不下，平均比发达国家高 3~5 倍，比一些发展中国家也高 1~2 倍。由于缺乏有效的防治措施，从而导致了对环境的严重污染。

(二) GDP 的片面追求

传统发展观片面追求 GDP 的增长，采取的是一种粗放的、片面的经济模式，以实现经济利润的最大化为目标，以实现物质利益的最大化为旨归。这种模式在给中国带来繁荣和财富的同时，也带来了生态环境的一系列问题。“高投入、低产出”的生产方式，是以资源的大量消耗为代价的，资源环境遭到极度破坏，这种高耗与破坏，使不可再生资源趋向枯竭。把发展片面地等同于经济的发展是传统发展观的首要特征。在理论上，这种观点认为，人类面临的诸多问题都是经济不发达导致的，只要经济发展了，这些问题都可以解决。因此，GDP 成为衡量发展的唯一指标，国家的政策围绕怎样提高国民生产总值而制定。经济增长成为时代的主旋律，人类生活更本质的方面或目的被主旋律所“淹没”。

针对太湖污染问题，水利部原副部长翟浩辉表示：“太湖污染不是太湖自身原因导致的，其水体富营养化是由于周边河道污水过度排放而引发的，有经济发展较快的客观因素，但主要是没有按照科学发展观办事，对排污监督管理不力。在过去相当长一段时期内，许多地方片面追求 GDP 在量上的高速增长，以牺牲环境为代价，放任污水不合理排放。”❶ 而“治理太湖水环境必须治湖先治污，治污先治官”。治官就要改变过去片面追求 GDP 的做法，健全‘绿色 GDP’考核体制和考核标准。对地方党政官员实行严格的环保责任制，凡达不到标准，落实不了责任的，要实行‘一票否决’。”❷ 这既是中国社会发展的客观要求，也给当前中国环保部门提出了一个巨大挑战。美国著名的生态神学家托马斯·贝瑞说：“GDP 的持续增长终将使地球变成荒原”。❸ 由于拥有先进的科学技术、工业工程以及发达的商

❶ 翟浩辉：《治湖先治污治污先治官》，载《科学时报》2008 年第 5 期，第 6 页。

❷ 翟浩辉：《治湖先治污治污先治官》，载《科学时报》2008 年第 5 期，第 6 页。

❸ Thomas Berry, Into the Future in Roger S. Gottlieb, This Sacred Earth: Religion, Nature, Environment [M]. New York: Routledge, 1996, p. 13. 胡志红译。

业网络，所以现代社会对自然世界的傲慢态度发展到令人吃惊的程度，造成这种状况的原因是其奠基于人类是最高现实，一切其他存在都是服务于人类、供他利用的预设。经济学的最高规律是攫取尽可能多的可加工的自然资源，尽快通过消费经济这一环节，最终作为垃圾存放在垃圾堆之中。因为人们认为，以这种方式消费的自然资源越多，GDP 就越大，人类的事业也就越成功，即使这种经济纲领的最终恶果是将整个星球变成荒原。凡是因敬畏自然神圣、赞美自然世界内在的整体性或光华而对人类行为有所约束的言辞，都被认为是不可接受的浪漫幻想。❶

然而，我们的星球与人类的联系比以往任何时候都更紧密，正是人类酿成的破坏铸就了“人类—地球”关系中的新型暴力。然而，就人类所实施的自控行为来看，似乎不足以让星球按照人类所希望的方向发展。人类大肆扼杀生命，可是无力创造生命，他仅能借助大地本身所固有的自然过程为生命创生提供帮助，但作用是非常有限的。

日本学者更是直截了当地提出“数字无法表现对人的爱”的观点。他说：“沉湎于物的追求，会产生对财富、名誉甚至知识的执着。为了这种无止境的人生追求，人会日夜渴望增强自己的力量，变成欲壑难填的怪物。人所拥有的越多，越引以为豪，越能向他人展示自己存在的优越性。这种思想将大多数人引入思想的歧途，但这种对物质的执着追求绝不会将人带入广袤的自然真理世界。”❷

---

❶ Thomas Berry，The Dream of the Earth [M]. San Francisco：Sierra Club Books，1988，p. 21. 胡志红译。

❷ [日] 中野孝次：《清贫思想》，邵宇达译，上海三联书店 1997 年版，第 18~19 页。

（三）异化消费的盛行

在现代社会，普遍流行的异化消费现象直接导致人民对现代化和经济发展所带来的物质产品的极大丰富产生种种错误理解，有人把物质消费视为自我经济成就大小和社会地位高低的象征，把成功等同于过度的物质财富和畸形的消费方式，往往认为“多多益善”，此时，传统勤俭节约的美德受到严重冲击，促进了“物质消费主义”的异化消费在当代的日益盛行。

由世界奢侈品协会2012年公布的《世界奢侈品协会2011官方报告蓝皮书》中显示，截至2011年年底，中国主流奢侈品消费市场总额已达126亿美元，占全球市场的28%。中国已成为全球最大的奢侈品消费国。目前，中国内地主流奢侈品消费人群约2亿人，并且每年以25%的速度增长。追逐名牌心理仍是奢侈品消费的最大动力，炫耀性消费乃是最突出的心理诱因。如欧阳坤说：“中国人买奢侈品并不是为了买好的东西来给自己用，而是为了让别人看。”❶ 人民日报2010年11月24日的一篇报道称：当前的奢侈消费问题的确已经成为一种社会问题。由少部分人“炫耀性消费”挣来的“世界第二”，有悖于“先富带后富”、缩小收入分配差距、促进社会和谐进步。❷

美国学者罗伯特·弗兰克曾做过这样的描述：同以前相比，我们的住房更加宽敞，汽车速度更快，配置更豪华。为了购买这些奢侈品，我们舍弃了闲暇时间而将自己的精力大多用在了工作上面。我们没有时间陪伴家人和朋友，没有时间锻炼，而

---

❶ 《中国奢侈消费人群约2亿》，载中国新闻网，http://www.chinanews.com/cj/2011/06-10/3102832.shtml，最后访问时间：2013年1月10日。

❷ 《中国奢侈消费凶猛，开征奢侈税或可调节分配不公》，载中国新闻，http://www.chinanews.com/cj/2010/11-24/2676447.shtml，最后访问时间：2013年3月3日。

且睡眠严重不足。在美国，申请做整容手术的人数每年都要创造新的纪录，只有申请破产保护的人数能够与之相媲美。每当我们用于购买奢侈品的消费额与社会总消费额一样翻了四番时，我们的储蓄率就会达到历史同期的最低点。街道上垃圾遍地、交通拥堵的现象更是家常便饭。城市中严重破损的公路和桥梁威胁着无数人的生命。城市里的贫民区仍旧凄惨破败，毫无生机。❶ 同时，他如下表述更是直截了当地揭示了当前"异化消费"心理驱动下的"奢侈热"的本质根源：周围的环境在这个世界里通常起着决定性作用，当富人们享用 1000 美元一瓶的酒时，只能喝 100 美元一瓶的酒的人们似乎感觉不那么舒服，其他收入阶层的人们所面对的情况也是如此。虽然一个人的消费方式对他人产生的影响通常是心理上的，但是，当富人享用的重达 6000 磅的罗弗越野车导致其他收入阶层的很多人购买运动型多用途车作为安慰自己的方式时，对更多实际消费和利益的追求将会出现与此相似的结果。我们当前的消费模式完全是受到奢侈热诱惑的结果，事实上这是个过于含蓄的解释，从真正的意义上说，我们当前的消费模式就是奢侈热。❷

艾伦·杜宁在《多少算够——消费社会与地球的未来》一书中同样表达了这样的观点。他认为"消费社会导致生态恶化。""只有人口增长能与高消费相匹敌成为生态恶化的原因"。❸"我们可能忽视了消费比其实际更大的破坏性力量，例如对矿山、造纸厂和其他环境影响严重的工业补贴就属于这种力

❶［美］罗伯特·弗兰克，《奢侈病：无节制挥霍时代的金钱与幸福》，蔡曙光等译，中国友谊出版公司 2002 年版，第 361～362 页。

❷［美］罗伯特·弗兰克，《奢侈病：无节制挥霍时代的金钱与幸福》，蔡曙光等译，中国友谊出版公司 2002 年版，第 361～362 页。

❸［美］艾伦·杜宁：《多少算够——消费社会与地球的未来》，毕聿译，吉林人民出版社 1997 年版，第 4 页。

量，并且我们不可能依靠机遇在降低消费的时候提高生活质量，例如在工作上花较少的时间，而在家庭和朋友上花更多的时间。”❶ 杜宁认为“高昂的价格和快速更迭的时尚会迅速地把物种赶到生存的边缘”。他说：“虽然动植物生息地的破坏是全世界物种灭绝的主要原因，但生物学家认为濒危物种名单上超过1/3的脊椎动物主要是由于贸易而被猎杀。富裕消费者的需要刺激了这种猎杀。”❷

二、生态环境建设的理性因素

随着中国经济的突飞猛进的发展、改革和开放的日益推进、国际交流的广泛开展，中国生态环境建设中的理性因素也日益进步，主要体现在领导集体智慧的提升和生态文明理念的确立、积极的国际环境交流和对可持续发展理念的认同、国家环保机构的设置、环境保护政策的出台和相关法律的制定等方面。

（一）领导集体智慧的提升和生态文明理念的确立

改革开放以来，以邓小平、江泽民、胡锦涛、习近平等为代表的中央领导集体对生态环境保护工作越来越重视，逐步开展了植树造林、绿化祖国；资源利用、依法开发；污染治理、国策保障；退耕还林、再造山川；开发西部、持续发展；五个统筹、科学发展；环境建设、生态文明；绿水青山、金山银山等工作。具体表现如下：

（1）以邓小平为核心的党的第二代中央领导集体在生态环境保护与建设方面着重开展了植树造林、绿化祖国；资源利用、

---

❶ ［美］艾伦·杜宁：《多少算够——消费社会与地球的未来》，毕聿译，吉林人民出版社1997年版，第7页。

❷ ［美］艾伦·杜宁：《多少算够——消费社会与地球的未来》，毕聿译，吉林人民出版社1997年版，第35页。

依法开发；污染治理、国策保障等工作，取得了显著的效果。

20世纪70年代，在经历了“大跃进”“人民公社化”和“文化大革命”等运动的破坏之后，中国的森林资源面临着一次严重的浩劫，1973—1976年中国第一次清查期间森林覆盖率为12.7%，1977—1981年进行第二次清查时森林覆盖率下降了0.7个百分点，同时，在此期间中国大部分地区出现了水旱、风沙等灾害。20世纪80年代，生态环境恶化趋势更加明显。以邓小平同志为核心的第二代中央领导集体大力号召植树造林、绿化祖国工作。1981年邓小平提出了“保护和发展森林资源”问题。同年，《关于开展全民义务植树运动的决议》中把“植树造林、绿化祖国”确定为公民的法定义务。如今，全民义务植树运动已成为植树造林、绿化祖国、改善生态环境的重要手段。在加强生态环境法制建设方面，邓小平曾指出：“应该集中力量制定刑法、民法、诉讼法和其他各种必要的法律，例如草原法、森林法、环境保护法等。”[1] 在邓小平同志的重视下，草原法、森林法、环境保护法、水法等有关生态环境保护方面的法律法规相继出台，这给中国的生态环境保护工作提供了强有力的法律保障，具有战略性意义。在治理环境污染方面，继1978年《中华人民共和国宪法》和1982年《中华人民共和国宪法》对生态环境保护做出了“国家保护和改善生活环境和生态环境，防治污染和其他公害”，“国家保障自然资源的合理利用，保护珍贵的动物和植物”，“国家保护名胜古迹，珍贵文物和其他重要历史文化遗产”等更加详细、具体的规定后，1983年第二次全国环境保护会议明确指出“环境保护是中国的一项基本国策”，这从根本上确立了环境保护在社会经济发展中的重要地

[1] 《邓小平文选》第2卷，人民出版社1993年版，第136页。

位，影响深远。

（2）以江泽民为核心的党的第三代中央领导集体在生态环境保护工作方面着重做出了退耕还林、再造山川；开发西部、持续发展工作。

退耕还林工程是第三代党的领导集体部署实施的关于加强生态环境建设的国家级重点生态工程。这项工程有效整治了国土绿化工作，合理优化了农村产业结构，明显改善了生态环境。江泽民非常重视绿化工作，他说："只有全民动员，锲而不舍，年复一年地把植树造林工作搞上去，才能有效地遏制水土流失，防止土地沙漠化，为人民造福。"❶ 江泽民等多次指出："千万要注意，在加快发展中决不能以浪费资源和牺牲环境为代价"。❷ 1997年江泽民批示："由于历经战乱的破坏，加上自然灾害和乱砍滥伐造成的损失，导致了陕、甘等西北地区的严重沙化、荒漠化，经济文化的发展也因此受到极大的制约。历史遗留下来的这种恶劣的生态环境，要靠我们发扬艰苦创业的精神，绿化荒漠，建设生态农业去加以根本的改观。经过一代一代人的长期地、持续地奋斗，再造一个山川秀美的西北地区，应该是可以实现的。"❸ 在加快实施了西部大开发战略中，江泽民明确指出："西部地区资源丰富，要把那里的资源优势转变为经济优势，必须坚持合理利用和节约能源的原则。要抓紧开展西部地区土地、矿产、水等自然资源的调查评价和规划。要把加强生态环境保护和建设作为西部大开发的重要内容和紧迫任务，坚

---

❶ 丁伟、张云昌：《中国特色的绿化之路——写在全民义务植树开展二十周年之际》，载《人民日报》2001年3月19日。

❷ 国家环境保护总局、中共中央文献研究室：《新时期环境保护重要文献选编》，中央文献出版社、中国环境科学出版社2001年版，第384页。

❸ 江泽民：《植树造林，绿化荒漠，建设生态农业，再造一个山川秀美的西北地区》，载《人民日报》1997年9月3日。

持预防为主，保护优先，搞好开发建设的环境监督管理，切实避免走先污染后治理、先破坏后恢复的老路。”❶ 党的十四届五中全会第一次使用“可持续发展”概念，并将其正式纳入了“九五”和2010年中长期国民经济和社会发展计划中。党的十五大报告强调指出“实施可持续发展战略是中国跨世纪发展的战略抉择”“建设和保护良好的生态环境，是功在当代，惠及子孙的伟大事业”。❷ 在谈到可持续发展问题时，江泽民指出：“必须与人口、环境、资源统筹考虑，不仅要安排好当前的发展，还要为子孙后代着想，为未来的发展创造更好的条件，绝不能走浪费资源和先污染后治理的路子，更不能吃祖宗饭、断子孙路”。❸

（3）以胡锦涛为核心的党的第四代中央领导集体的环保工作相对以前有了较大理论提升，主要体现在五个统筹、科学发展；生态安全、生态文明等方面。

党的十六届三中全会提出了“按照统筹城乡发展、统筹区域发展、统筹经济社会发展、统筹人与自然和谐发展、统筹国内发展和对外开放的要求”❹ 来推进中国的改革的深入和经济的发展。强调“坚持以人为本，树立全面、协调、可持续的发展观”来促进经济社会和人的全面发展任务。以胡锦涛为核心的党中央领导集体在将林业确立为可持续发展的重要地位和生态

---

❶ 国家环境保护总局、中共中央文献研究室：《新时期环境保护重要文献选编》，中央文献出版社、中国环境科学出版社2001年版，第630页。

❷ 国家环境保护总局、中共中央文献研究室：《新时期环境保护重要文献选编》，中央文献出版社、中国环境科学出版社2001年版，第491页。

❸ 国家环境保护总局、中共中央文献研究室：《新时期环境保护重要文献选编》，中央文献出版社、中国环境科学出版社2001年版，第383页。

❹ 温家宝：“在省部级主要领导干部‘树立和落实科学发展观’专题研究班结业式上的讲话”，2004年2月21日。

环境建设的首要地位时指出："植树造林，绿化祖国，加强生态建设，是一件利国利民的大事。我们要一年又一年、一代又一代地坚持干下去，让祖国的山川更加秀美，使我们的国家走上生产发展、生活富裕、生态良好的文明发展道路。"❶ 2003 年党中央、国务院颁发了《关于加快林业发展的决定》中明确提出了中国 21 世纪生态建设、生态安全、生态文明的总体战略构想。这一战略的提出标志着中国生态环境建设指导思想上的一次飞跃，开始站在世界文明的高度来推进生态文明建设工作。2006 年，国务院召开的第六次全国环保大会上提出了要加快实现"从重经济增长轻环境保护转变为保护环境与经济增长并重，从环境保护滞后于经济发展转变为环境保护和经济发展同步，从主要用行政办法保护环境转变为综合运用法律、经济、技术和必要的行政办法解决环境问题"的"三个转变"。2007 年党的十七大把"建设资源节约型、环境友好型社会"写入党章，并把"建设生态文明"作为实现全面建设小康社会奋斗目标的新要求。"生态文明"一词首次出现在党代会的政治报告中，并被赋予了与"物质文明、精神文明、政治文明和社会文明"以平等地位的历史使命。十七大报告提出生态文明的理念，是对既往文明特别是工业文明的反思，批判反思了人与自然关系中环境污染的代价，否定工业文明以来形成的物质享乐主义和对自然的掠夺，强调要建立人与自然的和谐相处关系。将人与自然的关系纳入社会发展目标中统筹考虑，建设生态文明，这是中国共产党对子孙后代和世界负责的庄重承诺。

（4）以习近平为核心的党的第五代中央领导集体提出把生

❶ 中共国家林业局党组理论学习中心组："认真学习邓小平林业建设思想，全面推进林业持续快速协调健康发展"，http://www.csf.org.cn/content/detail.asp?ID=940，最后访问时间：2013 年 3 月 2 日。

态文明建设融入经济建设、政治建设、文化建设和社会建设各方面和全过程，形成“五位一体”的中国特色社会主义建设总体布局。

“生态兴则文明兴，生态衰则文明衰。”党的十八大以来，以习近平为核心的党中央把生态文明建设摆到了中国特色社会主义五位一体总体布局的突出战略高度。绿色发展作为新发展理念的重要组成部分，逐渐深入人心，号召和引导广大人民群众绿色生产的同时，也积极倡导绿色生活方式。建设生态文明，不但关系到全体人民的福祉，更关系到中华民族的未来。党的十八大提出了生态文明建设的发展理念，明确了其内涵和任务目标，倡导尊重自然、顺应自然、保护自然的绿色发展之路；党的十八届三中全会更是从体制改革和制度建设的角度提出了新的要求，明确了深化生态文明体制改革，加快建立生态文明制度；党的十八届四中全会从法律层面提出了进一步的要求，加快建立有效约束开发行为和促进绿色发展、循环发展、低碳发展的生态文明法律制度。党的十九大报告中则明确提出“加快生态文明体制改革，建设美丽中国”的要求，牢固树立社会主义生态文明观，推动形成人与自然和谐发展现代化建设新格局。习近平非常重视生态文明建设工作，他指出人与自然是生命共同体，人类必须尊重自然、顺应自然、保护自然。他认为我们要建设的现代化应该是人与自然和谐共生的现代化，我们在创造更多物质财富和精神财富以满足人民日益增长的美好生活需要的同时，也应该提供更多优质生态产品以满足人民日益增长的优美生态环境需要。党的十八大以来，有关生态文明建设的总体思路逐渐清晰，必须坚持节约优先、保护优先、自然恢复为主的方针，形成节约资源和保护环境的空间格局、产业结构、生产方式、生活方式，还自然以宁静、和谐、美丽。针对生态文明建设的价值观，习近平提出了许多富有启发意义的思想，如："生态文明建设功在当代、利在千秋""我们既要绿水青山，也要金山银山""宁要绿水青山，不要金山银山，而且绿水青山就是金山银山""要像保护眼睛一样保护生态环境，像对待生命一样对待生态环境""人与自然是生命共同体，人类必须尊重自然、顺应自然、保护自然""山水林田湖是一个生命共同体，人的命脉在田，田的命脉在水，水的命脉在山，山的命脉在土，土的命脉在树"。

（二）积极的国际环境交流和对可持续发展理念的认同

从 20 世纪 60 年代末世界第一次现代环保运动开始兴起以来，国际社会共同举办了多次以环境与发展为主题的国际会议。20 世纪 70 年代，世界各国政府纷纷派出代表团参加国际环境会议来参与探讨环境问题。从 1972 年联合国斯德哥尔摩人类环境会议召开以来的 40 年间，世界各国之间有关环境问题的交流、合作从未间断过。中国作为最大的发展中国家，积极参与国际环境事务的同时，也在不断引入国际先进的环保理念推进中国的生态环境建设工作。

1. 积极的国际环境交流

中国以 1972 年周恩来积极倡导并派出 20 多名省部级领导为代表的参会规模最大的代表团参会为契机，展开了积极的环境国际交流工作。在结合中国发展实际并总结生态环境建设工作的具体实践经验的基础上，中国积极参加了国际性的生态环境会议，主要有：1992 年巴西里约热内卢联合国环境与发展大会、2002 年南非约翰内斯堡"可持续发展问题世界首脑会议"、2009 年哥本哈根"国际气候变化大会"。

（1）里约热内卢联合国环境与发展会议。自从 1972 年联合国召开了人类环境会议以来，人类为保护"唯一的地球"进行了不懈的努力，并取得了一定成效。但是，事实却告诉我们，人类还没有完全懂得“只有一个地球”的真正含义，其行动过于缓慢，乃至赶不上环境不断恶化的速度，全球的环境恶化仍然有增无减。20 世纪 80 年代，人们相继发现了“全球变暖”“臭氧层空洞”和“酸雨沉降”三大全球性的环境问题，并意识到这些问题与人类的生存休戚相关，对人类的生存和发展构成了严峻挑战。1987 年，联合国委托以布伦特兰夫人为主席的世界环境与发展委员会（WCED）提交《我们共同的未来》的报告中提出“可持续发展”的概念，即“人类有能力使发展持续下去，也能保证使之满足当前的需要，而不危及下一代满足其需要的能力”。❶ 这个概念明确表达了两个基本观点：一是人类要发展，尤其是穷人要发展；二是发展要有限度，不能危及后代人的发展。要解决人类面临的能源危机、环境危机，只有改变传统的发展方式，实施可持续发展战略，才是积极的出路。可持续发展要求我们既要考虑当前发展的需要，又要考虑未来发展的需要；既要考虑以不超越环境与资源的承载能力为前提，又要考虑以提高人类生活质量为目标的发展；既要考虑世界各国历史、文化和发展水平上的差异，又要考虑我们共同的利益。

1989 年 12 月召开的联合国大会决定：1992 年 6 月在巴西首都里约热内卢举行一次环境问题的首脑会议，以纪念 1972 年联合国人类环境会议召开 20 周年，并“为发展中国家和工业化国家在相互需要和共同利益的基础上，奠定全球伙伴关系的基础，以确定地球的未来”。❷

---

❶ 世界环境与发展委员会起草：《我们共同的未来》，张志强等译，世界知识出版社 1989 年版，第 12、23、24 页。

❷ “环境保护的历史沿革”，http://www.jxxfzx.com/lshbjy/hbjc/200610/1097.html，最后访问时间：2012 年 12 月 5 日。

1992年6月在巴西里约热内卢召开的联合国环境与发展大会，是继1972年联合国人类环境会议之后举行的讨论世界环境与发展问题规模最大、级别最高的一次国际会议，也是人类环境与发展史上影响深远的一次盛会。会上世界各国对可持续发展达成了共识，普遍接受了可持续发展战略方针，并在发展中开始付诸实施，这是人类发展方式的大转变，是人类历史的新纪元。大会通过了《里约环境与发展宣言》《21世纪议程》和《关于森林问题的原则声明》，签署了《联合国气候变化框架公约》和《生物多样性公约》等文件。《21世纪议程》要求各国制订并组织实施相应的可持续发展战略、计划和政策，迎接人类社会面临的共同挑战，这一战略思想被世界各国所接受。这次会议的重大成果就是第一次将环境与经济、社会的发展有机结合，号召世界各国走可持续发展道路，实现了人类认识环境保护的第二次飞越。

（2）约翰内斯堡可持续发展首脑会议。2002年8月26日，联合国可持续发展世界首脑会议在南非约翰内斯堡召开。会议确定了“健康、生物多样性、农业生产、水和能源”五大主题，并通过了《约翰内斯堡宣言》和《可持续发展世界首脑会议执行计划》两个重要文件。这次会议的重大成果是把“经济发展、社会进步和环境保护”确定为可持续发展的三大支柱，提出“消除贫困、保护环境、促进社会全面进步”的一系列目标，其中有20多项提出了明确时间表。

（3）哥本哈根气候变化大会。2009年哥本哈根联合国气候变化大会是在《联合国气候变化框架公约》下举行的一次世界性环境会议。会议集中商讨《京都议定书》一期承诺到期后的后续方案问题，并就未来应对气候变化的全球行动签署新的协议。这是继《京都议定书》后又一具有划时代意义的全球气候协议书，并对地球今后的气候变化走向产生决定性的影响。这是一次被喻为“拯救人类的最后一次机会”的会议。为期两周的会议焦点问题主要集中在“责任共担”。

基于现实困境，各国政府、非政府组织、学者、媒体和民众都非常关注本次哥本哈根世界气候大会，哥本哈根的议题在近一年来一直是各大国际外交场合的重点议题。根据2007年在印尼巴厘岛举行的第13次缔约方会议通过的《巴厘路线图》的规定，2009年年末在哥本哈根召开的第15次会议将努力通过一份新的《哥本哈根议定书》，以代替2012年即将到期的《京都议定书》。考虑到协议的实施操作环节所耗费的时间，如果《哥本哈根议定书》不能在2009年的缔约方会议上达成共识并获得通过，那么在2012年《京都议定书》第一承诺期到期后，全球将没有一个共同文件来约束温室气体的排放，会导致遏制全球气候变暖的行动遭到重大挫折。因此，很大程度上，此次会议被视为全人类联合遏制全球变暖行动一次很重要的努力。

2. 对可持续发展理念的认同

20世纪80年代，中国将环境保护列为基本国策。90年代，确立了可持续发展战略。进入21世纪，面对日益加剧的人口、资源和环境压力，中央又提出了科学发展观，把构建和谐社会作为社会主义现代化建设的重要任务。

1992年联合国环境与发展大会之后，中国政府立即行动，开始着手组织了52个部门、机构和社会团体，在联合国开发署的（UNDP）支持和帮助下，300多名专家参加起草了《中国21世纪议程——中国21世纪人口、环境与发展白皮书》，国务院于1994年3月正式批准了这项报告。《中国21世纪议程》是一个按国际规范、结合中国国情制定的中国可持续发展的重大规划，具有综合性、指导性和可操作性，是世界上第一部包括经济可持续发展、社会可持续发展和生态可持续发展等内容完整的国家21议程。在当时世界各国制定的环保政策中走在前列。它是一份十分重要的指导性文件，提出了中国可持续发展的总体战略、对策以及行动方案，确定了污染治理和生态保护重点，加大了执法力度，积极稳步推行各项环保管理制度和措施。第一次明确提出转变传统的粗放型发展模式，走可持续发展道路。明确提出实施可持续发展战略，推行经济建设与环境保护的协调发展。“为了推行可持续发展战略而制定的《中国21世纪议程》，是中国政府对1992年联合国环发大会的承诺，但更重要的是中国根据自身的经验、教训和需要做出的慎重选择。”❶ 这充分反映了中国政府以强烈的历史使命感和责任感，去完成对国际社会应尽的义务和不懈地为全人类共同事业做出更大贡献的决心，赢得了国际社会的关注和支持。

2002年11月8—14日中国共产党第十六次全国代表大会举行。江泽民作了《全面建设小康社会，开创中国特色社会主义事业新局面》的报告。报告把实施可持续发展战略，实现经济发展和人口、资源、环境相协调写入了党领导人民建设中国特色社会主义必须坚持的基本经验，强调实现全面建设小康社会的宏伟目标，必须使可持续发展能力不断增强，生态环境得到改善，资源利用效率显著提高，促进人与自然的和谐，推动整个社会走上生产发展、生活富裕、生态良好的文明发展道路。

2015年12月12日联合国大会在法国首都巴黎召开的全球气候变化大会上通过了《巴黎协定》，该协定于次年4月22日在纽约正式签署生效，是为了应对2020年后全球的气候变化所作出的一致承诺和行动安排。中国全国人大常委会于2016年9

❶ 国家环保局国际合作委员会秘书处编，《中国环境与发展国际合作委员会文件汇编》二，中国环境科学出版社1995年版，第114页。

月 3 日正式批准中国加入《巴黎气候变化协定》，并以实际行动开始履行承诺，体现了中国勇于担当全球气候治理的大国责任。《巴黎协定》有助于加强全球气候变化合作、减少温室气体排放、推动向低碳发展方式转型。

党的十八大以来，可持续发展观念和生态文明建设更加深入人心，党中央、国务院为从根本上解决中国生态环境、自然资源与经济社会发展的突出矛盾，全面建设小康社会，提出了科学发展观、发展循环经济、构建和谐社会、建设资源节约型、环境友好型社会等一系列符合时代要求和中国国情的发展新理念、新战略、新举措，各地正在形成党委领导、人大支持、政府负责、公众参与、依法推进的工作运行机制。以科学发展观为统领，迈入了环境保护工作的新纪元。

（三）国家环保机构的设置、环境保护政策的出台和相关法律的制定

随着中国经济的发展和改革开放的深入，中国生态环境问题日益突出，为了有效地遏制生态环境继续恶化，中国政府积极设定和调整环境管理机构，相继出台和制定了一系列政策和法律。

1. 国家环保机构的设置

1982 年，中国进行政府机构改革，国务院撤销环境保护领导小组，在城乡建设环境保护部设立司局级机构环境保护局。1984 年 5 月 8 日国务院公布《关于环境保护工作的决定》，为了加强对环境保护工作的领导，成立国务院环境保护委员会，负责全国环境保护工作的领导、组织和协调。1984 年年底，原“城乡建设环境保护局”升格为部委归口管理的“国家环境保护局”，仍设在城乡建设环境保护部下，地方政府也进行了环境保护机构的调整。到 1986 年，已有 19 个省级政府设立环境保护委员会，11 个省恢复了一级局建制。❶ 环保工作队伍也得到充实和加强，1984—1986 年间，县以上环境管理人员增加 68.8%，环境监测人员增加 61.3%，❷ 环保工作队伍得到迅速发展。1988 年，国务院机构改革中将国家环境保护局从原城乡建设保护部中独立出来，作为国务院的直属机构和国务院环境保护委员会的办事机构，统一监督管理全国的环境保护工作。1989 年 12 月正式颁布了《环境保护法》，目前中国的环境管理体制主要是依据该法而设置的。

1993 年 3 月，全国人民代表大会成立了环境与资源保护委员会（简称全国人大环资委，当时称环境保护委员会），统一推进中国的环境与资源保护立法工作。

1998 年为进一步加强环境管理，国家在将环境保护局升格为部级的环境保护总局，作为国务院主管环境环境保护工作的直属机构，负责对中国环境保护工作实施统一监管。同时撤消了国务院环境保护委员会，把原国家科委的国家核安全局并入国家环境保护总局。同时国家还制定了全国环境保护部际联席会议制度，并建立了区域环境督查派出机构，以加强部门和地区间的协调与合作，环境保护工作进入了崭新的阶段。

2008 年“十一届全国人大一次会议第五次全体大会”把环保推向了高潮，有着启后的作用。在这次会议中，最大的亮点就是“大部制”草案获得表决通过。在此次通过的“大部制”草案中，环保总局升级为环境保护部，由原来的被划为直属机构一跃成为隶属于国务院组成部门。可以参加国务院重大会议或常务会议，参与国务院重大决策。拥有了自己的发言权和决策权。环保总局升部意义非凡，最直接的变化是将在很大程度

---

❶ 曲格平：《中国的环境管理》，中国环境科学出版社 1989 年版，第 274 页。

❷ 曲格平：《中国的环境管理》，中国环境科学出版社 1989 年版，第 165 页。

上提升环保部门参与决策的能力，这将为未来环保工作打下坚实的基础。2018 年 3 月 22 日，国务院颁发的第 6 号文件《国务院关于机构设置的通知》中将“环境保护部”更名为“生态环境部”

2. 环境保护政策的出台

1983 年 12 月，国务院召开第二次全国环境保护会议，明确提出：保护环境是中国一项基本国策。把“经济建设、城乡建设、环境建设同步规划、同步实施、同步发展，实现经济效益、环境效益、社会效益的统一”作为中国环境保护事业的战略方针，建立了独立的环境保护管理机构，形成了具有中国特色的环境管理政策和制度，加快了环境保护立法和执法工作进程。这次会议在中国环境保护发展史上具有重大意义，标志着中国环境保护工作进入发展阶段。随后国家出台了“预防为主”“谁污染谁治理”“强化环境管理”三大环境政策和环境影响评价制度、“三同时”制度、排污收费制度、城市环境综合整治定量考核制度、环境目标责任制度、排污申报登记和排污许可证制度、环境限期治理制度、污染集中控制制度等八项环境管理制度。这一阶段中国的环境保护理念实现了从“末端治理”到“预防为主、防治结合”的转变，进行了多方面的污染预防的探索。

1986 年中国把环境保护纳入了全国国民经济和社会发展第七个五年计划，规定了防治工业污染、控制重点城市污染、保护江河水质、保护农村环境和生态环境等方面的任务和措施，每项任务都包括要完成的具体指标。1987 年制订的“七五”环境保护计划将目标确定为：控制环境污染的进一步发展和自然生态的继续恶化，部分重点城市水域和农林牧渔区的环境质量有一定的改善，建立一批城乡环境保护试点和示范工程，做好新技术的开发和储备，为后十年全面开展环境建设打好基础。[1]

1989 年 4 月底至 5 月初在北京召开了第三次全国环境保护会议。会议明确提出："努力开拓有中国特色的环境保护道路"，提出积极推行深化环境管理的环境保护目标责任制、城市环境综合整治定量考核制、排放污染物许可证制、污染集中控制和限期治理 5 项新制度和措施，对新上项目坚决实行"三同时"，不增加新污染源，对老污染源有计划、有步骤分期解决。

1990 年 12 月 5 日，国务院颁布实施的《国务院关于进一步加强环境保护工作的决定》决定指出："当前，防治环境污染和生态破坏已成为十分紧迫的任务。为促进经济持续、稳定、协调发展，深入贯彻执行《中华人民共和国环境保护法》，在改革开放重要进一步搞好环境保护工作。"明确了今后环境保护工作的重点，即严格执行环境保护法律法规；依法采取有效措施防止工业污染；积极开展城市环境综合整治工作；在资源开发利用中重视生态环境的保护；利用多种形式开展环境保护宣传教育；积极研究开发环境保护科学技术；积极参与解决全球环境问题的国际合作；实行环境保护目标责任制。这个决定成为进一步加强和发展中国环境保护事业的纲领性文件。至此，中国环保政策的基本地位、战略目标和步骤、制度框架等都得到确立，形成一个比较严密完整，具有较强力量的政策体系。这是中国环保政策发展的时期，奠定了其后中国环境保护政策发展的基础。

1984 年至 1992 年，几乎所有的中共中央和中央政府关于社会、经济甚至纯政治性的文件中，都把环境保护作为一个内容，纳入其关注的视野。如中共第十三次、第十四次代表大会均把保护环境当作改革和建设的重要任务；中共制订国民经济和社

---

[1] 国务院环境保护委员会办办公室：《国务院环境保护委员会文献选编》，中国环境科学出版社 1988 年版，第 18 页。

会发展的第七个五年计划和第八个五年计划中均把保护环境作为规划的内容；自 1984 年以后历届政府工作报告，都把保护环境作为一项重要内容写入。[1]

1996 年 3 月，全国人大八届四次会议审议通过了《中华人民共和国国民经济和社会发展“九五”计划和 2010 年远景目标纲要》，提出了转变经济增长方式、实施可持续发展战略的主张。把实施可持续发展作为现代化建设的一项重大战略，使可持续发展战略在中国经济建设和社会发展过程中得以实施。

1996 年 7 月在北京召开了第四次全国环境保护会议，国务院做出了《关于加强环境保护若干问题的决定》，明确了跨世纪环境保护工作的目标、任务和措施。这次会议对于部署落实跨世纪的环境保护目标和任务，实施可持续发展战略，具有十分重要的意义。会议进一步明确了控制人口和保护环境是中国必须长期坚持的两项基本国策；把实施科教兴国战略和可持续发展战略摆在现代化建设的重要位置，从而使得可持续发展战略被提到了前所未有的高度。江泽民总书记发表重要讲话，指出“保护环境的实质是保护生产力”“在社会主义现代化建设中，必须把贯彻实施可持续发展战略始终作为一件大事来抓。”[2] 这次会议确定了坚持污染防治和生态保护并重的方针，实施《污染物排放总量控制计划》和《跨世纪绿色工程规划》两大举措。全国开始展开了大规模的重点城市、流域、区域、海域的污染防治及生态建设和保护工程。

1997 年至 2002 年，中央连续 6 年召开人口、环境、资源座

[1] 段昌群、杨雪清、张文逸：《生态环境问题在中国政治生活中的影响》，载《思想战线》2000 年第 4 期，第 46 页。

[2] “江泽民同志在第四次全国环境保护会议上的讲话”，http://www.sdinfo.net.cn/hjinfo/hjinfo/default.htm，最后访问时间：2012 年 11 月 22 日。

谈会，江总书记一再强调：环保工作必须党政一把手“亲自抓、负总责”，做到责任到位，投入到位，措施到位；建立和完善环境与发展综合决策、统一监管和分工负责、环保投入、公众参与四项制度。江总书记指出：环境保护工作是实现社会经济可持续发展的基础。这是对环境保护在国民经济和社会发展中重要作用的重新定位，也是我们做好新世纪环境保护工作的行动指南。这一时期，中国环境保护工作得到了进一步加强，环境保护事业进入了快速发展时期。除上述召开相关会议落实环境政策外，国务院还发布了一系列文件来加强对环境工作的指导和监督。主要包括：发布了《关于环境保护若干问题的决定》，实施《污染物排放总量控制计划》和《跨世纪绿色工程规划》，大力推进“一控双达标”（控制主要污染物排放总量，工业污染源达标和重点城市的环境质量按功能区达标）工作，全面展开“三河”（淮河、海河、辽河）、“三湖”（太湖、滇池、巢湖）水污染防治，“两控区”（酸雨污染控制区和二氧化硫污染控制区）大气污染防治、一市（北京市）、“一海”（渤海）（简称“33211”工程）的污染防治，环境污染防治取得初步、阶段性进展。国家确定的“九五”环保目标已基本实现，环境保护工作取得了较大的成绩。❶

2002年1月8日第五次全国环境保护会议的召开，全面安排部署了“十五”期间的环境保护工作，标志着中国的环境保护事业走向了更加辉煌的坦途。

2006年十届全国人大四次会议批准了《关于国民经济和社会发展第十一个五年规划纲要》，“纲要”要求在“十一五”时期，加快建设资源节约型、环境友好型社会，单位国内生产总

---

❶ 《改革开放30年环境保护状况》，中央政府门户网站，http：www. gov. cn，最后访问时间：2012年12月13日。

值能源消耗降低20%左右，主要污染物排放总量减少10%，将污染减排指标完成情况纳入经济社会发展综合评价体系，作为政府领导干部综合考核评价和企业负责人业绩考核的重要内容。

3. 相关法律的制定

1979年五届人大十一次常务会颁布施行了《中华人民共和国环境保护法（试行）》，这是中国历史上第一部环境保护方面的基本法。它的颁布实施标志着中国的环境保护工作从此走上了法制化轨道。引进了当时国际上的“环境影响评价”制度和“污染者付费”原则，规定了环境影响报告和排污收费制度。同时，还根据国情，创建了“三同时”等政策。接着，海洋、水和大气污染防治等法律也陆续制定。1981年5月，国际计划委员会、建设委员会、经济委员会、国务院环境保护领导小组制定了《基本建设项目环境保护管理办法》。1982年2月，国务院根据《环境保护法（试行）》发布了《征收排污费暂行办法》。同年8月，在北京召开了全国工业污染防治会议。1982年年末，环境保护被纳入国民经济和社会发展第六个五年计划中，这是国家将环境保护与经济协调发展的一项重要举措。1982年12月4日，五届人大五次会议通过《中华人民共和国宪法》，这部宪法与1978年的宪法相比，对环境保护方面做出了更详细、更具体的规定。如“国家保护和改善生活环境和生态环境，防治污染和其他公害”，“国家保障自然资源的合理利用，保护珍贵的动物和植物”，“国家保护名胜古迹，珍贵文物和其他重要历史文化遗产”等。

中国先后制定了一系列更加具体的生态环境保护方面的法律、法规和条例等。如1982年的《中华人民共和国海洋环境保护法》、1983年的《中华人民共和国海洋石油勘探开发环境保护管理条例》、1983年的《防止船舶污染海域管理条例》、1984

年的《中华人民共和国水污染防治法》、1987 年的《中华人民共和国大气污染防治法》、1987 年的《核材料管理条例》、1989 年的《放射性同位素与射线装置防护条例》、1990 年的《防治陆源污染物污染损害海洋环境管理条例》和《防治海洋工程建设项目污染损害海洋环境管理体条例》等，环境立法工作取得较大进展。至此，中国环境保护的法律系统基本建成。至 1992 年，中国形成了如下比较完善的法律体系：宪法、8 部环境保护基本法、12 部环境保护单行法、15 部自然资源法律、23 个国务院发布或批准的环境保护行政法规和法律性文件、26 项国家环保行政部门发布的部门规章制度、千余件地方环境保护法规和地方政府规章、800 多项国家级环境标准、中国承认和参加的 29 项环境保护国际公约。初步形成了适应市场经济体系的环境法律和标准体系。这些法律法规，对中国环境保护法规体系的逐步完善，限制破坏资源环境的活动，加快治理污染的进程，起了重要的促进作用。

党的十八大以来，我国生态文明制度建设步伐日益加快，环境保护法治意识逐渐深入人心，努力构建生态环境保护的长效机制，切实提高环境整体质量的提升。中华人民共和国第十二届全国人民代表大会常务委员会第八次会议于 2014 年 4 月 24 日修订通过的被称为“史上最严格”的《中华人民共和国环境保护法》公布，自 2015 年 1 月 1 日起施行。

第四节　“四化”建设中的坎坷环保之路

新中国成立以来，在经历了 1972 年斯德哥尔摩联合国人类环境会议后，尤其是在经历了改革开放后，迅猛发展的“工业化”、日益加快的“城市化”、日趋繁荣的“市场化”和更加开放的“全球化”的“四化”建设使中国社会发生了历史性巨变，经济社会发展取得丰硕成果的同时，生态环境保护工作也走过了一段艰难的历程。可以将中国环境治理的努力划成五个阶段：

第一阶段为“工业污染的防治”阶段。在新中国成立后很长的一段历史时期内，由于“重工业优先发展战略”的实施，环境污染主要来自工业生产活动，污染的主要表现是以烟尘和污水为主要标志的工业“三废”污染。环境污染的防治工作也主要集中在工业领域，工作重点是加强企业的技术改造，在工艺技术上不断采用减少废弃物排放的技术，同时相继采取了一系列针对烟气除尘和污水厂的污染处理防治措施。

第二阶段为“城市污染的综合防治”阶段。在这个阶段内，工业污染和城市生活污染共同作用，且非工业性的污染开始逐渐占据了污染的重要部分。主要污染分为污水、烟气、固体垃圾和噪声等。具体防治措施也开始从就事论事的单项治理向全面协调的综合治理转变。在此期间主要开展了如城市的整治规划、清洁能源的开发利用、城市供排水设施的建设完善等工作。对工业污染的治理采取了更加严格的控制手段。

第三阶段为“生态环境的综合防治”阶段。这一阶段，由于生态环境建设的指导思想的坚实推进和国际环境合作的积极开展，中国的生态环境建设逐步走上了综合防治的阶段。主要生态环境保护和治理工作从工业污染和城市污染的防治转变到自然生态的整体破坏的防治方面上来，在继续加强对环境污染的整治工作的同时，重点防治农业污染、保护植被、控制水土流失等。

第四阶段为“生态环境的区域防治”阶段。在这一阶段，某些环境问题如某些海域、湖泊、河流污染以及酸雨防治和沙尘暴的治理等工作已经突破了国家的界线，成为两国间或多国间的地区性问题，因此环境污染的整治工作必须依靠相关国家的共同努力进行区域性的防治工作。典型的例子就是湄公河流域大量森林植被破坏、水土流失严重的生态环境问题。自1992年大湄公河次区域经济合作机制成立以来，在中国、缅甸、老挝、泰国、柬埔寨、越南六个成员国共同努力和亚洲开发银行的积极支持下，取得了丰硕成果。

第五阶段为“全球环境行动”阶段。在臭氧层破坏和“温室效应”已成为全球性的环境问题的背景下开展“全球环境行动”势在必行。这样环境问题的解决需要动员全世界所有国家共同采取行动。由于认识到环境问题对全球的实际威胁，全球环境行动已经开始起步，中国也在积极参与全球环境保护和治理工作。如1987年通过的《蒙特利尔协定书》就是为了防止臭氧层的耗损而签订的；1992年签订的《联合国气候变化框架公约》、1997年签订的《京都议定书》、2007年签订的《巴厘岛路线图》、2009年签订的《哥本哈根协议》以及2017年签订的《巴黎协定》等，目的在于寻求针对温室气体排放导致全球气候变化条件下的全球变暖的国际合作。

与快速的经济发展相比，中国的生态环境保护之路漫长而艰辛。改革开放40年来，中国的生态环境保护工作总结概括为四个方面：

首先，环境保护政策思路渐趋成熟。1979年《中华人民共和国环境保护法》中指出“合理地利用自然环境，防治环境污染和生态破坏，为人民营造清洁适宜的生活和劳动环境，保护人民健康，促进经济发展”。1983年环境保护上升为中国的一项基本国策，环境保护工作被提上国家现代化建设的重要日程。1992年中国引入可持续发展理念，并把这一理念提升为国家发展战略，制定了《中国21世纪议程》。21世纪初确立的“树立和落实科学发展观，构建和谐社会和建设资源节约型和环境友好型社会，建设生态文明”表明中国政府对生态环境问题的认识不断加深，政策思路日益成熟。

其次，生态环境管理模式从单纯的“技术控制”逐步走向了“制度管理”的新时期。生态环境保护治理工作最初只是就事论事的“技术控制”。如 70 年代初大连湾滩涂养殖业污染治理和北京官厅水库污染的治理主要依靠技术手段加以解决，并没有更多地从制度管理角度进行探索。从 1973 年中国第一次环境保护会议开始，中国的生态环保治理逐步走上了依靠制度设计加强管理的道路。这次会议出台了“全面规划、合理布局、综合利用、化害为利、依靠群众、大家动手、保护环境、造福人民”的“32 字方针”，从制度管理方面强化了经济发展、全面规划、综合利用、依靠群众和保护环境的重要性。1983 年出台了“经济建设、城乡建设、环境建设同步规划、同步实施、同步发展，实现经济效益、社会效益、环境效益相统一”的“同步发展”方针。1989 年出台了“预防为主，防治结合；谁污染谁治理；强化环境管理”的“三大政策”及“环境影响评价制度、城市环境综合整治定量考核制度、‘三同时’制度、排污收费制度、环境保护目标责任制度、排污申报登记和排污许可证制度、限期治理制度、污染集中控制制度”的“八项管理制度”。上述一系列管理举措的出台逐步完善了中国生态环境管理的制度化、法制化管理方式，强化了生态环境管理的力度，提升了生态环境管理的效率。

再次，生态环境的治理手段突破了“工厂治理”模式向“结构调整”模式的转变。乡镇企业快速发展下的环境污染呈现点状分布格局。随着经济体制改革步伐的加快，工业发展突飞猛进，资源消耗迅速增加，环境污染越发严重。环境污染开始由点状分布向线状、面状分布发展，形成流域污染。伴随工业化、城市化进程的加快，环境问题日益突出。环境污染主要体现为典型的结构性污染。因此，生态环境的治理在突破“工厂治理”模式向“结构调整”模式转变方面，国家采取了许多措施，出现了一些可喜的变化。把工厂的过程防治与工业结构调整的源头防治相结合，对控制环境污染发挥出标本兼治的良好效果，找到了一条有效控制环境污染的管理措施。

最后，在重点解决环境污染问题的同时，国家把生态恢复与建设工作提上了日程。经历了1998年长江、松花江、嫩江流域发生大洪水灾害，人民深刻体会到森林生态环境保护的重要性。“退耕还林（草）、封山绿化”“三北”及长江等流域防护林体系建设、天然林保护、草原恢复及建设、京津风沙源治理、野生动植物保护等工程的实施提高了森林覆盖率，降低了水土流失率，有效改善了农牧民的生活。

总之，中国严重的环境问题是长时间形成的，既有认识和经济上的原因，也有政策上的失误。自20世纪80年代以来，环境问题引起了党和国家的深切关注。随着“工作重点转移到社会主义现代化建设上来”战略的转变，环境保护也逐步摆到了重要的位置上来。环境保护方针、政策、法律和相应管理机构日益完善，环境保护手段逐渐科学化，国际环境的交流与合作日益加强，这些方面积极地推动了中国环境保护事业的发展。

第五章 Chapter five

中国近现代政治社会变革与生态环境演化的理论思考

第一节　政治文明与生态文明的同步构建

翻开中国近现代社会发展史，我们会发现，中国政治社会经历了三次历史性巨变。晚清时期发生在中国新旧社会体制更替过程中的以“求强、求富”为目标的洋务运动、以“变法图存”为口号的“百日维新”运动以及辛亥革命等揭开了近现代中国政治社会历史性变革的序幕，推翻了统治中国几千年的君主专制制度，使民主共和的观念深入人心，大大促进了中国民族资本主义的发展，“实业救国”“民主共和”成为当时社会的思潮。中华人民共和国的成立是中国近代史和现代史的界限，标志着新中国的诞生在半殖民地半封建社会的中国开创了社会主义建设道路。三大改造的完成，实现了对生产资料所有制的变革和国家政权性质、架构和功能性的转换。“一五”计划建设的提前完成，为社会主义工业化奠定了初步的基础。改革开放围绕经济建设为中心展开经济、政治、教育等制度和观念文化的变革，给一度徘徊的社会主义实践注入了新的生机，被激活的生产力向国人、向世界展现了中国现代化的巨大发展潜力。

任何社会历史的发展总是在一定的自然历史条件下进行的，其发展进程总是离不开生态环境这一休戚相关的因素，并对其产生影响。近代百年中国社会的急剧动荡给中国社会的生态环境带来了巨大变化。

“精耕细作”和“多元交汇”的传统农耕文明对生态环境的破坏程度不大，从某种意义上来说，它有利于生态的恢复和环境的保护。近代以来西方列强的入侵，客观上给中国带来了先进的技术和现代的工业生产方式，中断了中国自然经济的封闭发展史，而被迫进入半封建、半殖民地的民国时期。民国时期的中国社会内忧外患不断加剧，社会动荡，人民生活遭受严重影响，中国的自然环境和生态环境遭到了人为破坏，引发一系列生态环境危机，总体说来，中国生态环境的破坏主要是由于近代工业的发展、帝国主义对中国自然资源的掠夺加之以战乱频仍导致的。具体表现在：现代化的工业生产方式造成资源的大量消耗和工业废弃物的大量排放，西方列强对中国森林资源和矿产资源的掠夺，使东北、华中、华南、云南边疆本来不太丰富的森林资源遭到破坏，同时生物多样性也造成重大损失。辛亥革命后，革命的胜利果实被袁世凯窃取，在经历了南北战争、军阀割据第一次国内战争的中国早已疲惫不堪，第二次国内战争时期，国民党军队对江西、湖南、福建边界的中央红色根据地疯狂围剿，采取灭绝人性的焦土政策，使江南本来十分茂密的森林变成水土流失严重的荒山野岭等。

总体而言，晚清、民国时期在东西方文明的历史交汇与碰撞的大背景下，政治社会变革与生态环境演化可以概括为：时局多变，政权更迭频繁，始终没有出现较为合法的政治权威，生态环境的演化完全是出于自发状态的，工业经济及社会发展过程中没有考虑到生态环境因素，对生态环境的保护在一定程度上处于维持生存的本能状态。晚清、民国时期在洋务运动“求强、求富”和晚清政府“自上而下”的维新变法改革运动的影响下，西方近代科技手段和工业化的生产方式被积极引入，近代中国工业发展迅速，使得自然生态环境逐步发生改变，局部地区的破坏较为严重。政治文明程度和生态文明程度都不高，甚至没有太大的发展与进步。

新中国成立以后经历了历史上最为严重的生态环境破坏问题。政治社会变革过程中表现出过分自信，并曾在一定程度上出现了追求政治变革的狂热理想主义色彩，结果给经济社会发展和自然生态环境等带来无法挽回的严重后果。1958 年由于指导思想的失误，掀起大炼钢铁运动，一时间乱砍乱伐，用大量优质木材搞土法炼铁，对自然环境和森林资源的破坏还没有得到及时的恢复，又一轮新的破坏旋即展开，周而复始，循环不断。“文化大革命”中所谓向湖泊要地，围海造田，不仅没有生产出更多的粮食，反而使湖畔近海湿地的生态遭到严重破坏。总体说来，前两次社会变革下的中国生态环境问题以生态资源的破坏为主，由于“工业化”“城市化”程度不高，环境污染问题并不突出。

改革开放以来，中国进行了一系列经济体制的改革和对外开放，虽然中国经济上取得了举世瞩目的成就，但是由于“四化”建设的强势推进，原本被破坏的自然生态雪上加霜，环境污染问题也伴随而至，更加重了中国生态环境的整体负担。近年来，由于盲目发展乡镇企业和五小工业，致使全国污染负荷成倍增长，虽然政府采取了必要的措施，但成效并不明显，近 20 年随着城市化进程的加快，工业和生产废水、废气、废渣及噪声等污染有增无减，加上未从根本上加以大规模治理，已成为中国经济社会持续发展的障碍，在一定程度上阻滞了社会主义现代化建设的进程。总体而言，改革开放以来，中国在全面推进现代化建设的进程中，政治体制改革未能发生实质性的变革，经济社会发展出现了巨大变化，在全面追求经济发展的过程中，完全不顾自然生态环境的可承受能力，市场化和全球化带来的激烈竞争下，由于制度上的缺陷，导致生态环境的“公地悲剧”和“囚徒困境”不断上演。

同时，我们也应该对近代百年中国社会变革下的生态环境问题加以辩证对待。生态环境的变迁也对社会历史进程产生了深刻的影响。从一定意义上讲，人类赖以生存和发展的环境、资源、生态并不仅仅是被动地为人类提供优惠的服务和物质基础，而且一旦这一基础遭到人为的破坏，人类本身便陷入了不可避免的灾难之中，这一现象如果不采取理性科学的思维和经济社会发展战略，后果将不堪设想。值得庆幸的是，20 世纪 70 年代以来，生态环境问题日益引起领导集体的重视，积极推动中国生态环境建设工作，最大程度上减缓了生态环境恶化现象。同时，中国在着力进行生态环境治理工作的同时，积极参加国际性的生态环境会议，生态环境建设指导思想日益提升，环境保护国策的主动制定、“可持续发展”观念的积极引入、社会主义和谐社会建设的有力开展、节能减排工作的扎实推进、生态文明的理性构建等为我国生态环境保护工作奠定了坚实的思想基础。生态环境保护政策、法律、法规及相应管理机构的日益完善等，为生态环境保护工作提供了日益完备的制度保障。

纵观整个中国近现代社会发展史，我们会发现，政治社会变革前所未有，生态环境演化错综复杂。其中既有历史的因素又有现实的成分，既有客观条件也有主观原因。政治社会变革一波三折，但是总体发展向好。生态环境演化则恰好相反，呈现“局部有所改善，整体仍在恶化，前景令人担忧”的不良状况。晚清、民国时期政局混乱，政权更迭频繁，没有统一的政治权威，生态环境主要是在自发状态下进行演化，外国列强掠夺和内外战争破坏严重。新中国成立后，建立了统一的中央政权，领导中国的经济和社会建设，新中国建立后的前30年左右的时间里，中国共产党领导人民先后进行了土地改革和“一化三改造”工作，顺利走到社会主义建设的轨道上来。新中国初期所取得的辉煌成就在过分自信的理想追求下导致了政治文明中的理性成分渐被抛弃，在“大跃进”“人民公社化”和“文化大革命”等一系列的“大规模政治社会运动”下，生态破坏和环境污染问题日益凸显，虽然在“文化大革命”中，包括周恩来总理在内的一些党和政府领导人日益察觉并深刻认识到了生态环境问题的严重性，但是由于在当时的历史条件下，政治文明程度不高，特别是意识形态的理想化色彩浓厚，对生态环境的总体认识不足，导致生态环境遭受大范围的破坏。改革开放后，经过思想文化领域的拨乱反正，党和国家的政治生活的中心工作转移到以经济建设为中心的发展轨道上来，一切以经济建设为中心的社会变革方式激发了“四化”建设的热情，迅猛发展的工业化、日益加快的城市化、日趋繁荣的市场化和更加开放的全球化再一次把生态环境推向深渊。这种只注重经济的增长和片面追求GDP的粗放型经济发展方式指导下，中国式“公地悲剧”之殇、中国环境治理中的“囚徒困境”之厄以及中国政府间环境问题上的博弈等制度化设计中的缺陷的悲剧愈演愈烈。21世纪以来，“政治文明”和“生态文明”理念的提出使中国近现代政治社会变革与生态环境演化找到了历史交汇点，开启了全新的时代。在经历了一个多世纪的动荡和徘徊之后，中国政治文明建设逐步走向了健康的发展轨道，生态环境在经过了无数次历史演化之后获得了重新发展的契机。

中国近现代政治社会变革与生态环境演化的历史表明：中国式的“公地悲剧”之殇、中国环境治理中的“囚徒困境”和中国政府间环境问题上的博弈等悲剧正是政治文明与生态文明建设相背离的产物。为此，生态环境问题的治理应从制度设计方面来规避政府间的博弈问题，避免政府资源的浪费，最大限度地依靠制度来解决中国生态环境问题中的“公地悲剧”和“囚徒困境”，以实现政府间利益的有效协调，促进社会全面进步和生态环境的整体改善。提高执政党对“意识形态”中“生态文明”的认同，加强制度建设，切实推行领导干部环境保护一票否决制；加强执政党的执政能力的制度建设，建立更加开放的环境保护监督平台；加强环境保护自身的立法和执法能力，注重环境保护中的行政力量和司法力量，最大程度地发挥政府治理生态环境的能力，以实现政治文明和生态文明的同步发展和良性互动。

第二节　中国式公地悲剧之殇

一、中国式公地悲剧的含义

公共资源的困境分析始于加勒特·哈丁 1968 年在《科学》杂志上发表的《公地悲剧》一文。50 多年来，该文不仅作为生态学界的经典论文而且作为讨论公共资源使用和管理的经典论文而广为引用。哈丁分析的结论认为只要存在多人共同使用一种稀缺资源的情况，最终都会出现过度使用的现象。哈丁在文章中做出了如下描述：假设有一个向一切人开放的牧场，从理性经济人的视角来看，每一个牧羊人都会通过增加更多的牲畜以获得更多的收益，这一点毋庸置疑。因此，“公共牧场”将在牧羊人无节制的放牧中走向毁灭，所有牧羊人在痛苦的绝望中宣告破产。哈丁对此评论道：这是一个悲剧。每个人都被锁定进一个系统，这个系统迫使他在一个有限的世界上无节制地增加自己的牲畜。“公地悲剧”之所以能够产生，而且从某种程度上说其产生是有其必然性的，原因在于：每个理性经济人事先都能够知道由于其理性行为最终会导致这样的悲剧必然产生，但出于个人之理性，均不会约束自己的策略选择，这样，“公地的悲剧”便不可避免地发生了。正如埃莉诺·奥斯特罗姆所说，“每个人都被锁定进这样一个系统。这个系统迫使他在一个有限的世界上无节制地增加他自己的牲畜。在一个信奉公地自由使用的社会里，每个人追求他自己的最佳利益，毁灭的是所有的人趋之若鹜的目的地。”❶

1991 年诺贝尔经济学奖获得者，英国经济学家科斯教授在其著名的论文《社会问题成本》一文中引用“公地悲剧”一词来分析交易成本问题。在他看来，如果一块土地的产权公有或者不清晰，那么任何人都有在这块土地上放牧的权利。结果，放牧的收益归自己，而放牧的成本则由所有人平均分摊。在这种情况下，所有人都会选择多放牧，多获得收益。长远看来，终究所有人都会因损害草地而给自己带来损失。

美国学者罗伯特·佛兰克在其《奢侈病：无节制挥霍时代的金钱与幸福》一书中也提出了类似的想法来探讨个体利益、集体利益与环境保护之间的关系。他认为：“由个体和集体利益

---

❶ ［美］埃莉诺·奥斯特洛姆：《公共事务的治理之道：集体行动制度的演进》，余迅达译，三联书店 2000 年版。

上的分歧而导致的严重环境污染问题与日趋严重的炫耀性消费问题在本质上是相同的。”❶ 诚然，由于过度放牧会造成草原退化、滥砍滥伐会造成森林资源的减少、过度捕捞会造成沿海水产资源的枯竭。但是，这些问题的出现不在于猎人没有意识到犀牛正处于濒危状态，不在于伐木工不知道对森林的过度砍伐是生态系统日益遭受破坏的原因之一，不在于渔民不懂得他们的行为严重威胁了沿海渔场海洋生物的生存而在于当有可利用价值的自然资源的产权没有明确的界定和归属时，个人不可能采取有效的行动进行抵制。试想，如果一名猎手放过一头大象，那它肯定会被别的猎手捕杀；如果一家公司停止开采矿山的业务，另一家公司很快就会接手；如果一艘渔船放弃捕捞，鱼群还会钻进别的渔船的渔网。

二、中国式公地悲剧的成因

“公地悲剧”导致了生态环境的危机，主要是“环境‘公地’产权的空位和经济利益驱动下管理的失灵”等因素共同作用的结果。❷ 在中国，由于所有制结构是公有制经济，公有制经济是导致中国式“公地悲剧”最主要因素。

（一）环境“公地”产权的空位

造成“公地悲剧”现象的内在根源在于“公地”的产权不清晰。中国的基本经济制度是社会主义公有制，即公共资源权属归全民所有，这里的“产权”是一个最为宽泛的概念，也就是说，公共资源并不能单独划归某个个人所有。正因如此，长

---

❶ ［美］罗伯特·弗兰克，《奢侈病：无节制挥霍时代的金钱与幸福》，蔡曙光等译，中国友谊出版公司2002年版，第230页。

❷ 周波、赵雪梅：《基于博弈视角下中国环境“公地悲剧”的探讨》，载《科协论坛》2007年第5期下，第46页。

期以来中国的公共资源的真正所有权便掌握在管理国家的各级政府手中，并依靠直接行政的方式来实施对公共资源的管理。从某种意义上说，公有制的经济实现方式有利于从整体和全局的角度更加合理地配置资源，实现生产力布局上的最大化。但是，其局限性也暴露无遗。对“公共资源”实行“条块分割式”的直接行政管理方式最终导致“公地”的“人所共有，其实无人所有”的实际产权主体空位的状态。在此时如果“公地”遭受掠夺，便不会有明确的产权所有者出面及时加以制止或诉诸法律手段加以追回，导致生态灾难最终无法避免。目前，在中国不但“草场”在遭受“公地悲剧”的毁灭，矿山、煤炭、石油以及最常见的水资源甚至是废弃物等也难逃因环境“公地”产权空位而造成掠夺式开采或肆意排放的厄运。

水资源污染是“公地悲剧”的典型之一。随着生产力的提高、人口的增加和环境保护重要性的增强，水资源多元价值之间发生了矛盾。由于水资源的“公地”产权空位诱因的存在，上下游地区之间、工农业用水之间、城市用水和生态用水之间发生了严重的挤占和争夺。河流水质污染等“公地悲剧”现象大量出现在上下游、左右岸、相邻地区争相向河流排放污水的过程中。也就是说，随着生产力水平的提高、人口的增加和环境保护重要性的增强，水资源的稀缺性逐渐显露出来。由于水资源多元价值的矛盾和某种环境功能的稀缺性，使水资源成为经济学意义上的稀缺资源。[1]

（二）经济利益驱动下管理的失灵

祝美华、潘云华在其《“公地悲剧”的治理之道》一文中

[1] 郑通汉：《中国水危机——制度分析与对策》，中国水利水电出版社2006年版，第80页。

指出："公地悲剧"的发生，人性的自私或不足只是一个必要的条件，而公产缺乏严格而有效的监管是另一个必要条件。[1] 有人认为在工具理性驱动下的经济发展过程中，加强环境保护最终会影响经济的发展。在工具理性张扬下的今天，影响经济发展的因素很多，人们往往很难做出抉择，通常会顾此失彼。例如，为了追求经济发展而忽视了人文关怀、为了追求经济效率而忽视了价值判断、为了追求短期效率而忽视了长远发展、为了追求效率而忽视了公平等。因此，各地会不断出现"重指标、轻效益，重眼前利益、轻长远福祉"的片面追求 GDP 的现象。当前，中国长期以来以 GDP 的总量和增长率作为指标来衡量经济增长和绩效，而对由于经济的快速发展所带来的生态环境问题则熟视无睹，这就造成了经济利益驱动下的管理失灵。从某种程度上说，导致生态环境危机的"森林的过度砍伐、草场的过度放牧、海洋的过度捕捞、污染物的肆意排放甚或是地下水严重污染"等"公地悲剧"现象的诱因与此密不可分。上述种种概括起来无非是源于"经济利益驱动下管理的失灵"，最终导致公共财产——那个人们赖以生存的摇篮的崩溃。[2] 美国学者赫尔曼·E. 戴利、肯尼思·N. 汤森认为，公地悲剧发生的根源在于："当个人按自己的方式处置公共资源时，真正的公地悲剧才会发生。"[3] 曲格平在谈到造成中国严重环境问题的原因时说："国家已颁布环境与资源保护方面的法律 25 部，可以说主要领域和方面都有了规定，如果按照法律规定去办，现存的环境污

---

[1] 祝美华、潘云华：《"公地悲剧"的治理之道》，载《江南大学学报》（人文社会科学版）2007 年第 4 期，第 29 页。

[2] Garrett Hardin. The tragedy of the Commons [J]. Science 162 (December), 1968: 1243-1248.

[3] [美] 赫尔曼·E. 戴利、肯尼思·N. 汤森：《珍惜地球》，马杰等译，商务印书馆 2001 年版，第 314 页。

染和生态破坏问题应该得到控制。但是有法不依，执法不严的现象普遍存在。原因就在于政府的不作为。”❶

据《人民网》2012年5月的一篇报道《中国5成城市地下水污染严重，3亿农民饮水不安全》称：“全国仍有2.98亿农村居民的饮用水不安全，20%城市居民的饮用水水源地不达标。”❷造成这种现象的原因主要是：饮用水水源地一般在河流上游的欠发达地区，这些地区往往渴望高额投资拉动经济发展，导致矿山开采和冶炼、石化和化工等高污染行业“遍地开花”，管理粗放、执法不严，导致水源污染物排放总量远远超过环境容量。2013年2月，一篇名为《山东地下水遭铝业污染，官员：病比穷好》的文章把当地广为流传的一句领导名言“宁可病死，不能穷死”❸ 推到了风口浪尖上。山东茌平县信华集团铝业生产中偷偷地把工业污水灌入地下所造成的地下水严重污染现象尽显了政府管理中的“经济利益驱动下政府管理的失灵”的弊端。

在中国，由于公共资源的过度利用所造成的环境破坏仅由自然资源单一的所有者——国家来承担，因此，公共资源常被政府官员作为追求经济增长等政绩时的牺牲品，同时，公共资源的分配也成为行政官员甚至政府寻租的渠道之一。❹ 由于政府作为理性经纪人在追求效益最大化的过程中，有些情况下会通过利用手中的特权进行贿赂交易，破坏市场经济公平竞争，造

---

❶ 曲格平：《曲之求索：中国生态环境保护方略》，中国环境科学出版社2010年版，第103页。

❷ 《中国5成城市地下水污染严重，3亿农民饮水不安全》，载腾讯新闻，http://news.qq.com/a/20120528/000476.htm，最后访问时间：2012年12月20日。

❸ 《山东地下水遭铝业污染，官员：病比穷好》，载热点新闻网，http://www.ccdch.com/society/baitai/8720.html，最后访问时间：2013年1月13日。

❹ 周波、赵雪梅：《基于博弈视角下中国环境“公地悲剧”的探讨》，载《科协论坛》2007年第5期下，第45页。

成公共资源的浪费、环境的破坏，加速了自然资源的耗竭进程。

三、破解中国式公地悲剧之道

中国式“公地悲剧”产生的根源在一定程度上源于公有制经济形式下的产权不清晰。从产权关系角度看，许多被称为自由物品的东西，往往也是被当作“共同财产”使用的，按我们理解，共同财产不被任何个人所单独拥有，却可以被任何人免费使用的财产。生物学家加勒特·哈丁最早描述了“共同财产的悲剧”，他这样写道：在一面积有限的牧场上，每个相互竞争的牧人都力图放牧尽可能多的牲畜，以使个人收益最大。结果畜群就在一个“有限的世界”里“无限地增加”，“在公共土地上的自由给所有人带来损害”。在他的例子中，其症结在于自由物品或共同财产并无明确的所有者，或虽有名义上的所有者，却没有经济上的产权实现形式。从这个意义上说，“共同财产”实乃“无主财产”或“虚有其主的财产”，而“共同财产悲剧”是私有者或单个利益主体争相滥用无主财产的悲剧。因此，最根本的还在于明晰产权。

同时，制度的变革，尤其是土地公有制治道之变革也应该为克服生态环境的“公地悲剧”结局开道。在中国，土地制度以改革开放为划界存在着前后两种不同的治理之道。改革开放前，传统计划经济下高度集中的土地公有制对土地的管理过死，过分注重了土地的长期效益却忽略了其短期效益，导致广大人民群众的温饱问题无法解决；改革开放后，实行的家庭联产承包责任制使土地出现了条块分割的利用方式，加上国家对土地的使用监管不严，牺牲了土地利用的长期效益、综合效益等，土地使用的不经济性和外部性效应明显。为此，祝美华、潘云华提出了解决当下中国土地问题的思路：“在不改变土地公有制

的前提下，在遵循土地利用规律的原则下，为发挥个人劳动积极性而进行制度创新。”❶

第三节　中国环境治理中的囚徒困境

一、中国式囚徒困境的产生

“囚徒困境”是博弈论（Game Theory）中“非零和博弈”的典型案例，用以说明个人的理性最佳选择往往会得不到最佳效果，它描述的是追求利益最大化的理性人最终是如何陷入自己埋设的困境的。

该理论早在1950年由美国普林斯顿大学数学家阿尔伯特·塔克（Albert tucker）提出，并以囚徒故事的方式加以表述，用以解释博弈论的含义，被命名为“囚徒困境”。纳什分别于1950年和1951年发表了两篇关于非合作博弈的重要文章。张维迎认为：塔克的这项工作同纳什的著作一起“基本上奠定了现代非合作博弈论的基石。”❷ 囚徒的故事耐人回味：警察抓到了两个非法携带枪支的罪犯（A和B），按当时的法律应判罪犯A和B各入狱一年。但警察还怀疑这两人曾犯过合伙抢劫银行的重罪，但碍于没有充足的证据，只好将A和B二人分别进行隔离审讯，警方的政策是“坦白从宽，抗拒从严”。审讯的条件是：如果两

❶ 祝美华、潘云华：《“公地悲剧”的治理之道》，载《江南大学学报》（人文社会科学版）2007年第4期，第30页。

❷ 张维迎：“从九四年诺贝尔经济学奖看主流经济学的新发展”，原载于《经济学信息报》，转载于复印报刊资科《理论经济学》1985年第6期，第119~131页。

人都承认抢劫了银行，则各判八年刑期；如果一人承认抢过银行，并供出同伙就可获宽大处理予以即时释放，而另一个不坦白的人则要从重判刑十年；如果两个人都不承认抢过银行，则按非法持枪罪各判一年刑期。此情形的产生如表5-1所示。

表5-1　“囚徒困境”的产生

	A坦白	A不坦白
B坦白	二人同判刑八年	A判刑十年；B即时获释
B不坦白	A即时获释；B判刑十年	二人同判刑一年

资料来源：本表格依研究自行绘制。

在这样的条件下，罪犯A的理性思考为：B可能不坦白或坦白，本人也可能坦白或不坦白。罪犯B的推理与A完全相同，结果两个罪犯都交代了罪行，最终分别判刑八年。原本在两个人均不坦白的情况下，二人可能的最佳结局是入狱一年。但两人均期望自己的最佳结局是获得自由。这样，两个人的理性选择却得到了同判入狱八年的结果。

造成“囚徒困境”的真正根源在于“个人理性”与“集体理性”的矛盾。这种矛盾，由于主体的理性选择导致非最佳预期效果。在中国的现实状态下，制度设计中的系统封闭性特征导致信息不对称则是其最深刻的根源。这也是产生中国式“囚徒困境”的最终主导因素。这个具有模型性质的“困境”在中国现实的价格竞争、环境保护等方面时有体现。生态环境治理的困境恰好构成了典型的中国式“囚徒困境”模式。

二、中国式囚徒困境的根源

中国式“困境囚徒”产生的根源在于信息不对称条件下人们对自身行为合理性的错误理解，同时，不可否认的是人的自私自利性。现实条件下，“囚徒困境”的产生根源主要有两个方面的因素：资源的稀缺性、经济的外部性。

（一）资源的稀缺性

资源的稀缺性决定了其利用过程中难以摆脱“囚徒困境”的约束。[1] 据有关研究资料显示，在人类目前所利用的各种自然资源中，可以说绝大多数（如矿石、煤炭、石油等）是不可再生性资源或者再生速度极其缓慢，因此，在这些资源行将耗竭之时必须要寻找替代性能源以维持人类的生存和发展。于是资源争夺的竞争者从其各自的私利出发，竞相展开资源的无序开发，以便其在有限的资源中实现自身利益的最大化。这种博弈的过程表明虽然参加博弈的各方明知自己行为的严重后果，但其都不希望在竞争中落后，从这种意义上说，这可以看作是“囚徒困境”在可持续发展进程中的体现。让我们更加尴尬的是，如今，环境污染已渐成为威胁人类生存的首要因素，严重制约着经济的发展；同时，经济的快速发展对资源投入的需求还在不断加大，而资源的有限性和环境的有限性注定延续传统工业文明发展模式举步维艰，路越走越狭窄。

同时，中国式“囚徒困境”下的资源稀缺性还在于制度体系下的封闭状态导致了信息资源的非对称性，而非对称性的信息造成了资源的稀缺。对于普通大众而言，由于其获知信息的渠道较少而且不畅通，出现有限的资源被掌握在少数人手中的现象，进而在生态环境的博弈过程中呈现“囚徒困境”之势。

早在2300年前，亚里士多德就指出：“人类的贪婪是不能满足的。”当一种要求被满足的时候，一个新的要求又替代了它

---

[1] 申琳：《可持续发展中“囚徒困境”的博弈分析》，载《前沿》2003年第5期，第28页。

的位置。这句话成了经济学理论的第一格言，并为人类的很多经验所证实。人的贪婪就是人的欲望，无法满足的贪婪产生无法满足的人类欲望，正是这种欲望推动经济社会不断向前发展。人的欲望是无穷的，经济社会发展是无止境的。所以，经济社会发展对资源和环境容量的需求是无限的。问题的核心在于自然界的资源总是有限的。因此，除非能实现“资源消耗零增长、人口零增长、生态环境退化零增长”三个零增长，否则，经济社会对资源和对环境容量资源的需求无限性和自然界资源、环境容量资源有限性之间的矛盾不可调和。

（二）经济的外部性

“外部性”是一个经济学领域的术语，近年来被广泛应用于环境领域中。该问题是由剑桥学派奠基者阿尔费雷得·马歇尔1890年在其《经济学原理》一书中首次提出的（当时被称为“外部经济”）。20世纪20年代，马歇尔的学生、公共财政学奠基人庇古在其名著《福利经济学》一书中从社会资源最优配置的角度出发，应用边际分析方法对其加以补充和完善，最终形成外部性理论。“外部性”理论是分析生态环境危机的主要理论基础。外部性是指一定的经济行为对外部的影响，造成私人（企业或个人）成本与社会成本、私人收益与社会收益相偏离的现象。在西方经济学中，外部性理论是用以解释环境问题成因的基本理论。从经济分析的角度看，环境问题主要是外部不经济或叫负外部性问题。即经济主体的经济活动对他人、对环境造成了影响而又未将这些影响计入市场交易的成本与价格。负外部性是使经济主体忽视环境保护即不愿意在环境保护方面投资的内在原因。包括水资源开发利用活动在内的经济活动的负外部性，是造成水质污染和水土流失的根本原因。外部性理论是一个与生态环境危机紧密相关的经济学理论。外部性具有普遍性，由于外部性的存在，我们在日常生活中经常碰到所谓的“市场失灵”。外部性的存在是政府干预和实施管制的重要依据。

外部性问题是普遍存在的。许多著名经济学家曾对外部性问题做过相当生动的描述，如穆勒以灯塔为例说明正外部性、庇古以火车经过田野使火花飞溅到稻穗上造成农夫损失的例子说明负外部性，而米德关于因养蜂人的到来增加了果园的产量，反过来果园扩大又增加养蜂人收益的例子，说明了存在双向正外部性的可能。查尔斯曾列出负外部性的 8 种表现：工厂产生污染（水、气、噪声等）；滥用森林土地等自然资源；汽车排放废气、噪音、抢占人行道；车祸中无辜受害者；乱扔垃圾、吐痰等；麻将声或音乐声妨碍他人休息；公共场合高谈阔论；高楼挡住较低建筑物的阳光。[1]

在现在化发展过程中，不可避免地将产生许多污染物。大多数的人们多也不情愿将污染留在自己所有的土地或池塘中，而倾向于将污染排到他人或政府所有的区域。这样既减少自己对于污染处理的成本，又将该结果转移至产业外部，对公共环境造成污染。正因为环境拥有这样的特性，因此，工厂或是生产者在制造或生产产品的过程中，不会将对于环境所产生的外部成本计算在生产过程中，只要投入生产要素所生产的产品仍然可产生利润，那么在市场饱和之前，这样的投资行为会持续进行下去。无论是工厂的生产过程或是垃圾回收等，都有外部性的存在，其所产生的外部不经济效果，将由整个社会共同承担，最后导致环境脏乱不堪，自然资源失去可利用性等问题。这是由生物学家 Garrett Hardin 所提出的理论，并将其称为公地悲剧（the tragedy of the commons）。[2]

---

[1] 郑秉文：《市场缺陷分析》，辽宁人民出版社 1993 年版，第 149 页。

[2] Anderson，Economics of Environment [M]. p. 75.

如今，中国正处在市场经济转型过程中。市场经济本身会产生许多外部经济效应或者外部不经济效应，环境污染就是最明显的例子。环境作为一种公共财产，这种公共财产的提供（如清洁水、良好的大气环境），对所有人都有好处且多一些人享受它的好处并不会加大总成本。但是如果没有公共财产，所有人的利益都会受损。公共财产或者公共财产受到破坏（如污染水、污染大气等）的特点决定了个人或市场都不会提供控制环境污染的费用和服务，只有政府是公共财产的提供者。来自市场经济的压力越大，政府对防治环境污染、整治国土资源的责任就越大。为了改变中国日益恶化的环境形势，应当采取刻不容缓的行动，否则，日益扩大的生态赤字将使其他领域所获得的成绩不是大打折扣，就是黯然失色。

廖靓把整个人类社会比喻为一个"大监狱"，把全体人类比作"囚徒"，这样就破解了"囚徒困境"之谜。这样理解很有新意，同时也很有启发。戴维·皮尔思、杰瑞米·沃福德这样来理解"囚徒困境"下生态环境问题的产生原因。在生态环境问题产生的情形中，他们把"囚徒"理解为"经济人"，把"坦白"换成"污染"，这样会出现以下情形："首先，由于可再生资源的公有性，因此存在着许多真正的或潜在的使用者；其次，从对公共资源的使用策略来看，人人都想最大程度地利用公共资源为自己创造更多的个人利润；再次，假定所有使用者均采取这样的行为方式，资源的过度开发似乎不可避免；最后，由于该机制对坦白行为的刺激作用，使得任何协议的风险都是不稳定的。"❶ 结合中国的实际情况，我们可以把各个生产企业看作"囚徒"，假定市场经济条件下存在着环境污染现象，

---

❶ ［美］戴维·皮尔思、杰瑞米·沃福德：《世界无末日——经济学、环境与可持续发展》，中国财政经济出版社1996年版，第293~294页。

在政府没有严格管控措施的情况下，企业为了实现利润的最大化，就会做出对自身来说理性但对全社会来说非理性的选择，即宁愿以牺牲环境为代价，也不愿主动增加对环境保护的设备投资。这样，按照市场机制下“看不见的手”的原理，最终所有企业都会从维护自身利益的目的出发，采取漠视环境污染的策略，达到“纳什均衡”状态。❶

三、囚徒困境下的环境危机

综合以上对“囚徒困境”的阐释，我们可以进一步分析囚徒博弈中理性约束下的生态环境“公地悲剧”现象。环境治理中的“囚徒困境”的结局主要体现在：在一定的时空条件下他人的利益受到损害时同样会使自己的利益受到损害，导致互相竞争的各方最终难以实现利益的最大化，在此情况下，竞争中的各方会竭尽自己最大所能争取实现自身利益的最大化，由此进一步导致“公地悲剧”的发生。即所有放牧者都任意到公地放牧，在自利心的刺激下，每个放牧者都尽可能地增加牲畜的数量，随着牲畜数量无节制地增加，牧场最终因过度放牧而成为不毛之地，所有牲畜均被饿死。“公地悲剧”是公共资源的悲剧，悲剧的根源在于人的自私。若放牧者都能为对方着想一些，那后果就完全是另一种情形。哈丁说，像公共草地这样的困境“没有技术的解决途径”“但是我们必须选择，否则我们就等于认同了公共地的毁灭”。

基于上述，“囚徒困境”导致环境主体在理性选择下的悲剧效果，环境主体会做出有限理性的选择。西蒙认为：现实中的人不是圣人，人的理性有其局限性，不可能预知全部经济活动

❶ 廖靓：《破解环保博弈的“囚徒困境”》，载《经济管理》2006 年第 11 期，第 78~79 页。

的后果。人的有限精力不可能去穷尽所有可选择的行动方案，所以只能进行有限选择。诺斯认为“有限理性包括两方面的含义：一是环境是复杂的，由于参加者众多，同一交易很少重复进行，所以经济主体面临的是一个复杂的、不确定的世界，而且交易越多，不确定性就越大，信息也就不完全；二是经济主体对环境的计算能力和认识能力是有限的，人不可能无所不知，人的认识能力是有限的”。[1]

近年来，中国的政府、企业和公众共同面临着人口、资源、环境的巨大挑战。接二连三出现的污染事件，如“太湖蓝藻危机”“哈尔滨停水事件”“浊漳河污染事件”等都表明“囚徒困境”下的生态环境恶化问题。当今中国日趋繁荣的市场化趋势表明市场经济下的各行为主体各行其是，互不合作，违背了“帕累托最优”原理，结果导致把本应该由少数人为其非理性行为而负担的环境成本转嫁至由整个社会共同承担，最终陷入生态环境危机的“囚徒困境”之中。

接下来，本书将以中国乡镇企业发展中的环境污染为例，来阐释作为环境主体的企业生产者面对生态环境问题时理性抉择下的“囚徒困境”。诚然，我们应明确的是乡镇企业生产者自身对环境的科学认识不足，这是产生非理性的环境污染行为的主要因素。但是，换一个角度思考，我们会发现，即使生产者已经认识到环境问题的严峻性和治理环境污染的重要性，但是在机会主义行为倾向和经济利益的驱使下，加之以设备陈旧、资金不足等经济发展条件的约束下，乡镇企业的多数生产者最终会做出以毁坏环境为代价的行为来促进经济的增长。由于法制和经济调控手段的不健全，乡镇企业在发展过程中为了追求

[1] 卢现祥：《西方新制度经济学》，中国发展出版社1996年版，第11页。

经济利益盲目竞争，“甩”掉了环境保护的“包袱”，“摆脱”了社会责任，只求成本—效益的“最优”。然而由于片面追求经济利益，忽视生态环境，乡镇企业在发展过程中产生了一系列环境问题。

生态环境危机社会致灾因子的产生是在转型期价值观迷失的条件下，地方利益主体追求效用最大化，在衡量经济利益与生态环境，短期经济业绩与长期可持续发展，地方利益、局部利益所得与违法成本之后进行的一种“囚徒困境”式的理性选择的结果。从这个角度讲，生态环境危机短期内难以有效扼制有其必然性。

四、超越中国式囚徒困境之术

中国近代的经济发展走的是一条传统老路。虽然我们在短短几十年内，工业化取得了令人瞩目的成绩，但是也付出了惨重的环境代价：污染造成的水危机步步紧逼，水土流失造成土地荒漠迅速蔓延，大气污染造成的气候异常现象频频登场……尤其是，在西方工业化已经给全球带来了巨大的环境压力背景下，中国工业化进程对生态环境产生负面影响更加凸显。我们正面临两难的选择：一方面，作为后发的发展中国家，中国需要加快实现工业化；另一方面，全球生态环境的现实和中国可持续发展的需要，中国的发展又必须超越传统工业化。[1] 中国社会发展过程中始终未能摆脱“囚徒困境”之扰。

英国著名社会学家吉登斯指出，现代社会如同置身于朝四方疾驰狂奔的不可驾驭的力量之中，这种力量必然将现代社会带入被人为制造出来的大量新型风险之中，这其中包括生态破

[1] 曲格平：《曲之求索：中国生态环境保护方略》，中国环境科学出版社 2010 年版，第 115~116 页。

坏和灾难。事实上，这种灾难正在不断逼近：核辐射和核污染、臭氧层破坏、土地荒漠化、淡水危机、能源危机、气候变暖、物种灭绝等，每一种都关系到人类未来的生存。仅仅其中之一的全球气候变化便足以让人们惴惴不安。哥本哈根气候变化大会虽然没有取得实质性成果，但其受关注程度和热闹纷争场景足以说明全球对环境保护的重视。《巴黎协定》的最终签订，使得生态环境保护成为全球普遍共识，关系到全球生态安全的气候变化已经引起了人类的高度关注，生态危机可能成为人类面临的最大威胁。人类只有以平等的心态调整同自然的关系，才能摆脱巨大生态风险，远离环境灾难。生态文明是人类实现可持续发展的必然需求，是人类未来发展之根本。

美国著名的环境学家艾伦·杜宁在其著作《多少算够》中谈到："如果环境的破坏根源在于人们拥有太少或者太多的时候，留给我们的疑问就是：多少算够呢？地球能支持什么水平的消费呢？拥有多少的时候才能停止增长而达到人类的满足呢？——除非我们认识到，更多并不意味着更好，否则我们阻止生态恶化的努力将被我们的欲望压倒。"❶ 艾伦·杜宁尖锐地指出了人类社会已陷入了由欲望所控制的两难境地。

在中国现实社会条件下，深陷"囚徒困境"的各方之间并不趋于合作，因而"环境保护"这种正外部效益很强的公共物品的提供是低效率的，即出现市场失灵。这主要是技术产权界定不清和产权的非排他性引起的，要实现跨越中国式"囚徒困境"的制度之桥，就必须明晰产权机制。同时，我们还应该注意到，在"囚徒困境"产生的背景因素中，信息资源存在不对等性和竞争的空间局限性及有限理性的存在，使得作为环境主

❶ ［美］艾伦·杜宁：《多少算够》，吉林人民出版社 1997 年版，第 7~8 页。

体的个体和作为环境本身的整体间信息不对等，如此，个体在较小的相对封闭的有限空间中追求经济利益的过程中会导致“囚徒困境”的尴尬。因此，应从制度的层面设计一个更为开放的大系统，使得所有环境主体在整个生态环境的主体中自由竞争，开展有效对话，才能最终预防生态环境整体崩溃的结局。

第四节　中国政府间环境问题上的博弈

在中国，中央政府和地方政府在生态环境治理过程中占有主导性的地位，发挥着重要作用，但是由于各自作为环境主体的利益诉求不同，导致中央政府与地方政府之间、地方政府与地方政府之间存在着明显的利益冲突，“囚徒困境”之情形在政策的实施过程中有其鲜明的体现。接下来，本书将分别展开“中国政府在环境保护中的角色、政府介入环境保护的理论依据、中国政府间环境问题上的博弈、规避中国政府间环境问题博弈之思”四个方面问题的探讨。

一、中国政府在环境保护中的角色

美国第三任总统杰斐逊（Thomas Jefferson）曾经说过：“最好的政府就是干预最少的政府。”亚当·斯密（Adam Smith）也认为市场作为一只看不见的手将会于无形中调整市场价格及其秩序，并使其达到最佳状态，为此，政府应该减少对市场的干预。

但是当外部性问题在发展过程中逐渐显现时，经济学家开始修正他们的看法，并认为如果没有法律及义务的干预，企业或工厂在生产产品时，不会为了确保该产品对消费者健康或是环境的永续发展产生不利影响，而对其产品进行测试。因此，政府被赋予了一个新的职能，调节市场所带来的影响，并在信息不完全、不对称的情况下，监管外部性及搭便车（free rider）[1] 问题，并提供解决的办法。

就目前而言，中国政府在治理生态环境问题中的作用从理论上来看具有明确财产权的归属与范围、建立并明确责任划分的标准、制定并执行相关的法律规范、解决环境问题争议和进行环保宣传教育等职责。外部性是市场失灵的主要原因，会造成环境污染的失控问题。政府应该进一步明确产权，尽量减少环境中由于产权不清所带来的外部性的存在。同时政府应制定一整套标准以明确企业等环境污染主体的侵权行为，以此减少或规避环境侵权行为的发生。在解决环境问题争议过程中，政府具有无可替代的作用。争议产生时，司法机关的审判程序往往费时，为确保受害者在判决结果揭晓前得到及时的救助，必须依靠政府公权力的介入，以行政力量配合司法程序的进行，方能使判决结果得到社会的认可。政府在有关环保宣传教育过程中的作用不可忽视，政府是教育的主要提供者，而及时有效的环保宣传教育将对整个社会在重视资源利用率方面产生重大影响，2008 年实施的“限塑令”就是最好的例证。

二、政府介入环境保护的理论依据

政府作为环境主体，介入环境保护的理论依据主要体现在

---

[1] Free rider，本研究译为“搭便车”，公共财产原本应由各使用人依该物对其所产生的效益，依比例支付成本作为公共财的资金来源。而“搭便车”则是指将原本应由自己支付的成本，以隐瞒或是其他方法转嫁由他人代自己支出，而坐享其成的行为。

如下三个方面：环境污染的负外部性、环境保护的正外部性、环境资源的公共性。

（一）环境污染的负外部性

外部性意味着不论何种原因，生产和消费的成本已经产生，但并未计入现存市场价格中。没有参与某件商品或某项服务的购买或销售的个人仍然会受到影响。所谓环境污染的负外部性是指环境主体的行为对其他主体产生了消极的影响，却没有因此而承担相应成本的情形。从水资源与水环境污染角度看，负外部性的例子比比皆是。如淮河流域的化工厂向淮河排放未经处理的废污水对下游和淮河的生态造成破坏；黄河上中游地区大量引用水资源，向黄河干、支流大量排放污水造成有水皆污，黄河断流等。这种污染一般会扩展到更多的人群或周边，当它流入水中或飘浮在空气中时，这种影响就会外扩至其他人或物。再比如，某家化工厂向外排放污水的行为，其成本往往很难加以确定，并且自身并不承担排污的成本，从而导致私人成本与社会成本、私人收益和社会收益的不一致，最终使得私人最优与社会最优之间发生偏离，产生低效率的资源配置结局。这样，单纯依靠市场机制所进行的自我调节，这种负外部性往往会带来日益严重的环境污染的或公共资源的破坏，而污染者或破坏者却不承担相应的责任或付出相应的代价，因而最终影响环境的可持续发展。

（二）环境保护的正外部性

对生态环境进行保护恰好与环境污染的负外部性效应相反，具有很强的正外部性。众所周知，生态环境的治理等环境保护行为能够为置身于其中的公众带来清新的空气、优雅的生活环境等。但是，作为具有集体消费或公共消费性质的空气和生活环境等并不具有排他性，很难排除他人的消费，这就产生了

"搭便车"现象，由此导致在市场机制的作用下，使得具有正外部性的环境保护严重不足，有时甚至出现不进行环境保护的情况。这样，就需要政府的及时介入，才能有效保护生态环境朝着有利公众生产和生活的方向发展。环境保护正外部性的例子也司空见惯，如上游农民种树，保持水土，涵养水源，下游农民得到灌溉用水的实惠，等等。

（三）环境资源的公共性

清晰的产权是市场机制正常运转的基本条件。然而，臭氧层、干净的水、清洁的空气等环境资源具有不可分割性，其产权难以界定或者界定的成本很高。环境资源在产权上的难以界定，将导致所有人都可以在无须付费的情况下自由享用和无节制地争夺稀缺的环境资源，其结果是造成环境资源的过度浪费，甚至枯竭。随着对资源攫取和破坏程度的加剧，人们迫切要求政府提供环境公共物品，行使环保职能。自然环境从天然意义的公共物品变为由政府提供必要制度保障的公共物品，这个转变需要依靠政府的环境保护政策，建立一种新秩序来达到。公共产品是指个人消费该产品之时不排斥他人对该产品的消费的产品，它是外部性的一种极端表现，具有"非排他性"和"非竞争性"。然而，在现实生活中，因边际消费者的边际成本限制，纯粹的公共产品往往在技术上不可行或因成本过高而无法真正实现，市场竞争机制并不能使公共产品的配置达到帕累托最优，因而需要政府在资源配置中发挥作用。换句话说，由于市场的配置功能不全，不能有效提供全社会所需的公共产品和公共服务，所以需要政府利用其权威来对资源进行配置。因此，从根本上说，政府对公共产品配置的职能是由于市场失灵引起的。

三、中国政府间环境问题上的博弈

在对待生态环境问题的态度方面，中央政府和地方政府的行为存在着明显的差异。中央政府对生态环境保护工作非常重视。从1972年开始，中央政府对生态环境问题的重视程度逐渐提高，将生态环境保护上升到基本国策的战略高度，同时制定了一系列生态环境保护的政策法规。从中央政府的战略看，不存在地区间生态环境质量改善的外溢效应，因为任何地区生态环境质量的提高都意味着国家整体环境质量的提高。但是，地方政府对待生态环境保护的态度极为复杂，有些地方政府为了一己私利以牺牲局部经济利益来换取自身利益的最大化，结果在对待中央政府出台的政策方面常出现“上有政策、下有对策”的现象，导致地方政府和中央政府之间的博弈。有些方面，地方政府之间为了实现自身利益的最大化也会产生博弈的情形。

（一）中央政府和地方政府处理环境问题上的博弈

目前学术界对中央政府与地方政府在生态环境治理政策实施中的博弈问题进行了广泛和深入的研究。这方面典型的研究成果有：张慧、张锦高、陈彪采用演化博弈论的研究方法探讨了中央与地方在地质灾害防治投入上的政策博弈问题。他们认为中央政府的投入与收益、地方政府滥用专项资金的机会成本等因素会对地质灾害防治的效果产生深刻影响❶。洪璐、彭川宇认为导致中央政府与地方政府政策行为差异的根源在于在城市环境治理中的总收益函数的差异。因此，地方政府在城市环境治理工作中积极性的提高有赖于发展循环经济、实施地方政府

❶ 张慧、张锦高、陈彪：《地质灾害防治投入中的中央与地方博弈分析》，载《统计与决策》2007年第7期，第45~47页。

环境治理问责制[1]。林洪、杨科研究了在完全信息静态下，在普查经费投入上中央政府与地方政府的博弈问题[2]。邓志强、罗新星通过构建环境收益的净收益函数来分析中央政府与地方政府之间的政策博弈，他们指出协调中央与地方在环境治理中的关系有赖于制度创新[3]。余敏江从构建并实施生态治理绩效评估体系、生态环境问责制度、区域生态补偿机制三个方面强化了生态治理中的中央与地方政府间的利益协调问题[4]。肖焰突出强调了乡镇企业污染治理中的中央与地方作用的整合机制[5]。左峰在完全信息静态博弈理论基础上分析了中央政府与地方政府在宏观调控领域的博弈，并得出了这种博弈既有积极效果也有消极影响的结论[6]。

在中国，地方政府作为中央与地方非政府主体的双重利益代表和信息互通的中介和桥梁的双重代理角色，其目标与中央政府的目标之间必然既存在着一致性又存在差异性。当二者目标不一致并且地方政府又有较大自主权时，地方政府会采取消极的行为来执行中央政策，双方的博弈便发生了。

当前，生态环境问题已成为制约中国经济和社会发展、影

---

❶ 刘洋、万玉秋：《跨区域环境治理中地方政府间的博弈分析》，载《环境保护科学》2010 年第 1 期，第 34~36 页。

❷ 林洪、杨科：《普查经费投入的博弈分析》，载《统计研究》2007 年第 8 期，第 13~16 页。

❸ 邓志强、罗新星：《环境管理中地方政府和中央政府的博弈分析》，载《管理现代化》2007 年第 5 期，第 19~21 页。

❹ 余敏江：《论生态治理中的中央与地方政府间利益协调》，载《社会科学》2011 年第 9 期，第 23~32 页。

❺ 肖焰：《论地方政府与中央政府在治理乡镇企业环境污染中的作用整合》，载《生态经济》2005 年第 6 期，第 31 页。

❻ 左峰：《中央政府与地方政府在宏观调控领域的博弈分析》，载《中央财经大学学报》2007 年第 7 期，第 5~9 页。

响中国社会和谐的大问题。中央政府为治理生态破坏和环境污染做出了大量努力，投入大量资金、技术、人员和设备，取得了显著效果。然而，有些地方政府在片面发展观念的指导下，对中央政府的政策阴奉阳违，消极执行，使得中央政府和地方政府之间的政策博弈陷入白热化。邓志强等人认为："2007 年 5 月爆发的太湖'蓝藻危机'和随后国家环保总局首次启动的'流域限批'更把中央政府与地方政府的政策博弈推向极致。"❶

地方政府与中央政府在生态环境管理中的行为存在着巨大的差异，博弈问题就此展开。❷ 在发展与环境的目标选择上，地方的目标函数与中央存在差异。中央政府强调全局的经济、社会发展与环境保护的协调，而地方政府目标则呈现明显偏向于局部、眼前的经济发展，其首要目标集中在促进地方经济发展上。在环保政策的决策与实施上，地方政府与中央政府存在"讨价还价"和"对抗"的倾向。基于当前的体制特点，地方政府在落实环境管理具体政策时，会与中央政府的要求产生一系列矛盾与冲突，地方政府会凭借所拥有的经济资源和信息优势，以"上有政策、下有对策"的方式，尽量减少或避免自身利益的损失。

一般说来，地方政府在经济发展、社会稳定和人口就业的利益驱动下，往往更重视见效较快的经济效益，而忽视显效较慢的环境灾难。因此，在资源开发利用、环境保护和污染治理等工作中存在矛盾心态。如要动真格对污染治理怕影响地方的经济发展、社会稳定，不重视这项工作怕上级检查难以交代，

---

❶ 邓志强、罗新星：《环境管理中地方政府和中央政府的博弈分析》，载《管理探索》2007 年第 5 期，第 19 页。

❷ 邓志强、罗新星：《环境管理中地方政府和中央政府的博弈分析》，载《管理探索》2007 年第 5 期，第 19 页。

在这种两难境地下，再加上与经济效益立竿见影相比，生态环境灾难有滞后性，于是出现了地方政府对经济发展高度重视，对本地区的水环境保护工作比较重视，对本地区影响较大的污染治理项目相对重视，而对关系流域生态保护和治理则能拖就拖，甚至变相掩护。

尽管有学者认为，“逼迫艰难维持社会经济运转的地方政府‘自杀’亦有失于公平。”[1] 但地方政府对生态污染治理效果好坏的影响是不容忽视的。

2007 年 4 月 18 日，中国台湾公共电视台播出了《你所不知道的中国——环境篇》，其中访问了环保总局副局长潘岳及数名从事于各地方政府第一线环保人士。其访问内容显示出即使是环保总局，面对污染问题也缺乏绝对的权力，难以强力贯彻中央政策，地方政府与污染企业在经济上、利益上的盘根错节，有些地方政府甚至是污染产业的股东，而废弃物的污染会影响收益，这就导致了水污染问题无法得到彻底的改善。[2]

（二）地方政府间环境问题上的博弈

地方政府间博弈主要是指不同行政区域内地方政府之间以辖区利益最大化为目标，围绕吸引资金、技术等可流动性生产要素在投资环境、公共服务与物品供给、政治效率等各种有形或无形资源而展开的跨区域之间的竞争。德国学者何梦笔曾说，

[1] 易正：《中国抉择：关于中国生存条件的报告》，石油工业出版社 2001 年版，第 251~252 页。

[2] 潘岳回答说：“现在我们每年要死掉两百万名癌症患者，准确的数据还没计算出来，但是这都跟环境污染是相关的。……环保总局只是做一个统一监管的职能，没有关停污染企业的权力，几十部法律里头，竟然没有关停污染企业的权力，没有这个能力，那我们怎么办呢？罚款的额极小，那么也就是说守法的成本很高，违法的成本极小，那么谁愿意来听从我们的命令和我们的这些劝告，让他们能够停止污染呢？这是不可能的。”

“观察表明，在俄罗斯或中国这样具有巨大疆域、资源和政治经济实力的国家，……由布雷顿所引入的‘政府竞争’概念是一个或许极为恰当的分析工具”[1]，冯兴元的解释是：“无论在欧美国家还是在中国当代，政府间的竞争是现实存在的，……在地方化格局的基础上，中国的政府体系实际上表现出竞争性”[2]。

当前，作为利益主体的中国地方政府面临着双重压力，既要发展经济，又要保护环境，因此，在治理生态环境事务的合作过程中，为实现自身利益的最大化不可避免地展开博弈。

由于个人理性的存在以及强烈的地方利益取向，地方政府总是倾向于选择自身利益最大化的不合作的竞争策略，因此现阶段人们普遍认为，竞争是地方政府关系的存在状态，而合作则是一种理想的追求，难以实现。在跨区域环境事务合作治理中，地方政府由于理性限制以及信息不对称等原因[3]，总是采取搭便车的投机行为，导致“共有的悲哀”，最终陷入“囚徒困境”之中。这主要是因为政府间的利益博弈总是被置于个人理性的狭隘视阈之中，漠视了集体理性的存在。

地方政府在面对环境治理负外部性的博弈过程中，作为博弈主体的地方政府所遵循的是“最优策略”，即不论对手采取什么样的策略，每个博弈者所选择的都是他自己认为唯一最佳的策略，但是这种理性的抉择常常导致不理想的结果。

从现实情况来看，在中国大力推进西部大开发建设中，随着沿海、东部地区经济和社会的不断发展进步，各种污染企业

---

❶ ［德］何梦笔：《政府竞争：大国体制转型理论的分析范式》，载《维藤大学讨论文稿》1999年42期，第4页。

❷ 冯兴元：《中国辖区政府间竞争理论分析框架》，http://www.unirule.org.cn/，最后访问时间：2012年11月24日。

❸ 宗传宏、何静、王凯：《关于区域环境保护制度改革的博弈分析》，载《山东科技大学学报》（社会科学版）2001年第2期，第64~75页。

大有向内陆、西部地区“转移”的势头。而根据中国的地形地势，“一江春水向东流”恰恰是中国江河湖泊的基本状况，内陆山区和西部地区往往处在江河的源头和上游。这样一来，稍不小心，上游地区的污染就有可能造成下游地区的巨大损失，环境污染不仅直接破坏当地的生态环境，而且也破坏江河中下游的生态环境。其造成的损失往往数倍于所能获得的利润。从国家整体利益来看，得不偿失。但由于地方政府为眼前、暂时、局部的利益所困，其扶持、纵容、包庇污染企业的积极性可能远大于治理环境的积极性。

受传统发展观的支配，中国对地方政府的政绩评估长期以来偏重于 GDP 等经济指标，由此造成地方政府重视本地经济，而对需要同级政府间共同解决的环境、资源等问题缺乏热情。参与竞争的地方政府往往因此而陷入了博弈中的“囚徒困境”：由于担心失去本地的企业和就业机会，导致地方公共物品供给不足；不仅如此，地方自然或人文资源的保护需要地方规章加以保障，但在竞争压力下，这些可能提高企业进入成本的管制标准常常被降低甚至抛弃，卡姆伯兰德将之定性为“破坏性地方竞争”❶。如长三角地方政府在促进经济发展的同时对环境污染等外部性问题关注不足，长江三角洲属于水网纵横、行政隶属关系复杂的地区，某些地方政府纵容或默许企业不负责任的排污行为给相邻地方造成了严重的损失，引发了地方政府间的矛盾冲突❷。地方工业污水和生活污水的排放量急剧增加恶化了生态环境，使区域的可持续发展受到严重威胁，特别是在太湖

---

❶ Cumber, John H., Efficiency and Equity in Interregional Environment Management [J]. Review of Regional Study, 1981.

❷ 洪银兴、刘志彪等：《长江三角洲地区经济发展的模式和机制》，清华大学出版社 2003 年版，第 36 页。

地区，流域面积仅占全国的0.38%，各种污水排放量却高达32亿吨/年，为全国的10%，大大超过了环境的承载能力❶。再如，2002年淮河安徽段蚌埠闸向下游江苏境内的洪泽湖泻洪，囤积在安徽、河南境内的大量工业污水一同被排入淮河，下泻洪泽湖洪水所过之处，鱼、蟹、虾、河蚌、螺蛳大面积死亡，不到一个月洪泽、金湖等地的环湖特种水产养殖专业户直接经济损失就达1亿多元，不少养殖户已倾家荡产。❷ 这种注重经济发展短期效应的行为是当前地方政府执行公共政策时表现出的显著特征。

四、规避中国政府间环境问题博弈之思

面对改革开放以来中国快速发展的现代化进程中的问题时汪洋曾坦言说："30多年的发展，形成了新的、系统性的利益格局，有很多影响科学发展的体制机制障碍。其中，又有很多正是政府的利益问题。下一步就要破解这种格局，尤其要破解政府的利益格局，例如，污染、落后产能淘汰不了等，涉及企业、官员和地方政府的利益问题；行政审批过多，涉及的是一些部门的利益问题。"❸

制度化设计的缺陷导致生态破坏和环境污染中"违法成本低、守法成本高"的怪现象。因此，政治文明建设首先应该从制度设计角度入手，从那些严重违背经济与社会发展规律的制度开刀，大胆进行体制改革，最大限度地减少制度化设计上的

---

❶ 姚先国、谢晓波：《长三角经济一体化中的地方政府竞争行为分析》，载《中共浙江省委党校学报》2004年第3期。

❷ 童大焕：《环境污染与政府间博弈》，载《南方周末》2002年8月8日。

❸ 《汪洋笑谈往事：向朱镕基总理提建议差点被撤职》，载腾讯新闻，http://news.qq.com/a/20130309/001197.htm?pgv_ ref=aio2012&ptlang=2052，最后访问时间：2013年3月16日。

障碍所带来的不合理的社会发展负担。

究其原因，公共政策的过程从其本质上看是一种多方利益博弈的过程，每一公共政策的制定、执行、评估等过程都伴随着相关利益方的博弈。丁煌、定明捷从博弈论的视角将“上有政策、下有对策”的现象定义为：“政策执行者（主要是指地方政府）在执行政策（通常是指中央政策）的过程中，基于本地区（或部门）的实际情况和利益得失的考虑，按照自己的理解和目的，有意识地运用讨价还价、交易、变通等合法或不合法的手段和策略执行政策，进而导致政策制定者的政策意图不能圆满实现甚或完全落空的一种或明或暗的博弈活动。”[1] 诚然，当作为利益主体的中央政府和地方政府之间的利益不能一致时，二者之间的博弈就产生了。

美国著名政治学家亨廷顿说：“没有强有力的政治制度，社会就会无力界定和实现其共同利益。因此，创造政治制度的能力，也就是创造公共利益的能力。一个拥有高度制度化的管理组织和程序的社会，更能阐明和实现其公共利益。[2] 亨廷顿的意思是，在一个政治社会里，相对于追逐私利而导致宏观环境恶化的社会势力来说，强有力的政治制度是实现公共利益的保障。

当前中国地方主义产生的根源在于改革开放环境下的地方政府碰到了“囚徒困境”，为了解决这个难题，地方政府主观地想通过地方主义来取得更多的地方发展，而客观的结果却是导致了宏观经济环境恶化。要克服地方主义，唯一现实的选择就是建立行之有效的制度，在地方性事务实行地方分权的同时，

---

[1] 丁煌、定明捷：《上有政策、下有对策——案例分析与博弈启示》，载《武汉大学学报》2004 年第 6 期，第 805 页。

[2] ［美］塞缪尔·亨廷顿：《变革社会中的政治秩序》，李盛平、杨玉生等译，华夏出版社 1988 年版，第 24~25 页。

在全局性事务上实行强有力的中央集权，集中管理具有全局性影响的公共事务，从而改善地区发展的宏观环境，促进国家整体发展。[1]

其实，在政治经济体制进行全面转轨时期，地方政府所扮演的双重代理角色对中央政府环境管理政策的有效实施带来很大的障碍。消除这种障碍不能单纯地依靠中央政府权力的收放来加以解决，更不能回归到高度集中的旧体制下，因此，必须通过创新制度，明确中央政府与地方政府在环境资源可持续发展问题上的责任和目标，并将二者有效整合，才能建立起良性互动的可持续发展战略实施机制。本书试图通过以下几点来谈整合创新机制问题。

（一）加快构建以绿色 GDP 为基础的绿色政绩考评体系

以 GDP 为核心的政绩考评体系的不合理助长了地方政府的机会主义行为。因此，必须树立更加科学的政绩观和建立更加完善的考评指标体系，将环境问题纳入考评指标体系中。只有这样，地方政府和中央政府的政策博弈才会减弱，新型的地方政府和中央政府关系的建立才有可能。

绿色 GDP 较为科学地反映了经济与环境之间的相互作用，是反映可持续发展的重要指标之一。因此，为了避免更大范围的环境污染，避免生态环境的进一步恶化，必须用绿色 GDP 作为政府和干部业绩的主要衡量标准，把资源的利用效率和环境绩效纳入干部考核范围，督促地方政府在抓经济发展的同时，更加重视保护生态环境、节约资源，从而推动粗放型经济增长模式向低消耗、高利用、低排放的集约型模式转变。

---

[1] 毛寿龙：《“囚犯的难题”与“地方主义的泥淖”——中央与地方关系的再思考》，载《行政论坛》1996 年版第 3 期，第 3 页。

中国经济网2013年2月20日公布了记者整理的全国31省区政府工作报告中提及的国民经济发展目标（见表5-2），并以《31省区“经济军令状”出炉，超7成GDP目标两位数》为标题。文章称：全国24个省区将今年GDP增长目标定在10%及以上，20个省区将固定资产投资增长目标设定在20%及以上，物价涨幅基本控制在5%、4%、3.5%三档。报告中还警示称：如此大的发展步伐，更加需要警惕GDP目标过高及投资冲动，在“量”的累积上，“质”的积攒同样重要。❶ 其实，任何工作都应该有明确的目标，这是使其顺利开展的必要条件。GDP“经济军令状”固然是好事，然而，不能只注重GDP增量的结果，更应该注重GDP实际效果和质量。

表5-2　31省区2013年部分国民经济发展目标

	GDP	CPI	固定资产投资增长	社会消费品零售额增长
北京	8%	3.5%	9%	11%
上海	7.5%	3.5%	——	——
天津	12%	3.5%	13%	14%
浙江	8%	3.5%	12%	13%
山东	9.5%	3.5%	17%	15%
广东	8%	3.5%	15%	12%
江苏	10%	3.5%	18%	15%
河北	9%	3.5%	20%	15%
福建	11%	3.5%	20%	15%

❶ 宋雅静：《31省区“经济军令状”出炉，超7成GDP目标两位数》，载中国经济网，http://finance.ifeng.com/news/region/20130220/7680351.shtml，最后访问时间：2013年2月25日。

续表

	GDP	CPI	固定资产投资增长	社会消费品零售额增长
海南	10%	5%	20%	14%
辽宁	9.5%	3.5%	20%	15%
吉林	12%	3.5%	20%	15%
黑龙江	11%	3.5%	20%	15%
安徽	10%	3.5%	20%	14%
湖南	10%	3.5%	23%	15%
湖北	10%	4%	20%	15%
江西	10%	3.5%	20%	15%
山西	10%	3.5%	22%	15%
河南	10%	3.5%	21%	16%
重庆	12%	3.5%	18%	15%
云南	12%	3.5%	23%	18%
广西	11%	4%	20%	15%
四川	11%	3.5%	14%	14%
内蒙古	12%	3.5%	18%	16%
陕西	12.5%	4%	25%	16%
贵州	14%	达国标	30%	18%
青海	12%	4%	20%	15%
甘肃	12%	3.5%	30%	16%
新疆	11%	4%	30%	16%
宁夏	12%	3.5%	20%	16%
西藏	12%	3.5%	18%	—

资料来源：宋雅静：《31省区“经济军令状”出炉，超7成GDP目标两位数》[EB/OL].《中国经济网》，http://finance.ifeng.com/news/region/20130220/7680351.shtml。

（二）加快利益格局的调整，形成激励相容的利益机制

中国现行的环境管理制度在设计程序上还存在缺陷，中央政府在设计以地方政府为主导的环境治理机制时，并没有充分考虑到双方的行为差异，只是简单地将二者看作一个利益一致的统一体。博弈分析表明，从利益兼顾和互动的角度，调整中央与地方的利益格局，可以形成激励相容的利益机制，使双方在环境管理上达成协作，并取得各自的最大收益。

首先，尽快建立决策协商制度，扩大地方政府参与中央政府可持续发展决策的机会，使中央决策尽可能地考虑地方利益，并针对不同区域特点采取一定灵活性，从而增强地方政府与中央政府合作的意愿；其次，不但要强调“污染者支付”原则，也要重视“受益者支付”原则，以此建立中央与地方政府及地方政府间在环境管理上的利益分享和补偿机制，中央政府可以通过支付转移的方式向重点环境和资源保护地区（特别是经济欠发达地区）在资金上倾斜，环保受益地区要给由于保护环境而牺牲经济利益的地区予以经济补偿。

（三）加快行政法制化建设的进程，使中央和地方的关系制度化、法制化

克服中央政府政策动态不一致性的最有效手段是把中央政府的行为纳入法制轨道，用法律来保证和加强中央的权威和声誉。因此，要推动行政法制化建设的进程，使中央和地方的关系制度化、法制化。

在环境管理问题上，除了通过法律规范中央和地方政府的职责以外，还要通过法律约束政府行为。首先，要进一步完善可持续发展的有关法律，尤其是环境资源法，并制定综合性的“资源与环境保护综合管理法”，以解决各单项自然资源法和环境保护法无法解决的有关环境资源保护的全局性问题；其次，应加大有关环境管理法律的执法力度。鉴于在环境执法上地方保护现象的严重性，可以考虑建立垂直监管体制，让地方环保部门由省级政府或中央垂直领导，提高环保部门的权威，以维护法制的统一性，保证法律的严格执行。坚决奉行“治河先治污，治污先治官，治官先治人”的原则，坚决实行领导干部环境问题“一票否决制”。

曲格平认为：对于破坏生态环境的行为的处罚有法不依，执法不严的现象主要原因就在于政府的不作为。环境法规定：各级地方政府“对本辖区的环境质量负责，采取措施改善环境质量”。实际上许多地方政府把这一法律责任放在了一边，甚至对依法监管还进行干扰。国家对地方领导干部的政绩考核制度过分强调 GDP 的增长，没有同等对待环保政绩与经济成绩，也是促使地方政府对环境保护不作为的重要原因。在现行体制下，政府在环境保护方面也可以做到有所作为，“节能减排”政策就是最好的证明。❶

（四）加强环境 NGO 建设

“守法成本高、违法成本低”的制度性缺陷，造成执法不严，违法不究等怪现象。为了实现对政府生态环境管理政策的实施进行有效的监督，应构建第三方监管体系来监督环保政策的实施。现实情况来说，大力加强环境 NGO 建设，是推进中国生态环境建设的重要一环。中央政府在同地方政府博弈的过程中，由于信息不对称，难以对地方政府做到深入了解，而同地方政府密切相关的公众则在一定程度上推动博弈往良好的局面

❶　曲格平：《曲之求索：中国生态环境保护方略》，中国环境科学出版社 2010 年版，第 103 页。

发展。近年来，环境 NGO 在推动中国环境建设中取得了显著的成就，“圆明园湖底防渗膜事件”“怒江水电开发事件”“厦门 PX 项目事件”“福建漳州 PX 项目事件”等就是在公众的披露以及全国各地绿色环保组织的支持下令中国的环评工作取得了极大的进展，彰显了环境 NGO 在推动环保建设中的重要作用。

参考文献

一、报刊网站资料

[1] 向导周报［N］. 第164期，东京大安社影印，1926-7-21.

[2] 毛泽东同志指示［N］. 解放日报，1944-5-31.

[3] 毛主席视察徐水安国定县［N］. 人民日报，1958-8-11，及同日第2版所载康濯：毛主席到了徐水的报道.

[4] 江泽民. 植树造林，绿化荒漠，建设生态农业，再造一个山川秀美的西北地区［N］. 人民日报，1997-09-03.

[5] 中国共产党第八次全国代表大会关于政治报告的决议［N］. 人民日报，1956-9-28.

[6] 胡锦涛. 在纪念党的十一届三中全会召开30周年大会上的讲话［N］. 人民日报，2008-12-19.

[7] 曲格平，晓杨. 中国环保启动之谜［N］. 北京青年报，2001-7-3.

[8] 潘岳. 中国水污染是体制问题［N］. 南方都市报，2007-9-10.

[9] 卞修跃. 日本侵华战争破坏了中国多少座城市［N］. 新华澳报，2005-7-6.

[10] 林春霞. 收入分配改革如何找准“抓手”？——劳动者报酬在初次分配当中占比偏低，居民“没钱花”“不敢花”导致内需不足［N］. 人民日报（海外版），2010-9-22.

[11] 胡伟略. 中国人口城市化挺进新世纪［N］. 中国人口报，1998-8-9.

[12] 童大焕. 环境污染与政府间博弈［N］. 南方周末，2002-8-8.

[13] 丁伟，张云昌. 中国特色的绿化之路——写在全民义务植树开展二十周年之际［N］. 人民日报，2001-03-19.

[14] 陈卫东，王家强. 未来两年中国经济将与全球同步放缓［N］. 中国证券报，2008-1-15.

[15] 刘一丁. 失守的中国地下水［N］. 新京报，2013-2-24.

[16] 陈君，桂娟. 人口 60 年——中国直面“天下一难题”［N］. 新华网，2009-9-20.
[17] 夏衍. 桂林怎样抵抗轰炸［N］. 新华日报，1939-2-3.
[18] 王炜. 敌寇对华北占领区粮食、人力、耕地的掠夺与破坏［N］. 晋察冀日报，1943-3-9.
[19] 王士君. 山火发生状况报告［N］. 实验林时报，1940-10-2.
[20] 全国环境统计公报（2010）［EB/OL］. 中华人民共和国环境保护部，http://zls.mep.gov.cn/hjtj/qghjtjgb/201201/t20120118_ 222703.htm.
[21] 江泽民同志在第四次全国环境保护会议上的讲话［EB/OL］. http://www.sdinfo.net.cn/hjinfo/hjinfo/default.htm.
[22] 京津雾霾检出危险物，人类污染物排放是内因［EB/OL］. 大众网·潍坊，http://weifang.dzwww.com/mshshh/201302/t20130218_ 8032214.htm.
[23] 雾霾中国［EB/OL］. 南方周末，http://www.infzm.com/content/85163.
[24] 全球紧盯中国雾霾［EB/OL］. 新华网，http://news.xinhuanet.com/world/2013-01/15/c_ 124230259.htm.
[25] 围填海生态影响调查（下）：围填海三问［EB/OL］. 中华人民共和国环境保护部网站，http://www.zhb.gov.cn/zh××/hjyw/201206/t20120629_ 232590. htm.
[26] 中国 5 成城市地下水污染严重，3 亿农民饮水不安全［EB/OL］. 腾讯新闻，http://news.qq.com/a/20120528/000476.htm.
[27] 山东地下水遭铝业污染，官员：病比穷好［EB/OL］. 热点新闻网，http://www.ccdch.com/society/baitai/8720.html.
[28] 汪洋笑谈往事：向朱镕基总理提建议差点被撤职［EB/OL］. 腾讯新闻，http://news.qq.com/a/20130309/001197.htm?pgv_ ref=aio2012&ptlang=2052.
[29] 宋雅静：31 省区“经济军令状”出炉，超 7 成 GDP 目标两位数［EB/OL］. 中国经济网，http://finance.ifeng.com/news/region/20130220/7680351.shtml.
[30] 姜波，何振红，万建民. 中国全方位对外开放格局基本形成［EB/OL］. 中国经济网，http://intl.ce.cn/zhuanti/dwkf/yi/200803/10/t20080310_ 14782301_ 2.shtml.

[31] 大跃进等“左”倾运动和产权不明晰是干扰和破坏林业建设的主要元凶［EB/OL］. 强国论坛，http://bbs1.people.com.cn/postDetail.do?id=2803752.

[32] 刘惠君. 试论近代中国的社会变革［EB/OL］. 中华文史网，http://jds.cass.cn/Item/7983.aspx.

[33] 冯建华. 走有中国特色的环保之路——专访国家环保局首任局长曲格平［EB/OL］. 求是理论网，http://www.qstheory.cn/st/zyhj/200911/t20091118_ 15538.htm.

[34] 李景鹏. 改革开放与中国社会变迁［EB/OL］. 光明观察，http://guancha.gmw.cn/2002-06/2002-06-10/20020610-02.htm.

[35] 中国奢侈消费人群约2亿［EB/OL］. 中国新闻网，http://www.chinanews.com/cj/2011/06-10/3102832.shtml.

[36] 中国奢侈消费凶猛，开征奢侈税或可调节分配不公［EB/OL］. 中国新闻网，http://www.chinanews.com/cj/2010/11-24/2676447.shtml.

[37] 中共国家林业局党组理论学习中心组. 认真学习邓小平林业建设思想，全面推进林业持续快速协调健康发展［EB/OL］. http://www.csf.org.cn/content/detail.asp?ID=940.

[38] 改革开放30年环境保护状况［EB/OL］. 中央政府门户网站，http: www.gov.cn.

二、文献汇编

[1] 马克思，恩格斯选集（第2卷）［M］. 北京：人民出版社，1972.

[2] 孙中山全集（第1卷）［M］. 北京：中华书局，1981.

[3] 孙中山全集（第9卷）［M］. 北京：中华书局，1986.

[4] 孙中山选集（上册）［M］. 北京：人民出版社，1981.

[5] 李大钊文集（上册）［M］. 北京：人民出版社，1984.

[6] 毛泽东选集（第2卷）［M］. 北京：人民出版社，1991.

[7] 毛泽东选集（第4卷）［M］. 北京：人民出版社，1991.

[8] 毛泽东选集（第5卷）［M］. 北京：人民出版社，1977.

[9] 毛泽东文集（第6卷）［M］. 北京：人民出版社，1999.

[10] 毛泽东文集（第7卷）［M］. 北京：人民出版社，1999.

[11] 毛泽东著作选读（下册）[M]. 北京：人民出版社，1986.
[12] 刘少奇选集（下卷）[M]. 北京：人民出版社，1985.
[13] 邓小平文选（第1卷）[M]. 北京：人民出版社，1994.
[14] 邓小平文选（第2卷）[M]. 北京：人民出版社，1993.
[15] 邓小平文选（第3卷）[M]. 北京：人民出版社，1993.
[16] 国家统计局编. 中国的国民经济建设和人民生活 [M]. 北京：统计出版社，1958.
[17] 国家统计局编. 伟大的十年 [M]. 北京：人民出版社，1959.
[18] 国家统计局编. 中国统计年鉴（1983）[M]. 北京：中国统计出版社，1983.
[19] 国家统计局编. 中国统计年鉴（1984）[M]. 北京：中国统计出版社，1984.
[20] 国家统计局编. 中国统计年鉴（1993）[M]. 北京：中国统计出版社，1993.
[21] 国家统计局编. 中国统计年鉴（2007）[M]. 北京：中国统计出版社 2007.
[22] 中央档案馆，等，编. 东北经济掠夺 [M]. 北京：中华书局，1981.
[23] 中央档案馆，中国第二历史档案馆，吉林省社会科学院. 东北经济掠夺 [M]. 北京，中华书局，1991.
[24] 中央档案馆，中国第二历史档案馆，等，编. 华北大扫荡 [M]. 北京：中华书局，1998.
[25] 中国第二历史档案馆编. 中华民国史档案资料汇编（第五辑第二编·军事）[M]. 南京：江苏古籍出版社，1998.
[26] 抗日战争时期陕甘宁边区财政经济史料摘编（第2编·农业）[M]. 西安：陕西人民出版社，1981.
[27] 陕西省档案馆，陕西省社会科学院合编. 陕甘宁边区政府文件选编（第1辑）[M]. 西安：陕西档案出版社，1986年，第306页.
[28] 中共中央文献研究室编. 十一届三中全会以来重要文献选编（上）[M]. 人民出版社 1982.
[29] 中共中央文献研究室. 建国以来重要文献选编（第1册）[M]. 北京：中央文献出版社，1992.

[30] 中共中央文献研究室编. 建国以来重要文献选编（第 11 册）［M］. 北京：中共文献出版社，1995.

[31] 中共中央文献研究室编. 十四大以来重要文献选编（上）［M］. 北京：人民出版社，1996.

[32] 中共中央文献研究室，国家林业局. 毛泽东论林业［M］. 北京：中央文献出版社，2003.

[33] 中国人民政治协商会议甘肃省委员会文史资料研究委员会. 甘肃文史资料选辑（第 41 辑）［M］. 兰州：甘肃人民出版社，1981.

[34] 中国共产党第十七次全国代表大会文件汇编［M］. 北京：人民出版社，2002.

[35] 国务院环境保护委员会办办公室. 国务院环境保护委员会文献选编［M］. 中国环境科学出版社，1988.

[36] 国家环保局国际合作委员会秘书处编. 中国环境与发展国际合作委员会文件汇编（二）［M］. 北京：中国环境科学出版社，1995.

[37] 国家环境保护总局，中共中央文献研究室. 新时期环境保护重要文献选编［M］. 北京：中央文献出版社，中国环境科学出版社，2001.

[38] 国务院法制局，中华人民共和国法规汇编编辑委员会. 中华人民共和国法规汇编（1956 年）卷［M］. 北京：法律出版社，1956.

[39] 中央财经领导小组办公室编：中国经济发展五十年大事记（1949. 10—1999. 10）［M］. 北京：人民出版社，中共中央党校出版社，1999.

[40] 中国人民政治协商会议浙江省委员会文史资料研究委员会. 浙江百年大事记 · 浙江文史资料选辑（第 31 辑）［M］. 杭州：浙江人民出版社，1985.

[41] 史料丛书编汇委员会编. 晋察冀抗日根据地（第 3 册）［M］. 北京，中央党史出版社，1991.

[42] 政协桂林市委员会文史资料研究会编. 桂林文史资料（第 5 辑）［M］. 桂林：桂林漓江印刷厂，1984.

[43] 当代中国编辑委员会编. 当代中国的林业［M］. 北京：中国社会科学出版社，1985.

[44] 中共北京市委党史研究室编. 中国共产党历史大事记（1949—1978）

[M]. 北京：北京出版社，2001.
[45] 周恩来年谱（1949—1976）（下卷）[M]. 北京：中央文献出版社，1997.
[46] 李先念传编写组. 李先念年谱（1970—1978）（第5卷）[M]. 北京：中央文献出版社，2011.
[47] 中央文献研究室编. 话说周恩来：知情者访谈录 [M]. 北京：中央文献出版社，2000.
[48] 温家宝. 在省部级主要领导干部“树立和落实科学发展观”专题研究班结业式上的讲话 [R]. 2004-02-21.
[49] 江西省林业志编辑委员会编. 江西省林业志 [M]. 合肥：黄山书社，1999.
[50] 定南县志编纂委员会编. 定南县志 [M]. 北京：书目文献出版社，1984.

三、著作和译著

[1] [美] 蕾切尔·卡逊. 寂静的春天 [M]. 吕瑞兰，译. 北京：科学出版社，1979.
[2] [美] 希拉里·弗伦奇著. 消失的边界：全球化时代如何保护我们的地球 [M]. 李丹，译. 上海：上海译文出版社，2002.
[3] [德] 海因兹·迪德里齐，等. 全球资本主义的终结：新的历史蓝图 [M]. 徐文渊，译. 北京：人民文学出版社，2001.
[4] [美] 罗伯特·弗兰克著. 奢侈病：无节制挥霍时代的金钱与幸福 [M]. 蔡曙光，等，译. 北京：中国友谊出版公司，2002.
[5] [美] R. 麦克法夸尔，费正清. 剑桥中华人民共和国史·上卷·革命的兴起：1949—1965 [M]. 谢亮生，等，译. 中国社会科学出版社，1990.
[6] [美] 丹尼尔·贝尔. 资本主义文化矛盾 [M]. 赵一凡，等，译. 北京：生活·读书·新知三联书店，1989.
[7] [美] N. 维纳. 人有人的用处 [M]. 陈步，译. 北京：商务印书馆，1989.
[8] [美] 艾伦·杜宁. 多少算够——消费社会与地球的未来 [M]. 毕聿，译. 长春：吉林人民出版社，1997.

[9]［美］埃莉诺·奥斯特洛姆. 公共事务的治理之道：集体行动制度的演进［M］. 余迅达，译. 上海：三联书店，2000.
[10]［美］赫尔曼·E. 戴利，肯尼思·N. 汤森. 珍惜地球［M］. 马杰，等，译. 北京：商务印书馆，2001.
[11]［美］戴维·皮尔思，杰瑞米·沃福德. 世界无末日——经济学、环境与可持续发展［M］. 北京：中国财政经济出版社，1996.
[12]［美］塞缪尔·亨廷顿. 变革社会中的政治秩序［M］. 李盛平，杨玉生，等，译. 北京：华夏出版社，1988.
[13]［美］西奥·怀特. 风暴遍中国［M］. 王健康，康元非，译. 解放军出版社，1985.
[14]［英］马尔萨斯. 人口原理［M］. 朱泱，等，译. 商务印书馆，2001.
[15]［英］安东尼·吉登斯. 现代性的后果［M］. 田禾，译. 黄平，校. 北京：译林出版社，2000.
[16]［法］费尔南·布罗代尔. 15 至 18 世纪的物质文明、经济和资本主义（第一卷）［M］. 顾良，施康强，译. 上海：三联书店出版社，1992.
[17]［日］中野孝次. 清贫思想［M］. 邵宇达，译. 上海，上海三联书店，1997.
[18]［日］小林龙夫，岛田俊彦. 现代史资料（第 7 册）满洲事变［M］. 东京，1964.
[19] 世界环境与发展委员会. 我们共同的未来［M］. 张志强，等，译. 世界知识出版社，1989.
[20] 薄一波. 若干重大决策与事件的回顾（修订本·下卷）［M］. 北京：人民出版社，1997.
[21] 宋健. 向环境污染宣战［M］. 北京：中国环境科学出版社，2010.
[22] 曲格平. 中国的环境管理［M］. 北京：中国环境科学出版社，1989.
[23] 曲格平. 曲之求索：中国生态环境保护方略［M］. 北京：中国环境科学出版社，2010.
[24] 曲格平，彭近新. 环境觉醒：人类环境会议和中国第一次环境保护会议［M］. 中国环境科学出版社，2010.
[25] 陈伯达. 中国四大家族［M］. 东北书店出版社，1948 年，第 8 页.
[26] 中国科学院经济研究所. 上海民族机器工业［M］. 北京：中华书

局，1966.
[27] 彭明，孙健. 20世纪的中国——走向现代化的历程［M］. 北京：人民出版社，2010.
[28] 葛剑雄. 中国人口史·导论、先秦至南北朝时期［M］. 上海：复旦大学出版社，2002.
[29] 邹东涛，欧阳日辉：新中国经济发展60年［M］. 北京：人民出版社，2009.
[30] 胡绳. 中国共产党的七十年［M］. 北京：中共党史出版社，1991.
[31] 董辅礽. 中华人民共和国经济史（上卷）［M］. 北京：经济科学出版社，1999.
[32] 章有义. 中国近代农业史资料（第2辑）［M］. 北京：北京三联书店，1957.
[33] 郑杭生，洪大用，等. 中国民间环保力量的成长［M］. 北京：中国人民大学，2007.
[34] 汪敬虞. 中国近代工业史资料（第2辑上册）［M］. 北京：科学出版社，1957.
[35] 汪敬虞. 中国资本主义的发展和不发展［M］. 北京：中国财政经济出版社，2002.
[36] 林毅夫，蔡防，李周. 中国的奇迹：发展战略与经济改革（增订版）［M］. 上海：上海三联书店，上海人民出版社，1999.
[37] 刘克祥，陈争平. 中国近代经济史简编［M］. 杭州：浙江人民出版社，1999.
[38] 武衡. 抗日战争时期解放区科学技术发展史资料（第7辑）［M］. 北京：中国学术出版社，1988.
[39] 黄正林. 陕甘宁边区社会经济史（1937—1945）［M］. 人民出版社，2006.
[40] 乐天宇，徐纬英. 陕甘宁盆地植物志［M］. 北京：中国林业出版社，1957.
[41] 张宪民，等. 中华民国史（第一卷）［M］. 南京：南京大学出版社，2006.
[42] 金冲及. 二十世纪中国史纲［M］. 北京：科学文献出版社，2009.

[43] 邓云特. 中国救荒史［M］. 北京：商务印书馆，1993.

[44] 朱汉国，李少兵. 走向现代化的历程——社会生活卷（1900—1949）［M］. 北京：人民出版社，2010.

[45] 戴鞍钢. 发展与落差——近代中国东西部经济发展进程比较研究（1840—1949）［M］. 上海：复旦大学出版社，2006.

[46] 程必定. 安徽近代经济史［M］. 合肥：黄山书社，1989.

[47] 孟浪. 环境保护事典［M］. 长沙：湖南大学出版社，1999.

[48] 樊宝敏. 中国森林生态史引论［M］. 北京：科学出版社，2008.

[49] 王建明，曾景忠. 中国近代通史（第9卷·抗日战争）［M］. 南京：江苏人民出版社，2001.

[50] 岳谦厚. 战时日军对山西社会生态之破坏［M］. 北京：社会科学文献出版社，2008.

[51] 孙健. 中国经济史——近代部分（1840—1949）［M］. 北京：中国人民大学出版社，1989.

[52] 王全营，等. 中国现代农民运动史［M］. 郑州：中原农民出版社，1989.

[53] 何炳棣. 1368—1953中国人口研究［M］. 上海：上海古籍出版社，1989.

[54] 胡惠芳. 淮河中下游地区环境变动与社会控制（1912—1949）［M］. 合肥：安徽人民出版社，2008.

[55] 严艳. 陕甘宁边区经济发展与产业布局研究（1937—1950）［M］. 北京：中国社会科学出版社，2007.

[56] 苏星. 新中国经济史（修订本）［M］. 北京：中共中央党校出版社，2007.

[57] 陈争平，兰日旭. 中国近现代经济史教程［M］. 北京：清华大学出版社，2009.

[58] 汪海波. 新中国工业经济史［M］. 北京：经济科学出版社，1994.

[59] 巫宝三. 中国国民所得（上册）［M］. 北京：中华书局，1947.

[60] 纪晓岚. 论城市本质［M］. 北京：中国社会科学出版社，2002.

[61] 陈真，等. 中国近代工业史资料（第1辑）［M］. 北京：三联书店，1961.

［62］张华金，王森洋. 社会发展论纲［M］. 上海：上海社会科学院出版社，1996.
［63］苏少之. 中国经济通史·第10卷（上册）［M］. 长沙：湖南人民出版社，2002.
［64］李宗植，张润君. 中华人民共和国经济史1949—1999［M］. 兰州：兰州大学出版社，1999.
［65］黄世明，顾孔生. 长白朝鲜族自治县志（林业卷）［M］. 北京：中华书局，1993.
［66］颜邦英. 桂林市志（下）［M］. 北京：中华书局，1997.
［67］武斌. 我们离现代化还有多远［M］. 北京：中国经济出版社，1999.
［68］马洪，等. 当代中国经济［M］. 北京：中国社会出版社，1987.
［69］朱铁臻. 城市现代化研究［M］. 北京：红旗出版社，2002.
［70］郭德宏. 历史的跨越——中华人民共和国国民经济和社会发展“一五”计划至“十一五”规划要览（1953—2010）（上卷）［M］. 北京：中共党史出版社，2006.
［71］赵德馨. 中华人民共和国经济史（1949—1966）［M］. 河南人民出版社，1989.
［72］张研. 17—19世纪中国的人口与生存环境［M］. 合肥：黄山书社，2008.
［73］中共中央党史研究室. 中国共产党历史（1949—1978）（第2卷）［M］. 北京：中共党史出版社，2011.
［74］熊向晖. 我的情报与外交生涯［M］. 北京：中共党史出版社，2006.
［75］刘少康. 环境与环境保护导论［M］. 北京：清华大学出版社，2002.
［76］黄晋太. 二元：城市化与工业化［M］. 北京：中国经济出版社，2006.
［77］张鸿雁. 侵入与接替：城市社会结构变迁新论［M］. 南京：东南大学出版社，2000.
［78］宁克平. 城市与人［M］. 北京：人民出版社，2009.
［79］纪晓岚. 论城市本质［M］. 北京：中国社会科学出版社，2002.
［80］吴忠民. 社会学理论研究［M］. 北京：中共中央党校出版社，2004.
［81］徐和平. 经济发展中的大国城市化模式比较研究［M］. 北京：人民

出版社，2011.
[82] 杨素青. 市场化转型中的中国经济 [M]. 北京：中国时代经济出版社，2010.
[83] 王广信，赵丽娜. 当代世界经济 [M]. 北京：人民出版社，2002.
[84] 潘家华，郑艳，伞锋. 全球化背景下中国的环境与发展. 转引自中国社会科学院经济学部编：生态环境与经济发展 [M]. 2008.
[85] 柏言忠. 西方社会病 [M]. 上海：三联书店出版社，1983.
[86] 郑通汉. 中国水危机——制度分析与对策 [M]. 北京：中国水利水电出版社，2006.
[87] 郑秉文. 市场缺陷分析 [M]. 沈阳：辽宁人民出版社，1993.
[88] 卢现祥. 西方新制度经济学 [M]. 中国发展出版社，1996.
[89] 易正. 中国抉择：关于中国生存条件的报告 [M]. 石油工业出版社，2001.
[90] 洪银兴，刘志彪，等. 长江三角洲地区经济发展的模式和机制 [M]. 北京：清华大学出版社，2003.

四、学位论文及期刊文章

[1] 伍启杰. 近代黑龙江林业经济若干问题研究 [D]. 哈尔滨：东北林业大学，2007.
[2] 于静. 民国时期环境保护问题研究 [D]. 济南：山东师范大学，2010.
[3] [日] 君岛和彦. 日本帝国主义对中国矿产资源的掠夺过程 [J]. 国外中国近代史研究，2001 (6)：3.
[4] [韩] 金胜一. 近代安徽地域性灾荒政策史考察——以安徽省为例 [J]. 北京大学学报，1997 (4)：5.
[5] [德] 何梦笔. 政府竞争：大国体制转型理论的分析范式 [J]. 维藤大学讨论文稿，1999 (42)：4.
[6] 张岂之. 关于生态环境问题的历史思考 [J]. 史学集刊，2001 (3)：9.
[7] 陶直夫. 1931 年大水灾中中国农村经济的破产 [J]. 新创造，1932 (2)：11.
[8] 张维迎. 从九四年诺贝尔经济学奖看主流经济学的新发展 [J]. 原载

于经济学信息报，转载于复印报刊资科理论经济学，1985（6）：119-131.

[9] 李根蟠. 中国农业史上的“多元交汇”——关于中国传统农业特点的再思考［J］. 中国经济史研究，1993（1）：1.

[10] 陆学艺，等. 中国改革中期的制度创新与面临的挑战［J］. 社会学研究，1997（1）：9.

[11] 赵珍. 近代西北开发的理论构想和实践反差评估［J］. 西北师大学报，2003（1）：22-27.

[12] 史革新. 晚清时期的自然灾害及其成因、影响约议［J］. 湘潭大学学报，2008，（4）：110-117.

[13] 冯尕才. 民国时期战争对森林资源消耗的影响［J］. 社科纵横，2007（12）：140.

[14] 段昌群，杨雪清，张文逸. 生态环境问题在中国政治生活中的影响［J］. 思想战线，2000（4）：46.

[15] 毛寿龙. “囚犯的难题”与“地方主义的泥淖”——中央与地方关系的再思考［J］. 行政论坛，1996（3）：6-7.

[16] 田建国. 环境影响评价中中央同地方的博弈分析［J］. 现代商贸工业，2009（3）：30.

[17] 丁煌，定明捷. “上有政策、下有对策”——案例分析与博弈启示［J］. 武汉大学学报，2004（6）：809.

[18] 张千帆. 流域环境保护中的中央地方关系问题［J］. 中州学刊，2011（11）：97.

[19] 姚先国，谢晓波. 长三角经济一体化中的地方政府竞争行为分析［J］. 中共浙江省委党校学报，2004（3）.

[20] 宗传宏，何静，王凯. 关于区域环境保护制度改革的博弈分析［J］. 山东科技大学学报（社会科学版），2001（2）：64-75.

[21] 张慧，张锦高，陈彪. 地质灾害防治投入中的中央与地方博弈分析［J］. 统计与决策，2007（7）：45-47.

[22] 刘洋，万玉秋. 跨区域环境治理中地方政府间的博弈分析［J］. 环境保护科学，2010（1）：34-36.

[23] 林洪，杨科. 普查经费投入的博弈分析［J］. 统计研究，2007（8）：

13-16.
[24] 邓志强，罗新星. 环境管理中地方政府和中央政府的博弈分析 [J]. 管理现代化，2007 (5)：19-21.
[25] 廖靓. 破解环保博弈的“囚徒困境” [J]. 经济管理，2006 (11)：78-79.
[26] 周波，赵雪梅. 基于博弈视角下中国环境“公地悲剧”的探讨 [J]. 科协论坛，2007 (5) 下：46.
[27] 翟浩辉. 治湖先治污治污先治官 [J]. 科学时报，2008 (5)：6.
[28] 吴珏，范士陈. 中国社会变迁的非理性趋向及诱因 [J]. 人民论坛，2011 (14)：137.
[29] 李秉成. 中国城市生态环境问题及可持续发展 [J]. 干旱区资源与环境，2006，20 (2)：1-6.
[30] 孙力舟. 工业化进程中的“雾霾” [J]. 社会观察，2013 (2)：57.
[31] 周昭，刘湘勤. 乡镇工业环境保护中的地方政府行为博弈分析 [J]. 经济问题探索，2008 (7)：175-176.
[32] 贺文贞. 对“三面红旗”的再认识 [J]. 党史研究，1986 (2)：52.
[33] 李成瑞. 十年内乱期间中国经济情况分析 [J]. 经济研究，1984 (1)：32.
[34] 武力. 中华人民共和国 50 年经济发展与制度变革论析 [J]. 当代中国史研究，1999 (5-6).
[35] 张纯元. 中国人口政策演变历程 [J]. 人口研究，2000 (2).
[36] 翟亚柳. 中国环境保护事业的初创 [J]. 中共党史研究，2012 (8)：86.
[37] 余敏江. 论生态治理中的中央与地方政府间利益协调 [J]. 社会科学，2011 (9)：23-32.
[38] 曾正德. 历代中央领导集体对建设中国特色社会主义生态文明的探索 [J]. 南京林业大学学报 (人文社会科学版)，2007 (4)：18.
[39] 王爱民，刘加林，尹向东. 深圳市土地供给与经济增长关系研究 [J]. 热带地理，2005 (1)：20.
[40] 祝美华，潘云华. “公地悲剧”的治理之道 [J]. 江南大学学报 (人文社会科学版)，2007 (4)：29.

[41] 申琳. 可持续发展中“囚徒困境”的博弈分析 [J]. 前沿，2003 (5)：28.

[42] 肖焰. 论地方政府与中央政府在治理乡镇企业环境污染中的作用整合 [J]. 生态经济，2005 (6)：31.

[43] 左峰. 中央政府与地方政府在宏观调控领域的博弈分析 [J]. 中央财经大学学报，2007 (7)：5-9.

五、外文文献

[1] Patricia J., West Earth: The Gulf War's Silent Victim, Yearbook of Science and the Future [M]. Chicago, USA: Encyclopedia Britannica Inc., 1993.

[2] Thomas Berry, Into the Future in Roger S. Gottlieb, This Sacred Earth: Religion, Nature, Environment [M]. New York: Routledge, 1996, p. 13.

[3] Thomas Berry, The Dream of the Earth [M]. San Francisco: Sierra Club Books, 1988, p. 21.

[4] Cumber and, John H., Efficiency and Equity in Interregional Environment Management [J]. Review of Regional Study, 1981.

[5] Garrett Hardin. The Tragedy of the Commons [J]. Science 162 (December), 1968: 1243-1248.

后　记

本书是在我博士论文的基础上修改而成的。北京连续多日的雾霾天气，几乎让人窒息。持续恶劣的生存环境坚定了我从事中国环境问题研究的决心，从硕士到博士以及工作以来的这些年里，我一直在努力探索我国的生态环境问题，这种情结可能源于我从小出生在美丽的东北边陲小镇——海伦市，这里有美丽的黑土地和成片的大森林，这里有长白山雪水融化而成的松江水以及美丽无垠的松嫩草原，孩提时代的我就习惯奔跑在广袤无垠的、满眼碧绿的连片草地，并自由自在、无拘无束地与伙伴们游戏于蔚蓝天空下，游戏于洁白的羊群间，游戏于蓝天与白羊交相辉映的大草原。虽然悄然流逝的岁月并未能真正带走令我魂牵梦萦且时常出现在梦里的苍茫暮色、成群牛羊、混天同一色的清清松江水以及儿时嬉耍的画面，但如此美丽的记忆终究还是成为了逝去的云烟，随着全国经济飞跃式的发展，我们遥远的边陲也未能幸免，以环境为代价的经济发展模式最终让人们付出了沉重的代价，我也深刻地感受到“癌症村”的噩梦离我们并不遥远！

书稿即将完成了，但中国环境问题的困惑还远未能交上完美的答卷。学识的粗浅以及环境问题的复杂性或许只让我触碰到了中国生态环境问题的冰山一角，执着的精神将使我对这一问题坚持探索下去。在当时博士论文的写作过程中，从论文的选题、写作的角度到论文整体框架的构思，导师王鸿生教授都给予了精心指导，并提出了中肯的意见。在文章的修改过程中，先生字斟句酌，精推细敲，并且在言语措辞以及标点符号等各个方面都进行了耐心而细致的修改完善，严格把关，不愿放过任何一个细节，再一次让我切身领会了学术研究上精雕细刻的精髓和绝妙所在，通篇文章凝结着先生的心血。导师深厚的专业功底、严谨治学的学术风范、执着的专业追求以及高尚的人格魅力是我今后做人做事的楷模。在三年多的博士生学习生涯中，先生不仅谆谆教导和关心我的学业，经常与我们谈论治学问题，并极具耐心地帮助我搜集资料，每每阅读之时遇到有关环境话题的文章和书籍，便语重心长地教导我认真阅读学习体会，而且还亲切关怀我的生活，这些恩情将令我永生难以忘怀，将成为我一生的宝贵财富。先生高屋建瓴、思维缜密，最终令这篇论著走出青涩，逐步走向成熟，同时也让我经受了平生最重要的一场写作训练。一直以来，我深深地庆幸自己的恩遇，蒙先生得以收留之恩，感先生不吝赐教之情。恩师之情，终生铭记。

求学期间，得到了很多人的帮助，使我一直感到自己是个非常幸运之人。我要由衷地感谢中国人民大学刘大椿教授对我学业的热心关怀、爱心鼓励和耐心帮助，刘老师对晚生的悉心教诲将是我一生的财富。刘老师深邃的学术思想、非凡的学识水平以及谦雅的为人品格让令我受教匪浅，这些优秀的品格是我不断追求奋发向上的精神动力。同时，我还要感谢刘晓力教授、王伯鲁教授、刘永谋教授、刘劲扬副教授、马建波老师等，在三年求学过程中各位老师都耐心的、一丝不苟地为我答疑解惑，对我的论文也提出了很多宝贵意见，在此，对各位老师的深情厚谊表示真诚的感谢。

感谢北京工业大学李东松教授。承蒙李老师厚爱，得以有幸成为其门生，正是李老师引领我走上了学术研究之路。李老师为人谦和，对学生如同朋友一般地给予亲切的关怀。回想2007年携家属前来北京求学之时的艰辛，感受颇深！幸得李老师的时刻关怀和热心照顾，深刻地体会到了“痛并快乐着”的五字箴言。同时，还要特别感谢中国政法大学费多益教授对我学业的热情鼓励和悉心指导。博士学习期间能够有机会与费老师相识乃是我学术生涯中的一件幸事——费老师在学术上的严谨求实使我受益匪浅；她对学生坦诚以待、平和耐心让我感动颇深；她对文字的完美追求和尽职尽责的工作态度令我叹服不已。感谢中共中央党校赵建军教授，在博士论文答辩和书稿写作完善中给予了较为中肯的修改意见，赵老师在生态文明研究领域颇有建树，在国内学界中享有较高的盛誉，有幸加入其生态文明理论和实践科研团队，使我的学术研究更加精进。

我还要真诚地感谢我的同门师兄弟姐妹冀萌新、马建波、韩孝成、叶山岭、苏昊、孟广慧、刘卉、史现明、欧阳聪权、赵红蕾、倪伟波、洪眉、常婧、朱朝阳、刘开淼、尹晶晶、崔树芝、王民选、马保玉，几年的点点滴滴相处，同门之间的互助互爱，让我们拥有了深厚的同门之情！我深深地知道，这种深厚的同门之情，生活上的照顾和学术上的切磋砥砺，无论我们身处何方，无论岁月怎样流逝，将会永远地铭刻在我的心底。

同时，我还要感谢本专业2010级博士生同学戴荣里、张志伟、王东和冯艳霞等几位同学以及中国人民大学哲学院2010级博士班的所有同窗：三年的时间里，你们的欢声笑语将为我的博士生涯留下一段美好的回忆！

感谢纪萍萍编辑为拙著所付出的艰辛，她认真而细致的工作才得以让本书以较好的面貌呈现在读者面前。

论文撰写期间，参阅了大量的文献，从中得到了很大的启发，本文只列出了主要的参考文献，还有一些文献和资料可能由于疏漏未列入其中，对此，一并表示诚挚的感谢！

最后，我要感谢妻子国辉女士，她在生活方面给了我无私的帮助，为了能让我安心写作，她默默承担了家庭和工作的压力，尤其是为了聪明可爱的果果健康快乐地成长，她付出了很多。

谨以此书献给为我上学而辛苦劳作一生的父亲和逝去的母亲，长期在外读书，愧疚不能常侍奉左右，感谢他们给予我的包容和谅解。感谢我的岳父和岳母，正是二老的执着和奉献，让我顺利实现了求学的梦想。在此祝愿老人们健康长寿。

拙著即将付梓，回首自己走过的这段人生历程，让我深深地体会到了“责任自由”的真义及其价值。面对无涯的学海，饥渴的心情没有丝毫削弱，反而更加清晰地认识到自己的使命，也更加自信地面对自己的未来。

行文至此，感慨无限。本书从写作到出版经历了漫长的过程，既因自己行事效率低下造成，也因自知书稿存在诸多不足与疏漏，总体而言，研究内容的广度和深度都颇有局限，加之以自身始终对本书的内容抱有更多的期待，导致论文迟迟未能付梓。深知如此宏大主题的研究本身也是一项较大的工程，绝非一时之间即能毕其功于一役也，在此不揣冒昧之嫌，将目前的研究整理出版，希冀求教于方家同仁。

2018年5月1日
于人大图书馆